*Jean-Marie Pelt*
*Das Leben der Pflanzen*

Jean-Marie Pelt

# DAS LEBEN DER PFLANZEN

Kampf und Liebe, Konkurrenz und Gemeinschaft
im Reich der Botanik

ECON Verlag
Düsseldorf · Wien

Titel der französischen Originalausgabe:
Les plantes: amours et civilisations végétales
Originalverlag: Librairie Arthème Fayard, Paris

Übersetzt von Erika Remberg und Ilse Schwaiger

2. Auflage 1982

Gesetzt aus der 10 Punkt Garamond auf der Digiset
Satz: Bauer & Bökeler / Denkendorf
Papier: Papierfabrik Schleipen GmbH, Bad Dürkheim
Druck und Bindearbeiten: Ebner Ulm
Printed in Germany
ISBN 3 430 17430 9

*Anthropomorphismus, werden alle schreien. Doch das Gegenteil ist der Fall. Man sollte beachten, daß es sich keineswegs darum handelt, gewisse rätselhafte Gegebenheiten, die man in der Natur erkennt, vom Standpunkt des Menschen aus zu erklären, sondern vielmehr umgekehrt darum, den Menschen, der ja den Gesetzen eben dieser Natur selbst unterliegt und fast restlos zu ihr gehört, ausgehend von den allgemeinsten Verhaltensweisen, die man in der Natur und der großen Mehrzahl aller Arten vorfindet, zu erklären.*

Roger Caillois

*Es ist merkwürdig, wie Darwin unter Bestien und Pflanzen seine englische Gesellschaft mit ihrer Teilung der Arbeit, Konkurrenz, Aufschluß neuer Märkte, »Erfindungen« und Malthusschem »Kampf ums Dasein« wiedererkennt.*

Karl Marx

*Die Analogie ist der Hauptfaktor des wissenschaftlichen Fortschritts.*

Leibniz

# Inhalt

# Vorwort

Vor einem Jahr erschien die erste französische Ausgabe vom *Leben der Pflanzen;* der umfassenden Korrespondenz, die daraufhin einsetzte, gebühren einige Worte. Sie rechtfertigen auch die Auswahl der Zitate von Caillois, Leibniz und Marx.

Gewiß, es gibt Legionen von Büchern über Pflanzen, und der Fortschritt in der farblichen Illustration hat uns phantastische Bildbände beschert. Die Gartenratgeber, die Feld-, Wald- und Wiesenbücher, die Führer für Bäume, Kräuter und Pilze, sie sind nicht mehr zu zählen. Was kann man also noch über Pflanzen sagen, was nicht längst gesagt worden wäre?

Vielleicht kann man einfach anders an sie herangehen, die Perspektive, den Standpunkt ändern: die Pflanzen als eigenständige Geschöpfe betrachten, die, wenn sie leben und überleben wollen, gezwungen sind, zu erfinden, zu erneuern, zu organisieren ... Stellen Sie sich vor, Ihren Garten einmal mit anderen Augen zu sehen und bei den Blumen, die wir lieben, Sitten und Verhaltensweisen zu entdecken, die auch uns zu eigen sind.

Einige werden sich weigern, so weit zu folgen: Sie werden auf übertriebene Verwandtschaften hinweisen, die Verwegenheit gewisser Behauptungen bemängeln, die Unbeweisbarkeit gewisser Deutungen sowie überhaupt die Unverschämtheit der Behandlung dieses Themas anprangern. Sie werden von einer Vermenschlichung sprechen, als könnten Gesetze und Prinzipien, die die Gesetze und Prinzipien des Lebens schlechthin sind, losgelöst werden von der Betrachtung der Pflanzen. Sie wollen uns untersagen, in ihnen, so wie in allen lebenden Geschöpfen, einen Teil von uns selbst zu erkennen. Sind wir nicht alle, sie und wir, im Guten wie im Bösen, in dem einzigartigen und grandiosen Abenteuer des Lebens befangen? Wie könnte eine Vision der

Natur nicht »anthropozentrisch«, sprich: auf uns selbst gerichtet, sein? Durch die Struktur unserer Sinnesorgane und unseres Gehirns eingeschränkt, erkennen wir von der Natur lediglich, was uns unser eigenes Auge vermittelt. Ein Hund oder eine Biene haben ein ganz anderes Wahrnehmungsvermögen. Wir werden für immer Gefangene unserer selbst und unserer Werkzeuge bleiben, werden nie mehr als einen winzigen Teil der Wirklichkeit erkennen können, und zwar nur den, auf den wir durch unsere Sinnesorgane festgelegt sind – ein Standpunkt unter vielen, der jedoch immer zu einer gewissen Vermenschlichung führt.
Andere wiederum werden in diesem Buch einen Anflug von Finalismus entdecken. Sie werden es abwegig finden, in allen Lebewesen, Organismen, Strukturen, in jeder Verhaltensweise ein Ziel, eine Lebensberechtigung zu suchen. Diese sollte man daran erinnern, daß selbst Jacques Monod, dessen radikalen Materialismus man kaum in Frage stellen wird, zugeben mußte, daß jedes Lebewesen zuallererst eine »*Zweck*-Maschine« ist – und wenn sein Zweck auch nur der wäre, sich zu vermehren. Jedenfalls ist dies eines der Ziele der Pflanzen, und wir wollen hier ihrem emsigen Vormarsch folgen, ihren kühnen Erfindungen, um dieses Ziel auch zu erreichen. Wie könnten wir, wenn wir nicht blind sind, in ihren zahlreichen Liebesstrategien nicht dieselbe Kraft und Subtilität erkennen, die auch uns befeuert, wenn wir uns auf den gefährlichen Pfaden von Liebe und Sex bewegen?
Wenn man Linné und Darwin liest, wird man zugeben müssen, daß unsere Vorfahren diese Art von Vergleichen nicht gefürchtet haben. Sieht man sie nicht förmlich vor sich, wie sie sich hinauswagten aus ihren vertrauten Territorien und kühn, teilweise sogar auf das phantastischste, die »Vermischung der Arten« betrieben haben – gelten auch ihre großen angewandten Synthesen heute noch.
Das Denken in Analogien ist ebenso notwendig wie fruchtbar! Durch die Möglichkeit eines Ideen- und Konzeptaustausches zwischen den verschiedenen Wissenschaften wird der Strom der Gedanken kurzgeschlossen und passiert das dickste Mauerwerk, das die Wissenszweige trennt und Spezialisten in das enge Gefängnis eines Teilwissens zwängt.
Doch die umfassende Korrespondenz, die der Veröffentlichung dieses Werkes folgte, beweist, daß die überwältigende Mehrheit der Leser, darunter namhafte Botaniker und Biologen, unsere

Botschaft verstanden haben. Denn dieses Buch enthält eine Botschaft. Unter der Anekdote, der kleinen Geschichte, verbirgt sich die phantastische Geschichte vom Aufbruch des Lebens, vom Aufsteigen der Säfte in den Zweigen des Lebensbaumes, von der Herrschaft der Pflanzen.

Es ist eine Geschichte, in der man das Geniale in der Organisation des Lebens, die Logik seiner Strukturen, Hierarchien, Organisationen, Chronologien, Mechanismen und Gesetze erkennt.

Nein, das Universum ist durchaus kein Chaos. Und wenn es Unordnung gibt, dann müssen wir sie zuallererst in unseren eigenen Köpfen suchen! Armes menschliches Gehirn: Von unnützen, sich widersprechenden Informationen übersättigt, von der Notwendigkeit abgelenkt, auf alles zu reagieren und immer weiterzulaufen wie ein Uhrwerk; wie soll es noch erkennen, was alle Menschen zu allen Zeiten in ihrer Überlieferung und ihrer Religion gesehen und ausgedrückt haben, nämlich daß das Universum einen Sinn hat, von einer tiefen Ordnung regiert wird, die sich uns wie dem Tier, der Blüte und der Mikrobe mitteilt?

Was jedes Indianerkind von seinem Vater und von der Erde lernt, wir haben es vergessen, da wir gänzlich davon in Anspruch genommen sind, unser tägliches Leben zu manipulieren und mit riesigem Kostenaufwand die Produktions- und Konsummaschine, zu der unsere Zivilisation geworden ist, zu unterhalten.

Dieses Buch möchte ein wenig von dem Wissen und dem Duft dieser vergessenen Welt atmen und einen ganz bescheidenen Beitrag zum Aufblühen der neuen Allianz leisten, die sich zwischen Mensch, Natur und Leben mühsam anbahnt: Es ist unsere letzte Chance. Eine schwierige Aufgabe, die Klarheit und Verständnis erfordert gegenüber der Umwelt, die uns geschaffen hat, während wir uns dünkelhaft einbilden, sie mit unseren eigenen Händen geschaffen zu haben.

Man hat mir gesagt, daß sich dieses Buch in einem Mal auslesen läßt wie ein Roman und daß es den Eindruck erweckt, als bewege man sich in einer total neuen Welt, obwohl sich der Weg durch eine vertraute Landschaft zieht, durch unsere Wälder, unsere Gärten, unsere Felder. Im Gewohnten das Neue, das Ungewohnte entdecken? Vielleicht. Jedenfalls soll es unseren Ausblick verändern und uns nicht nur lehren zu erkennen, sondern auch wiederzuerkennen. Wiedererkennen, um wiederzukehren, und wiederkehren, um zu lieben.

JEAN-MARIE PELT

1. Kapitel

# Ein Gipfeltreffen: Der Mensch und die Orchidee

## *Frauen, Engel oder Dämonen?*

Fabelhafte, außergewöhnliche Orchideen, so ähnlich dem Menschen, jedem von uns so nahe verwandt: Symbole der Exotik, beschwört ihr die Üppigkeit tropischer Wälder, doch auch den Reichtum von Milliardären, die mit euren köstlichen Blütentrauben und zauberhaften Blütenkronen ihre Tische schmücken. Euer Einbruch in unser Leben hat sich nicht ohne Schaden abgespielt – ohne Schaden für euch.

## *Vom Völkermord zur Kolonisation*

Die Orchideenjagd ist noch immer in aller Erinnerung. Ganze Bücher sind ihr gewidmet worden. Eine pflanzliche Version der modernen Safari, das war es, worunter die Orchideen zu leiden hatten, weil sie selten und weil sie schön sind. Das Schlimmste, was einem Lebewesen passieren kann, ist, ein Opfer der menschlichen Begehrlichkeit zu werden. Der große Run auf die Orchidee, wie der große Run auf das Gold, hat Massaker erzeugt: gefällte Bäume, verwüstete Wälder, zerstörte Landstriche, dezimierte Arten. Manche Orchideen wären zweifellos für immer von der Erdoberfläche verschwunden, hätte der Mensch sie nicht schließlich vor seinem eigenen Terror beschützt. Wie jene Orchidee in Venezuela, die unvorsichtig genug war, genau am Muttertag zu erblühen, und um die Nachfrage aus Nordamerika zu

befriedigen, jedes Jahr das Opfer eines außergewöhnlichen Blutbades wurde. Hätte man ihre Ausfuhr nicht schließlich untersagt, wäre dieses Wahrzeichen Venezuelas heute nur noch auf den Briefmarken und Wappen des Landes zu finden.
Im neunzehnten Jahrhundert galten die Orchideen als die Indianer der Pflanzenwelt. Es ging ihnen wie den Eingeborenen, die man rücksichtslos der Eroberung der Weißen preisgab und, ohne mit der Wimper zu zucken, abschlachten konnte, um ihnen ihr Land in denselben Wäldern von Südamerika zu nehmen, in denen auch das Paradies der Orchideen liegt.
Das Blutbad nahm ein Ende, als man die Möglichkeiten der Orchideenkultur in Glashäusern entdeckte, was allerdings ebenfalls nicht ganz ohne Nachteile blieb. Nach dem großen Völkermorden begann die Ära der Kolonisation. Domestiziert als Fließbandprodukt, demokratisierte sich die Orchidee gleichzeitig mit ihren Käufern.
Und eben diese Blumen, mit ihren zarten oder prachtvollen Blütenkronen, werden weiterhin an Rang gewinnen und sind umgeben von einer Aura der Faszination und des Mysteriums, die nur ihnen eigen ist. Wittern wir etwa die seltsame Verwandtschaft, die uns mit diesen jüngsten Abkömmlingen der Pflanzenwelt verbindet?
Denn Mensch und Orchidee teilen sich das Privileg, parallellaufende Positionen an den äußersten Spitzen der Tier- und Pflanzenwelt einzunehmen. Beide sind – in ihrem Bereich – die jüngsten in der Geschichte des Lebens. Wie zwei Berggipfel stehen sie sich gegenüber. Dazwischen klafft ein Abgrund, der die Pflanzen von den Tieren und Menschen trennt. Ein Abgrund? Oder einfach nur ein Graben, ein Tal in jenem Kontinent des Lebens, in dem sich die einen wie die anderen verwurzeln?
Doch eine botanische Familie von etwa zwanzigtausend verschiedenen Arten zu vergleichen mit einer einzelnen Rasse, dem Menschen, bedeutet das nicht, alles in einen Topf zu werfen? Ja und nein. Denn der Mensch ist, wie alle lebenden Geschöpfe, ein Sammelsurium von Individuen, in Untergruppen unterteilt, in eine Vielzahl von Rassen deutlich geschieden. Mehr als jede andere Art hat die Menschheit sich bis ins Unendliche diversifiziert: Im Verlauf der Evolution hat sie den Abweichungen der Natur jene der Kultur hinzugefügt. Und zwar dergestalt, daß die menschliche Rasse nicht nur in biologische, sondern auch in

ethnische Gruppen zerfällt, von denen jede einzelne von ihrer ureigensten Kultur geprägt ist. Die Menschheit repräsentiert also einen weitaus komplexeren und unterschiedlicheren Mikrokosmos als eine große botanische Familie. Wenn auch die großen Veränderungen nicht mehr auf der biologischen Ebene stattfinden, so doch auf intellektueller, kultureller und ökologischer Ebene. Nachdem der Mensch den »pas de la reflexion«, den »Schritt zur Reflexion«, getan hat, wie Teilhard de Chardin sagte, gründete er ein neues Reich nach den Weltreichen der Mineralien, Pflanzen und Tiere: das Reich des Geistes. Doch auch dieses Reich weicht nicht ab von den allgemeinen Gesetzen des Lebens; das werden wir erkennen, wenn wir die Familie der Orchideen, die uns so nahe steht, auf das sorgfältigste durchleuchten.

## *Eine sich stark vermehrende und eroberungslustige Familie*

Die Orchidee hat, wie der Mensch, den ganzen Planeten erobert: Sie bevölkert alle Kontinente, verträgt jedes Klima, wenn auch mit einer ausgeprägten Vorliebe für tropische Regionen. Es gibt Arten, die in Alaska, in Sibirien, ja selbst in Grönland angesiedelt sind. Um sich so extrem unterschiedlichen Lebensumständen angleichen zu können, mußten sie große Phantasie beweisen.

In temperierten Klimas treten Orchideen als krautähnliche Pflanzen auf und bleiben oft unentdeckt. Nur Naturliebhaber erkennen sie in der sommerlichen Wiese, wo ihre Stiele mit den rosaroten, gelben oder purpurfarbenen Blüten neben Butterblumen und Löwenzahn wachsen. Die Flora des Mittelmeerraums und der Alpenländer zählt Dutzende von Orchideenarten, darunter auch solche von großer Schönheit, ihr kleiner Wuchs jedoch entzieht sie unserem eiligen, oberflächlich streifenden Blick. Es ist einer der Nachteile unseres aufrechten Ganges, Erbe weit zurückreichender Vorfahren, der seit dem ersten Auftauchen des Menschen unseren Blick und unsere Neugier auf den Himmel richtet und uns doch gleichzeitig an die Erde, an ihre Farben und ihre Gerüche fesselt. Der Mensch, sagt der Dichter, ist ein »gefallener Engel, der sich an den Himmel erinnert«. Er wandelt in halber Höhe über steile Pfade, zwischen Felsen, die ihn zermalmen, und Abgründen, die ihn anziehen. Unbequeme Pfade, die so vielen Philosophen Schwindel verursacht haben.

Auch der Botaniker folgt ungewöhnlichen Pfaden auf Bergwiesen, aber er geht dem Geruch nach, zum Beispiel dem der Vanilleorchidee, weil er weiß, daß man mit der Nase am Boden bleiben muß wie die Tiere, die wir früher einmal waren, um die Gerüche wiederzuerkennen, die aus der Erde steigen. Diese sehr kleine Orchidee mit ihren bescheidenen Blüten, bräunlich und ohne besondere Anmut, verblüfft durch ihren starken Vanillegeruch. Orchideen sind ausgezeichnete Chemiker, sie verstehen sich vorzüglich auf die Herstellung verschiedenster Farb- und Geruchsstoffe, und der Vanillegeruch ist nur eine Probe ihres reichen Repertoires. Übrigens ist auch die echte Vanille eine Orchidee. Aber eine tropische Orchidee, die in Gestalt einer Liane wächst. Warum eine Liane?

Auf einer Wiese oder einer Bergmatte leben die Orchideen ebenso wie die Gräser und Kräuter, die sie umgeben, im Licht der Sonne. Jede einzelne schafft sich mit einem mehr oder weniger fein ausgebildeten Konkurrenzsinn ihren Platz an der Sonne. In den Äquatorialwäldern hingegen schlucken die großen Bäume das Licht, der Boden liegt im tiefen Schatten, wo die Pflanzen weder wachsen noch blühen können. Um zu überleben, müssen sie sich anpassen und versuchen, selbst Licht zu finden. Die einzige Möglichkeit, die ihnen übrigbleibt, ist, so hoch wie möglich auf die Bäume zu klettern, um ihre Blätter ans Sonnenlicht und ihre Blüten zum Erblühen zu bringen. Genau das haben die Vanillepflanzen gemacht, die heute in Mexiko und auf den Inseln des Indischen Ozeans kultiviert werden, wo man sie auf Trägerpflanzen klettern läßt.

Aber die Lianenbildung ist eine kostspielige Angelegenheit. Sie verlangt einen enormen Einsatz an Energie (Licht) und an Grundstoffen (Wasser und Mineralsalze aus dem Boden, Kohlenstoff aus der Luft), um riesige Stiele zu bilden, die, ihrer Blätter und Blüten entblößt, zumindest in den unteren Regionen nichts anderes als Stützträger sind. Daher entledigen sich zahlreiche tropische Orchideen schlau und haushälterisch ihrer unhandlichen Stelzen, um sich direkt in die Astgabeln von Bäumen zu setzen. Dort finden sie stets vermodernde Blätter, die eine Art Humus schaffen, in dem sie Wurzeln fassen können.

Wurzeln fassen ist allerdings nicht ganz das richtige Wort. Diese Orchideen, die von den Botanikern *Epiphyten* (wörtlich: Überpflanzen) oder Luftpflanzen genannt werden, haben zwar wie alle Pflanzen die Tendenz, Wurzeln zu bilden. Diese Wurzeln sehen aber wie dicke Bastfasern aus, die durch das Laub der Bäume fallen oder an den Stämmen herabhängen, die jedoch nie den Erdboden erreichen. Sie sind dazu bestimmt, sich Wasser zu ergattern, ohne es aus der Erde zu schöpfen. Also bleiben sie, wenn man so sagen will, auf halbem Wege stehen, um nicht den langen Weg, den die Lianen vom Boden an aufwärts bis dorthin, wo sie Blätter bilden können, zurücklegen, in entgegengesetzter Richtung zurücklaufen zu müssen. Die Lianen sind Verschwender, die Epiphyten sind sparsam. Sie verstehen dank ihrer seltsamen Luftwurzeln die Kunst, das Regenwasser durch ein erfinderisches System direkt aufzusaugen. Das Wasser, das an diesen hängenden Wurzeln entlangrinnt, wird an ihrem äußersten Ende durch ein spezielles Speichergewebe absorbiert. Dieses Gewebe ist eine Art Schwamm aus leeren Zellen, die sich beim geringsten Regenguß mit Wasser vollpumpen. In Trockenzeiten werden diese Wasserreserven von der Pflanze aufgebraucht, die Zellen des entleerten Speichergewebes legen sich flach, eine über die andere, und formen somit einen schützenden Mantel, der Austrocknen und Verbrennung durch die Sonne verhindert. Diese Orchideen begnügen sich also nicht damit, das für die Photosynthese so wichtige Kohlendioxyd aus der Luft zu entnehmen, wie das alle Pflanzen tun, sie nehmen auch das Wasser dorther. Ihre Ernährung erfolgt also zur Gänze aus der Luft, was den Namen »Töchter der Luft«, den man ihnen einmal gegeben hat, rechtfertigt. Das derart aufgenommene Wasser und der Kohlenstoff werden mit Hilfe der im Chlorophyll absorbierten Sonnenenergie wie beim Stoff- und Energiewechsel der Grünpflanzen in Zucker und andere organische Substanzen umgewandelt.

## *Pflanzen, auf Diät gesetzt*

Die Ernährungsgepflogenheiten der Orchideen verwundern uns immer wieder von neuem. Manche sind besonders originell und halten sich an die verschiedensten Diäten. Von der Kohlenstoff-Assimilation abweichend, die immer noch die Elementarquelle zur Bildung von pflanzlicher Materie bleibt, werden sie, wenn man so will, zu Allesfressern.

Wie der Mensch, der sich von Tieren und Pflanzen ernährt, ziehen sie es vor, die Zubereitung ihrer Nahrung anderen zu überlassen, und konsumieren, was diese ihnen bieten. Solche Arten verlieren ihr Chlorophyll, nehmen eine bräunliche Farbe an und leben wie die Pilze. Sie finden im Humus fertige organische Moleküle vor, die durch die Zersetzung der umliegenden Vegetation freigeworden sind. Diese Kunst, andere für sich arbeiten zu lassen und sich auf ihre Kosten zu ernähren, treiben wir Menschen bis zur letzten Konsequenz. Das hat allerdings den Nachteil, daß wir nun auch nicht mehr auf das Hämoglobin in unserem Blut verzichten können, das den Sauerstoff aus unseren Lungen fördert, und damit hilft, unsere Nahrung zu verbrennen und unseren Körper mit Energie zu versorgen. Unsere Anpassungsfähigkeit ist, entgegen dem äußeren Schein, unendlich viel geringer als die der Pflanzen, zumindest auf diesem Gebiet. Bei einer Pflanze kann der Fall eintreten, daß sie ihr Chlorophyll verliert, das Pigment, durch das ihr Energiesystem funktioniert – eine Situation, die nur mit einem totalen Kurzschluß vergleichbar ist; denn sie ist nun nicht mehr in der Lage, Sonnenenergie aufzuladen und ihre Nahrung herzustellen, anders ausgedrückt, sie wird auf Nulldiät gesetzt. Die Pflanze wäre zum Hungertod verdammt, wenn sie nicht Mittel und Wege fände, sich auf andere Art zu ernähren. Und das macht sie, indem sie sich vorfabrizierte Nahrung aus der Umwelt verschafft, wie der Mensch und natürlich auch wie die Pilze, die sich durch ihren Mangel an Chlorophyll und ihre typisch animalische Diät von allen anderen Pflanzen unterscheiden.

Die Nestwurz *(Neottia nidus-avis)* hat diesen Weg kühn entschlossen eingeschlagen. Diese kleine Orchidee, die im Untergehölz wächst, hat sich ihres Chlorophylls vollkommen entledigt, daher ihre bräunliche Farbe und der Rückgang ihres Blätterwuchses; die Blätter haben ihre Funktion verloren. Ihre zahlreichen knollenartigen Wurzeln erinnern an ein Vogelnest mit Eiern, daher auch ihr Name. Ihre Gleichgültigkeit dem Licht gegenüber, das sie ja aufgrund des fehlenden Chlorophylls nicht mehr braucht, gestattet ihr auch, unterirdisch zu gedeihen und sogar zu blühen. Das ist eine originelle Besonderheit, die dieser regressiven Orchidee mit den Ernährungsgewohnheiten von Pilzen eine absolute Sonderstellung gibt, zugleich eine beunruhigende Initiative, denn wenn das alle Pflanzen machten, wäre das Ende des Lebens auf der Welt absehbar: Wenn die Grünpflanzen wegfallen, erneuert sich der Sauerstoff der Luft nicht mehr, und Menschen und Tiere wären verdammt, an Hunger- und Erstickungstod zu sterben.

Doch was hat diese sich in die Erde grabende Orchidee mit der kletternden Vanille gemeinsam? Was verbindet Orchideen, die auf Bäumen sitzen, mit jenen anderen, die sehr gut in der Lage sind, auch unter der Erde zu leben? Welche spezielle Charakteristik gestattet einer Pflanze, das Etikett »Orchidee« zu tragen?

Eine Orchidee zeichnet sich zuallererst durch eine besondere Blütenarchitektur aus, die außergewöhnlich hoch entwickelt ist und wie geschaffen, um ein gutes Einvernehmen mit den Insekten herzustellen. Denn nur Insekten vertraut die Orchidee ihre Pollen an, damit diese sie zur Bestäubung von Blüte zu Blüte tragen. Und um die Insekten im großen Stil zu verführen, überläßt die Orchideenblüte nichts dem Zufall.

Die heutige Form ihrer Architektur ist zweifellos das Produkt einer langen und geduldigen »Forschungsarbeit«, die einmal bei den Blütenformen der Lilie anfing. Das Resultat war erfolgreich, und diesen Erfolg nutzt die Natur wie besessen aus: Von einem homogenen Blütenplan ausgehend, variiert sie bis in alle Ewigkeit. Im großen und ganzen schlachtet sie den Erfolg eines Prototyps aus wie ein Architekt, der versucht, immer wieder denselben Plan mit allerlei Abwandlungen im Detail zu verkaufen. Diese Abwandlungen genügen jedoch, um eine außergewöhnliche Palette an Formen und Farben hervorzubringen.

Die tropischen Orchideen schmücken sich mit wahrhaften Kaskaden von vielfarbigen Blüten, die aussehen wie im Fluge erstarrte Schmetterlinge. Besonders begehrt sind verschiedene Arten auch aufgrund ihrer interessanten ornamentalen Zeichnung. Viele lateinamerikanische Staaten haben die *Cattleya* zum nationalen Wahrzeichen gewählt: Kolumbien die *Cattleya trianae,* Costarica die *Cattleya turialba* und Panama die *Cattleya skinnerri.*

Die Perfektionierung der Gartentechnik mit ihren Methoden der Hybridenzüchtung hat es erlaubt, eine unendliche Vielfalt an ornamentalen Orchideen hervorzubringen, die miteinander rivaliseren und sich an Eleganz und Vornehmheit gegenseitig den Rang ablaufen.

Simpel in ihrer Konzeption, komplex in ihrer Realisation, illustriert die Orchidee die Dialektik von Wesen und Existenz. Mit ihrer üppigen Blütenkrone und ihrem betörenden Geruch nützt sie ihr Talent zu verführen weidlich aus. Insekten, magnetisch angezogen von ihrer großen Charmeentfaltung, fliegen ihr regelmäßig auf den Leim, auf den Reklameleim, der diese Blüten für ihre Facettenaugen so attraktiv macht, und landen auf der Landebahn, die sie ihnen in Form einer »Lippe« darbietet. Die Lippe ist das wahre Markenzeichen der Orchidee, ihr Qualitätsetikett. Wie die Piste eines Flughafens wird diese Lippe auf das sorgfältigste gekennzeichnet, entweder durch Streifen, bunte Punkte oder gleichmäßig ausgerichtete Haarbüschel. Das Insekt setzt zum Anflug an – es kann, wenn es sein muß, auch ohne Sicht landen, da es sich nicht nur nach Farben orientiert, sondern auch außerordentlich sensibel auf Gerüche reagiert. Deshalb produziert die Orchidee zuweilen auch Geruchsmarkierungen. Beim Zweiblatt *(Listera)* äußert sich das in langen Drüsenreihen innerhalb der Lippe, die ein attraktives Aroma sekretieren.

## *Der Insektenkuß*

Die Natur praktiziert den freien Tauschmarkt, und der Besuch der Insekten ist nicht unentgeltlich. Wenn sie schon die Pollen transportieren, erwarten sie auch, dafür bezahlt zu werden. Als Entgelt für ihre Dienste bietet ihnen die Blüte ihren Nektar an, diese süße Flüssigkeit, die von ihnen bei jedem Blütenbesuch gierig geschlürft wird. Der Blütennektar ist das kleine Gläschen, das man auf dem Lande dem Postboten zum Dank für seinen Besuch anbietet.

Natürlich gibt es auch ungehobelte Gesellen, die sich damit begnügen, die Blüten mechanisch abzuklappern, aber das sind archaische und vulgäre Praktiken, die die Orchideen, bis auf vereinzelte Fälle, seit langem abgeschafft haben. Sie ziehen es vor, hübsche Nektardrüsen auszuarbeiten, womöglich auch noch einen Sporn in Form eines Füllhorns, der genau auf der Verlängerung der Lippe sitzt, auf der das Insekt landet. Es taucht seinen Rüssel in das Gefäß und saugt in diesem Kuß den Nektar auf, wie man ein Getränk mit einem Strohhalm schlürft. Der Rüssel muß allerdings lang genug sein, um an den Nektar zu gelangen, was eine genaue Übereinstimmung zwischen der Anatomie des Insektes und der der Blüte erfordert. Wenn der Sporn sehr lang ist und der Rüssel zu kurz, kommt das Insekt nicht auf seine Kosten.

Darwin, der die Befruchtung der Orchideen in Madagaskar studierte, hat eindrucksvolle Beobachtungen auf diesem Gebiet angestellt. Mit nahezu tausend verschiedenen Arten, wovon acht oder neun Zehntel überhaupt nur hier wachsen, bietet Madagaskar ein Beobachtungsfeld von außergewöhnlichem Interesse. Darwin war von der Länge mancher Sporne fasziniert, besonders bei *Angraecum sesquipedale,* einer Abart, die so benannt ist wegen ihres Sporns, den er auf eineinhalb Fuß (etwa fünfzig Zentimeter) Länge schätzte, was allerdings etwas übertrieben ist. Darwin fragte sich, welches Insekt seinen Nektar in so einem langen Sporn suchen könnte. Er hielt diese Pflanze für einen Irrtum der Natur, für eine zum Tode Verurteilte mit Strafaufschub, der die Insekten eines Tages den Rest geben würden, indem sie sie einfach links liegen lassen, weil sie nicht mehr auf ihre Kosten kommen. Erst vierzig Jahre später wurde ein großer Schmetterling aus der Familie der Schwärmer entdeckt, dessen Rüssel ausgerollt so lang ist, daß er damit dem Sporn von *Angraecum* auf den Grund kommt. Schwärmer und Blüte haben sich im Laufe der Zeit gegenseitig aneinander angepaßt. Wer sich allerdings an wen angepaßt hat, die Blüte an den Schmetterling oder der Schmetterling an die Blüte, ist unmöglich zu sagen, ebenso wie im oft zitierten Problem vom Ei und der Henne. Die einzige Antwort ist, daß es zwischen den beiden zu einer gegenseitigen Anpassung gekommen ist: Die beiden haben sich aufgrund ihrer innigen Beziehungen simultan entwickelt und schließlich eine Form der Koexistenz zu zweit gefunden, die alle rivalisierenden Insekten ausschließt, es sei denn, sie haben einen passenden Rüssel, um diese seltsame und mühevolle orale Kopulation mit dem Sporn von *Angraecum* durchführen zu können.

In Südamerika entdeckte man übrigens einen Schwärmer, dessen extrem langer Rüssel Rätsel über den Aufbau der Pflanze aufgab, die er wohl besuchen würde. Einige Jahre später wurde eine Orchidee der Familie *Habenaria* ausfindig gemacht, die einen Sporn von äquivalenter Länge besitzt. Derselbe Fall wie in der Geschichte von *Angraecum,* nur nach Südamerika versetzt und mit umgekehrtem Vorzeichen.

Die Orchideen scheinen das Geheimnis dieser seltsamen monogamen Ehe zwischen Blüte und Insekt gut zu hüten. Beständigkeit und Treue sind hier die einzigen Garanten für eine Fortpflanzung der Art, da die Blüte nur durch ihren besonderen Partner bestäubt werden kann, dessen Verschwinden ihr Aussterben besiegeln würde.
Dieses Mißgeschick hätte auch der Vanille widerfahren können. Die Vanille, ursprünglich in Mexiko ansässig, ist dort schon seit langer Zeit als Nutzpflanze bekannt. Als man sie auch auf den Inseln im Indischen Ozean anpflanzen wollte, besonders auf Mauritius und Réunion, mußte man überrascht feststellen, daß sie plötzlich mit Sterilität geschlagen war und keine Früchte mehr trug. Man ging der Sache auf den Grund und fand heraus, daß die Vanille sich nur von einem einzigen Insekt, der *Melipona*, bestäuben läßt, das man natürlich nicht aus dem Ursprungsland Mexiko mitgebracht hatte.
Versuche, das Insekt zu importieren und an die neue Umwelt anzupassen, erwiesen sich als erfolglos. Schließlich erfand ein junger Schwarzer eine Methode der künstlichen Bestäubung, die heute noch angewendet wird: Die Pollen werden mit einer kleinen Pinzette aus der Blüte geholt und auf die zur Aufnahme bestimmte Partie, auf den Fruchtknoten, gelegt. Es wäre nicht ganz falsch, einfach zu sagen, die Vanille wird künstlich besamt – so wie gewisse Haustiere. In Gebieten, wo kein natürlicher Partner existiert, ist der Mensch, der an dessen Stelle tritt, zu ihrer einzigen Überlebenschance geworden. Falls ihr favorisiertes Insekt ihr untreu wird, verheiratet sich die Vanille mit dem Menschen, was natürlich nicht, wie ein gedankenloser Student geschrieben hat, besagen soll, daß sie mit menschlichem Samen befruchtet wird.
Spektakulär und noch erbaulicher sind die seltsamen Beziehungen, die die Orchideen mit ihrem speziellen Partner unterhalten; denn sie neigen dazu, sich ihnen sogar mimetisch anzupassen. In diesem Fall geht die Lippe – immer nur die Lippe –, die üblicherweise dazu bestimmt ist, die Aufmerksamkeit der Insekten anzuziehen und ihre Landung zu lenken, noch einen Schritt weiter: Sie verwandelt sich sozusagen in ein falsches Insekt. Ihre Blütenblätter nehmen das Aussehen einer Mücke an, einer Hornisse, einer Fliege, einer Wespe oder einer Spinne, je nach Art des Insektes, das zu ihrer Befruchtung bestimmt ist.

# *Erfüllung und Frustration*

Zum ersten Mal hat ein Amateur, ein Richter aus Algier mit Namen Pouyanne, im Jahre 1916 die Bestäubung einer Ragwurzart *(Ophrys speculum)* durch eine Wespe beschrieben, die auf die auffallendste Art und Weise ihrer Lippe glich. Er hatte beobachtet, daß nur männliche Wespen von dieser bizarren Blüte, die ihnen so ähnlich sieht, angezogen wurden, und war schließlich zu der Überzeugung gekommen, daß die heftigen Bewegungen des Insektes auf der Blüte nicht aggressiv gemeint, sondern im Gegenteil als Gesten der Liebe zu verstehen sind. Als Beweis dafür führte er an, daß die männliche Wespe auf der Blüte genau dieselbe Position einnimmt wie auf einer weiblichen Partnerin.

Da die Botaniker es nicht sonderlich lieben, wenn Amateure daherkommen und über ihre Beete stampfen, und da man damals, zur Zeit des Ersten Weltkrieges, nur an Krieg dachte und nicht an Liebe, stießen Pouyannes Folgerungen auf taube Ohren. Besonders, da der große Darwin selbst genau die gleiche *Ophrys* beobachtet und nichts von der mimetischen Lippe berichtet hatte. Gewisse Leute glaubten in der These von Pouyanne das Hirngespinst eines alten Lüstlings zu erkennen. Andere wieder sahen überhaupt keinen Zusammenhang zwischen Pantomime und Bestäubung. Sie dachten, die *Ophrys* simuliere eine Wespe, um sich gegen den Appetit anderer Tiere zu wappnen und diese davon abzuschrecken, sich eine Blüte als Nahrung auszuwählen, auf der ein so gefährliches Insekt sitzt. Der bekannte Wiener Botaniker Francé behauptete sogar, daß die Blüte nur ein Insekt nachahme, um eben nicht von diesem oder einem anderen Insekt heimgesucht zu werden. Das Insekt glaubt den Platz besetzt und entfernt sich wieder. Francés Idee war vielleicht gar nicht so falsch, wie man später geglaubt hat. Die Gegenwart eines Pseudoinsektes irgendeiner Gattung auf einer Blüte hat zweifellos zur Folge, daß sich Insekten anderer Gattungen entfernen, da sie die Blüte für besetzt halten und nicht mehr an ihr interessiert sind.

Diese »Okkupation« ruft allerdings zugleich das lebhafte Interesse von männlichen Insekten derselben Spezies hervor, die von weitem einen Sexualpartner zu entdecken glauben, wie das minuziöse Experimente des schwedischen Botanikers Kullenberg bewiesen haben, die die Beobachtungen Pouyannes in jedem

Punkt bestätigten. Die Falle der amourösen Verführung wirkt immer, zumal die Lippe kein Mittel unversucht läßt, das Insekt in die gespannte Falle zu locken. Kullenberg hat sogar bewiesen, daß die Anordnung der Härchen, die sich auf der Lippe befinden, die gleiche ist wie bei den weiblichen Insekten, was bewirkt, daß der Partner nicht nur den Anblick zu erkennen glaubt, sondern auch den physischen Kontakt. Darüber hinaus strömt die mimetische Lippe auch noch genau denselben Duft wie das weibliche Insekt aus, ein Geruch, der übrigens auch aus den gleichen Molekülen hergestellt wird. In unglaublicher Zielstrebigkeit wird das physische und visuelle Pantomimenspiel mit einer konsequenten chemischen Mimikry unterstrichen. Von dieser perfekten Imitation ungeheuer erregt, stürzt sich das Männchen auf die Lippe und versucht, sich mit ihr zu kopulieren. In den meisten Fällen gelingt es ihm jedoch nicht, zweifellos deswegen, weil die Lippe nicht über die sexuelle Öffnung eines Weibchens verfügt. Die Natur offenbart hier ihre Grausamkeit und die *Ophrys* ihre grenzenlose Gleichgültigkeit dem Partner gegenüber, den sie ausgezeichnet zu verführen versteht, weil sie ihn braucht, aber den sie auf keine Weise befriedigen kann.

Ganz offensichtlich ist diese Art von Frustration, deren Opfer das Insekt ist, für die Orchidee von Vorteil. Das unbefriedigte Männchen macht sich auf den Weg von Blüte zu Blüte. Es transportiert die Pollen weiter, die es durch seine erregten Bewegungen losgelöst hat, und bestäubt auf diese Art und Weise zahlreiche Blüten. Da die Intelligenz der Insekten eng begrenzt und ihre Fähigkeit zur Anpassung praktisch gleich Null ist, setzen sie ihren unendlichen, glücklosen und beklagenswerten Liebesreigen fort, ohne jemals ihr Vergnügen zu finden. Würden sie es finden und ihre Gelüste wären befriedigt, würden sie vielleicht weniger Eifer an den Tag legen, ihr Glück bei weiteren Blüten zu versuchen. Die Häufigkeit der Besuche würde im selben Maße abnehmen, wie die körperliche Ermüdung zunähme, die für gewöhnlich dem sexuellen Akt folgt, und die Orchidee müßte unter ihrer eigenen Gutmütigkeit leiden. Tatsächlich nützt sie die Dummheit des Insektes weidlich aus, das seiner Natur nach gar nicht merken kann, daß es in dieser Beziehung immer der Geprellte sein wird. Ein intelligenterer Partner würde die Konsequenzen ziehen, diese egoistischen Blüten meiden und sie dadurch zum Tod durch Sterilität verdammen. Aber das Insekt ist programmiert und kann sein Programm nicht ändern. Darüber hinaus hat es die Natur so eingerichtet, daß es förmlich gezwungen wird, dieses so wenig befriedigende Spiel zu spielen. Beim Studium der Bienenophrys *(Ophrys apifera)* entdeckte man nämlich, daß sich die Blüte rechtzeitig zum Ausschlüpfen der männlichen Bienen, von denen sie bestäubt wird, öffnet, lange bevor die weiblichen Bienen schlüpfen. In dieser Zeitspanne ist das Männchen zum Zölibat verdammt und auf masturbatorische Praktiken angewiesen, stimuliert von den Truggebilden, die die Orchidee seinem Trieb bietet, für den es außer der der Bienenophrys noch keine Partnerin gibt. Nur die überlebenden Männchen werden für ihre jugendliche Frustration entschädigt und können echte Weibchen befruchten, sobald diese geschlüpft sind. Was hier wiederum der Orchidee zugute kommt, weil daraus eine neue Generation von Bienen entsteht, die, wenn es so weit ist, ihre Rolle als Bestäuber übernehmen.

Die Zeitverschiebung wirkt sich nicht immer nur zum Nachteil für das Insekt aus. Sie kann sich auch zum Nachteil für die Orchidee auswirken. Manchmal muß sie lange auf ihren speziellen Partner warten, weil er zum Beispiel noch nicht geschlüpft und sie bereits längst erblüht ist. Deshalb greifen die mimetischen Orchideenarten zu erstaunlichen Mitteln, um ihre Verführungskraft so lange wie möglich zu erhalten, womit sie sich auch hier wieder auffallend weiblich verhalten. Sie wenden zum Beispiel die raffiniertesten Schminkkünste an. Um wochenlang frisch und attraktiv zu bleiben, manchmal sogar monatelang, ziehen sie sich dicke Schminke in Gestalt eines elastischen und wasserundurchlässigen Häutchens über, unter dem sie ohne Schaden schlechte Wetterperioden überstehen. Oft legen sie sich sogar eine richtige Wachsmaske zu, die sie ganz besonders rüstig und dauerhaft macht.

Es kann jedoch auch geschehen, daß sich trotz all dieser Vorsichtsmaßnahmen nicht ein einziger Bestäuber blicken läßt. In diesem Fall muß sich die Orchidee mit Witwenschaft und Sterilität abfinden. Die *Ophrys apifera* hat aber, sollte diese Eventualität eintreten, eine Möglichkeit gefunden, allein mit dem Problem fertig zu werden. Die Pollen drängen sich, wie bei allen anderen Orchideen auch, in zwei dicken Klumpen um den einzigen Stempel in jeder Blüte, und diese Pollenklumpen *(Pollinien)* sind nach oben gerichtet. Wenn kein Insekt auftaucht, um sich ihrer zu bedienen, fallen sie schließlich in sich zusammen und landen dabei automatisch auf dem weiblichen Aufnahmeteil derselben Blüte. Das ergibt eine Selbstbestäubung, die einzige Lösung für gewisse Blüten, wenn sie nicht das Glück der Heiratsvermittlung haben, durch die sie mit einer anderen Blüte in eheliche Beziehungen treten können. Eine Lösung, der sich natürlich lediglich hermaphroditische Geschöpfe, Träger beider Geschlechter wie die meisten Pflanzen, bedienen können. Seltsamerweise ist es in unserem Fall das Zusammensacken der Pollen, das die Bestäubung verursacht, während ihre natürliche Erektion sie im Stadium der Impotenz oberhalb der Narbe des weiblichen Aufnahmebereiches festhält, von der sie außerdem noch durch eine oft undurchdringliche Membrane, das *Rostellum*, getrennt sind. Alles an diesen Blüten soll, wie man sieht, die obligatorische Fremdbestäubung durch Insekten als Zwischenträger fördern.

Die Selbstbestäubung – eine Tat der Verzweiflung – ist meist nicht nach dem Geschmack der mimetischen Orchideen. Um sie, wenn irgend möglich, zu vermeiden, bauen gewisse Spezies ihre Verführungskünste noch weiter aus und bieten dem Insekt genau das, was es sucht, nämlich den Orgasmus. Dies ist bei einigen australischen Orchideen (aus der Familie der *Cryptostylis*) der Fall, die den kleinen männlichen Wespen, die sie aufsuchen, das gewünschte Vergnügen bereiten, was man an den Spermatozoiden erkennen kann, die sie in Massen auf den zungenförmigen Lippen ablagern. Wenn man den minuziösen Beobachtungen von E. Coleman Glauben schenken kann, scheint das Männchen die Orchidee seinem Weibchen vorzuziehen. Die Falle ist perfekt geworden.

In Mittelamerika gibt es eine Orchidee *(Trigonidium obtusum)*, die Männchen einer bestimmten Bienenart anlockt. Obwohl die Ähnlichkeit zwischen Blüte und Biene nicht sehr groß ist, versucht die Biene, sich mit den Spitzen der Blütenblätter zu kopulieren. In diesem Fall scheint die sexuelle Anziehung mehr von Geruch und Gefühl gesteuert zu werden als vom Visuellen. Da sich die Mimikry nicht nur auf die Lippe, sondern auf mehrere Blütenblätter erstreckt, können mehrere Insekten gleichzeitig zur Paarung mit der Blüte kommen. Hier wird auf seltsame Weise eine Art Gruppensex demonstriert, bei dem mehrere Partner, die untereinander keine Beziehung haben, sich gleichzeitig um ein einziges Objekt in ihrer Mitte bemühen.

## *Von der Pantomime zum Fetischismus*

Dieses Beispiel soll die Aufmerksamkeit auf die Wichtigkeit des Duftes im Verführungsmechanismus der mimetischen Orchideen lenken. Dieser Mechanismus kann bis zum Paradox gesteigert werden. Experimente haben ergeben, daß, selbst wenn die Lippe verunstaltet oder so weit beschnitten ist, daß sie ihrem Partnerinsekt kaum mehr gleicht, sie doch ihre Attraktionsfähigkeit nicht verliert, und zwar aufgrund des weiblichen Duftes, den sie ausströmt. Tatsächlich zieht der Geruch das Insekt wie ein Radarstrahl an, lange ehe die mimetische Lippe selbst in Sicht kommt. Einen letzten Beitrag zur Anziehung des Insektes leistet dann der physische Kontakt nach der Landung. Damit ist die mimetische Anpassung komplett und manifestiert ihre Wirksamkeit in allen Stadien, die der Kopulation vorangehen.

Wenn sich ein Männchen auf einer derartigen Orchidee installiert hat, kommt es nicht selten vor, daß ein anderes Männchen hinzukommt und versucht, sich auf ihm niederzulassen. Dabei handelt es sich weniger um eine homosexuelle Entgleisung, sondern einfach um einen doppelten Erkennungsfehler des zweiten Insektes, das von dem weiblichen Geruch der Lippe angezogen wird und, statt auf der Lippe, auf dem Insekt seines eigenen Geschlechtes landet und sich mit ihm zu kopulieren versucht. Sobald es seinen Irrtum bemerkt, fliegt es wieder weg. Die Homosexualität scheint unter den Insekten nicht zu existieren, da ihr angeborenes genetisches Programm viel strenger ist als das der Vögel und höheren Tiere, bei denen in der Kindheit angenommene Verhaltensweisen und Prägungen in der sexuellen Orientierung eine wesentliche Rolle spielen. Unter diesen höherentwickelten Arten konnten zahlreiche Fälle von Homosexualität beobachtet werden.

Die sexuelle Attraktion ist nicht die einzige Falle, die die Orchidee erfunden hat, um Insekten anzuziehen. Die Orchideenart *Oncidium* in Ecuador schmückt sich mit langen, gelben, zarten Blütentrauben, die im Winde schaukeln und den männlichen Bienen aus der Familie *Centris* ähneln. Die *Centris*-Männchen stürzen sich wie wild darauf, nicht aus homosexuellem Antrieb, sondern weil sie ihr Territorium, das sie unermüdlich überwachen und mit ihrem Duft markieren, von Eindringlingen freihalten wollen. Sie glauben, in diesen Blüten, die ihnen so sehr gleichen, einen gefährlichen Rivalen zu erblicken. Ihre Attacken erfolgen präzise, brutal und rasch. Das männliche Insekt sticht mit erstaunlicher Geschicklichkeit auf die Blüte ein. Hierbei handelt es sich also nicht mehr um amouröse Absichten oder um eine Pseudokopulation, sondern um den Kampf ums Territorium, um einen Pseudoantagonismus. Bei einer australischen Orchidee aus der Familie der *Calochilus* glaubt man sogar eine Art Pseudoparasitismus entdeckt zu haben: Sie nimmt die Gestalt eines Insektes an, auf dem die Wespe ihre Eier ablegt. Es ist also die Lippe, die statt des anderen Insektes die Wespeneier empfängt. Diese Beobachtung ist noch umstritten, und es könnte sich herausstellen, daß es sich dabei nur um ein weiteres Beispiel einer Pseudokopulation handelt.

Die erstaunliche Liste der mimetischen Orchideen, die jeweils von speziellen Insekten bestäubt werden, hat noch lange kein Ende. Allein in der Familie der *Ophrys* ist dies bei einundzwanzig verschiedenen Arten der Fall. Und dieses Phänomen ist nicht ein Vorrecht der Orchideen, Kullenberg hat es auch bei anderen botanischen Familien entdeckt, zum Beispiel bei der *Guiera senegalensis* aus der Familie der Langfadengewächse.

Die Kunst, sexuelle Verlockung durch Nachahmungen zu stimulieren, ist den Menschen nicht fremd. Heutzutage scheffeln Sexshops Vermögen mit Puppen und anderen Artikeln, die nichts weiter als die moderne, technische Version der mimetischen Lippe der Orchidee darstellen. Die Orchideen weisen uns darauf hin, daß hier ein Archetyp vorliegt, sie sind das natürliche Modell des Fetischismus, dieser Abweichung der Libido, die den sexuellen Trieb von seinem natürlichen Objekt auf etwas anderes umleitet. Aber die Natur macht nicht umsonst Umwege; sobald sie ihr Ziel erreicht hat, erfolgt die Befruchtung. Sie fällt der fadenscheinigen Logik früherer Moralisten in den Rücken, die jedweden Ausdruck der Sexualität verdammten, der angeblich nicht dem »Gesetz der Natur« entsprach: der ehelichen Vereinigung von Mann und Frau zum Zwecke der Zeugung. Was die Kunst des Unterscheidens anbetrifft, mit Hilfe derer festgelegt wurde, was natürlich und was unnatürlich ist, konnte man sich auf das Talent der Kasuisten verlassen, die in der Lage waren, das kleinste Schamhaar in vier Teile zu schneiden. Die Natur macht sich lustig über derartige Unterscheidungen, die für sie nicht den geringsten Sinn ergeben: Alles, was sie hervorbringt, ist per definitionem natürlich, und da ihre Erfindungskraft ohne Grenzen ist, ist auch die Zahl der natürlichen Formen grenzenlos. Es liegt an uns, das Gleichgewicht zwischen den Extremen zu finden, zwischen der Verhärtung des Fleisches der viktorianischen Epoche und dem Fäulnisprozeß der Dekadenz. Jeder muß selbst seinem Gefühl folgen, um zu entscheiden, was gut für ihn und für die anderen nicht schlecht ist. Die Natur hat einen breiten Rücken, und jedes Experiment, jedes Wagnis und jeder Egoismus sind bei ihr erlaubt. Aber sie kann den Menschen nicht davon entbinden, sich auf intelligente Weise selbst zu entwerfen, in der anfälligen, ständig bedrohten Allianz von Geist, Herz und Körper, mitsamt der reichen Mannigfaltigkeit seiner Sitten und Kulturen.

Soviel zur Moral. Doch was sagt die Biologie? Für sie bleibt die mimetische Anpassung ein absolutes Rätsel. Sie gehört zu den unerklärlichen Phänomenen, die die klassische Theorie der Evolution durch Mutation und natürliche Auslese in Frage stellt. Man kann sich die außergewöhnliche Anzahl von Mutationen kaum vorstellen, die eine Orchideenlippe durchlaufen haben muß, ehe sie zum Insekt wurde! Und warum gibt es diese Art von Mutationen ausgerechnet nur bei dieser einen Pflanzenfamilie und nicht auch bei einer anderen?

Wenn man die Koadaption von Sporn und Rüssel bei *Angraecum* aus Madagaskar und ihrem Schwärmer zur Not noch verstehen kann, kann man sich doch schwerlich vorstellen, wie durch einen ähnlichen Entwicklungsprozeß die Orchidee selbst zum »Insekt« wird ... Aber hat man denn erklären können, wieso sich dieser oder jener Missionar aus rein europäischer Herkunft, der nach dreißig Jahren aus China zurückkam, in Aussehen und Gebaren kaum noch von einem richtigen Chinesen unterschied? Und wieso sich manche alten Eheleute am Ende eines Lebens wie aus dem Gesicht geschnitten ähneln? Das sind andere Formen der mimetischen Anpassung, verschiedenen biologischen Ursprungs, aber ebenso rätselhaft.

Am Ende bleibt die Frage unbeantwortet: Gibt es bei der mimetischen Orchidee einen besonderen, noch unbekannten Entwicklungsmechanismus, etwas wie eine »Absicht« ihrerseits, einem Insekt ähnlich zu werden? Allein diese Frage zu stellen bedeutet in den Augen mancher bereits eine beispiellose Verwegenheit. Darauf zu antworten würde bedeuten, sich unwiderruflich der Verdammnis auszusetzen.

Bei manchen Orchideen ist die Falle weniger spitzfindig ausgebildet, das Insekt wird sozusagen von der Blüte übertölpelt. Genau das passiert im Fall des Frauenschuhs, bei dem die Lippe wieder einmal die führende Rolle spielt. Diese Lippe, in Form eines Holzschuhs, nimmt die Hummeln in Gefangenschaft, die sich von ihr anziehen lassen: Die glatten Innenwände des Schuhs verhindern ein Umdrehen und zwingen die Hummel, durch einen anderen Ausgang zu entschlüpfen, eine winzige Spalte, durch die sie hindurch muß und in der sich die Pollen auf ihrem Kopf ablagern. Der Frauenschuh, eine der wunderschönen Orchideen feuchter Wälder, einzige europäische Repräsentantin der Familie *Cypripedium* und heute selten geworden in unserer Umwelt, steht nicht allein da mit seiner etwas gewalttätigen Strategie. Die Helmblume *(Coryanthes macrantha)* sperrt das Insekt nicht nur ein, sie macht es auch noch betrunken. Die Männchen einer Bienenart werden von ihrer Lippe angezogen, die sich wie ein Helm öffnet und angefüllt ist mit einer berauschenden Flüssigkeit. Sobald sie leicht benebelt ist, fällt die Biene in den Trichter; um den Ausgang zu erreichen, muß sie durch einen geraden Tunnel, durch den sie mühsam hindurchkriecht, was ungefähr eine halbe Stunde in Anspruch nimmt, und aus dem sie total erschöpft, aber bedeckt mit Blütenstaub herauskommt.
Um die Palette der Verführungsmöglichkeiten voll zu machen, fehlt lediglich noch die Bewegung. Eine Orchideenart geht sogar so weit. Die Lippe des *Bulbophyllum* ist mit ständig wogenden, vibrierenden Haaren bedeckt, was dem Insekt vielleicht wie ein Augenzwinkern erscheint, genauer gesagt, wie ein Wimperklappern, eine Geste, der das Insekt hoffnungslos erliegt.

## *Frauen, Engel oder Dämonen?*

Dieses breite Spektrum dessen, was man als »Sitten« und »Verhalten« der Orchideenblüten im Umgang mit den Insekten bezeichnen muß, überrascht uns, so subtil scheinen Arglist und Täuschung, derer sie sich zu bedienen wissen. Vielversprechend und wenig haltend sind sie das reinste Abbild jener grausamen Spiele, deren Geheimnis die Natur bereits kannte, lange bevor die Verbreitung der großen Verführungsstrategien unter uns Menschen einsetzte.

Ihrem Temperament und ihren Sitten nach zu schließen, ist die Orchidee eine Frau, mit reichen Farben gewappnet, äußerst harmonisch in ihrer Blütenanordnung und fein geschminkt, auf hauchzartem Teint, zuweilen diskret, zuweilen übertrieben parfümiert. Keine Exzentrik, keine Phantasie läßt sie aus, die ihre Verführungskünste unterstützen könnte, und wenn sie zum Transvestiten werden muß. Ist es nicht genau das, was die mimetischen Orchideen machen, wenn sie sich als Insekt verkleiden? Schon Millionen Jahre vor der Entwicklung des Menschen wußte die Orchidee, wie wichtig die Rolle von Schminke und Kleidung bei der Verführungsstrategie ist.
Doch gleichzeitig zeigt sie die fundamentale Ungerechtigkeit in der Natur, die sich unter unseren Augen ausbreitet: Diese Natur, die gewissen Geschöpfen die unschuldige oder anmaßende Gabe der Schönheit verleiht, gibt ihnen damit gleichzeitig enorme Macht über andere Wesen. Wie sollte man dabei nicht an die – für Zeiten der Dekadenz charakteristische – Schönheit so vieler junger Menschen denken, deren »erotisches Kapital« sie von Komplexen und Zwängen befreit? Als ob man arbeiten müßte, um zu überleben! Die Orchidee ist ihr Modell und ihr Symbol. Aber das wissen diese Menschen nicht, und sie kümmern sich auch nicht darum. Ihre Neugierde ist gering: Sind sie es doch selbst, die Neugierde erwecken! Um sie herum flattern unzählige »Insekten«, suchen nach Nektar oder Blütenstaub und gehen in ihre trügerische Falle, unglückselige Freier, ständig frustriert, hingehalten oder abgewiesen von diesen faszinierenden Geschöpfen, die begieriger sind zu nehmen, als zu geben.
Undurchsichtig und zweideutig symbolisiert die Orchidee die Sinnlichkeit: Hochmütig und schamlos stellt sie sich frech zur Schau; egoistisch denkt sie zuallererst an sich selbst. In der unermeßlichen Welt der Blüten haben die mimetischen Orchideen eine teuflische Funktion: Wie jene kleinen Teufel mit dem Engelsgesicht, die die Gehsteige der Vergnügungsviertel bevölkern, führen sie das Insekt in Versuchung, feuern seine Begierde an und halten es mit ihrem Charme gebannt, damit sich das verblendete Tier in einem Wahnsinnsreigen von Blüte zu Blüte schwingt, ohne je das Glück zu finden. Erläge kein Insekt ihrem Charme, würde die Orchidee vom Erdboden verschwinden.
Denn die Natur beherrscht die Kunst der Vereinigung von Widersprüchen. Ihr Gleichgewicht hat seinen Preis. Amoralisch und

ausschweifend ignoriert oder transzendiert sie unsere vereinfachenden Kategorien und Begriffsschemata: Sie kennt die Grenze nicht zwischen dem, was wir das Gute und das Böse nennen. Sie hat keine Gesetzbücher für Delikte und Strafen. Soll man sie deshalb verdammen? Soll man die mimetische Orchidee verdammen, bloß weil sie ihre Händel und Affären so gut zu organisieren versteht? Oder sollte man ihr Talent nicht eher neidlos bewundern?

Die Geschichte des Lebens lehrt uns, daß Mißgunst und Eifersucht schlechte Ratgeber sind. Alles hat seinen Platz in der Natur. Wer sie in aller Stille zu betrachten und eine Lehre daraus zu ziehen versteht, ist vor schnellen Urteilen gewarnt. Für ihn gibt es nur die eine demütige und dringliche Aufforderung, besser zu verstehen und – vielleicht – besser zu lieben.

Das Insekt liebt die Orchidee auf seine Art, und ihre großen Verführungskünste führen fast immer zu den wildesten, ausgelassensten Szenen, die von versuchter Kopulation über Kämpfe gegen eingebildete Rivalen bis zu verzweifelten Versuchen reichen, aus einer fürchterlichen Falle wieder zu entkommen. Dazu kommt es, weil ihre Pollen in zwei schweren Klumpen in jeder Blüte festkleben, bis zur Reife gut verpackt in der schützenden Hülle des einzigen Staubbeutels. Um diese Hülle zu lösen und die Pollen aus dem Beutel zu befreien, muß das Insekt eine Kraftanstrengung entwickeln, die eher einer Vergewaltigung oder einem Ringkampf gleicht als der Süße eines Liebesspiels. Wenn diese Operation gelungen und die Pollen befreit sind, müssen sie auch noch auf dem Bauch, dem Rücken, dem Kopf oder dem Rüssel des Insektes befestigt werden, und zwar fest genug, damit sie unterwegs nicht verlorengehen. Zu diesem Zweck gibt es am unteren Ende jedes Pollenklumpens einen winzigen Sack mit einer Art Klebstoff, der sich auf das Insekt überträgt und, sobald er trocken ist, solide hält.

Gewisse Orchideengattungen treffen darüber hinaus noch weitere Vorsichtsmaßnahmen: Die Arten der *Catasetum* aus Südamerika haben auf ihren Pollenklumpen steife Härchen, bei deren geringster Berührung ein brutaler Mechanismus ausgelöst wird, der den Bienen die beiden Pollenklumpen wie Hörner aufrecht auf den Kopf pflanzt. Allerdings stimuliert die Blüte der *Catasetum* durch ihren starken Pfefferminzgeruch den Appetit der Insekten derart, daß diese gleich ihre Lippe abfressen. Angesichts

so brutaler Sitten hat die Blüte diese nicht weniger brutale Antwort gefunden, die die Bestäubung auf unfehlbare Art und Weise garantiert.
Darwin war von der wilden Glut der *Catasetum*-Arten sehr beeindruckt. Als er Thomas Huxley, einem berühmten englischen Botaniker seiner Zeit, minuziös ihre Kunst, die Pollen auf den Kopf des Insektes zu pflanzen, erklärte, antwortete dieser ganz trocken: »Und Sie erwarten tatsächlich, daß ich das alles glaube?« Was hätte Huxley erst gesagt, wenn er von der Pseudokopulation oder von der mimetischen Anpassung gehört hätte? Selbst Darwin erkannte den tieferen Sinn der von ihm untersuchten pflanzlichen Sitten und Gebräuche nicht immer, so unfaßbar erschienen sie zu seiner Zeit.
Allerdings hat er feine Beobachtungen angestellt, was den Pollentransport anbelangt. Er bemerkte in verschiedenen Fällen, daß die Pollenmasse langsam ihre Position auf dem Insekt verändert, sobald es die Blüte verläßt: Von der vertikalen begibt sie sich in die horizontale Lage und plaziert sich damit genau so, daß sie mit Sicherheit am weiblichen Aufnahmeorgan der nächsten Blüte abgestreift wird und deren Bestäubung sichert.
Mit ihrer paradoxen Verbindung von Brutalität und Delikatesse, mit der feinen Präzision ihrer Mechanismen und der groben Behandlung ihrer Liebhaber ist die Orchidee ein echtes Abbild des Lebens: bewundernswert und erschreckend, schön und fürchterlich, zielbewußt und extravagant. Solange es der Effektivität dient, sind der Phantasie keine Grenzen gesetzt: Eine wunderschöne tropische Orchidee *(Stanhopea graveolens)* fällt durch ihre besonders großen Blüten und ihren außergewöhnlichen Geruch auf. Wenn man sie sieht, fragt man sich unwillkürlich, welches Insekt wohl groß genug ist, um den Fortbestand der Gattung gewährleisten zu können: Es gibt keines. Die Orchidee zieht durch ihren schweren, zu Kopf steigenden Duft Fliegen an. Diese Fliegen werden prompt von einer in der Nähe lauernden Spinne verschlungen. Und die Spinne wiederum wird zur Beute eines Kolibris, der dadurch, daß er sich auf die Spinne beziehungsweise auf die Blüte stürzt, die Bestäubung gewährleistet.
Man weiß zwar schon lange, daß Blüten im allgemeinen für die Bestäubung einen Zwischenträger brauchen. Die Beziehungen von Orchidee und Insekt, mit ihren Verlockungen, ihren Hochzeitsparaden, ihren Liebesnächten, haben das zur Genüge bewie-

sen. Doch die *Stanhopea* geht über dieses Maß hinaus: Sie bedient sich nicht nur eines, sondern gleich dreier Zwischenträger, das Glück der Bestäubung markiert das Ende einer Kettenreaktion, die nur die Blüte und der Vogel überleben. Die Zwischenträger werden einfach und sauber exekutiert und ohne Mitleid auf dem Hochzeitsaltar geopfert. (Die hier geschilderte Art der Bestäubung gründet sich auf Beobachtungen von Ruschi, Brasilien 1949, die anschließend von Dosdon bestritten worden sind. Der Fall verdient eine sorgfältigere Untersuchung und sollte für den Augenblick mit Vorsicht genossen werden.)
Dadurch, daß die Orchideen ihre Pollen in kompakten Klumpen loswerden, verhalten sie sich ökonomisch, was in der Welt der Blüten, in der die Verschwendung von Pollen die Regel ist, ganz ungewöhnlich erscheint. Tatsächlich gestattet der Transport der Pollenklumpen auf dem Rücken eines Insektes eine vollständige Übertragung von einer Blüte auf die andere. Im Gegensatz zu anderen Arten der Übermittlung, bei denen die Pollen großzügig verschwendet werden, gibt es hier praktisch keinerlei Verluste unterwegs. Mit diesem Charakterzug nähert sich die Orchidee den Sitten der höherentwickelten Tiere, die ihre Samen in den Körper des Weibchens versenken und nicht in alle Winde verstreuen. Wieder ein Zeichen einer hohen Stufe der Evolution, eine seltsame Parallele zwischen Orchidee und Mensch.

## *Die Methode der Geburtenregelung*

Sobald die Bestäubung stattgefunden hat, ist das Fest zu Ende. Die Blüte zerknittert, verliert ihre Farben, ihren Duft und ihre Frische. Die Lippe welkt, und die Blume verschwindet in der sie umgebenden Vegetation. Die Natur stellt ihre Werbekampagne ein und läßt, sobald deren Ziel erreicht ist, die Plakate wieder entfernen. Nachdem das Spektakel stattgefunden hat, verunzieren keine überholten Reklamesprüche mehr die Landschaft. Um dieses schnelle Abblühen zu vermeiden, versuchen Orchideenzüchter um jeden Preis, die Gegenwart von Insekten in ihren Gewächshäusern zu verhindern, denn sobald die Blüte bestäubt ist, verliert sie ihre Schönheit, und kurz darauf geht sie ein.
Hiermit offenbart die Orchidee ihre wahre Natur: nicht die einer Prostituierten – sie bietet ihren Klienten ja nicht einmal Ver-

gnügen –, nicht die eines unersättlichen und alles verschlingenden weiblichen Wesens – sie begnügt sich mit einem einzigen Gast, der sie befruchtet und ihre Pollen weitertransportiert –, nicht die einer Ehefrau, da sie keinerlei dauernde Beziehung mit ihrem Partner unterhält, sondern die einer Frau, die, um Kinder zu bekommen, alle Hebel in Bewegung setzt.

Wenn Insekt und Blüte ihre Mission erfüllt haben, braucht die Pflanze sich nur noch der Aufzucht der Neugeborenen zu widmen. Der Erfolg der Bestäubung zieht den Schlußstrich unter die Begierde und jede weitere sexuelle Beziehung zu Insekten. Hier gibt es für unsere verknöcherten Moralisten, die sich vielleicht etwas bedrängt vorkommen in ihren Anschauungen, etwas, worüber sie sich freuen können, und nicht wenige werden es begrüßen, daß die Sexualität bei den Orchideen einzig und allein auf Fortpflanzung ausgerichtet ist.

Orchideen sind kinderreich. Darwin schätzte die Anzahl von Samenkörnern in einer einzigen Kapsel der *Orchis maculata* (Geflecktes Knabenkraut) auf 6200. Da die Pflanze an die dreißig Früchte trägt, könnte sie bis zu 200000 Nachkommen zeugen. Aber sie wird noch übertrumpft: In der Familie der *Acropera* produziert eine Pflanze bis zu 74 Millionen Samen. Würden alle diese Samen auf fruchtbaren Boden fallen und keimen, würden sie in weniger als fünf Jahren unseren Planeten bedecken. Aber sie keimen nicht, weil die Natur darauf bedacht ist, ihr Gleichgewicht zu erhalten, und sich ein geistreiches System zur Geburtenregelung ausgedacht hat.

Damit überhaupt so viele Samenkörner auf dem beengten Raum einer Blüte Platz finden, können diese nur winzig sein. Manche Arten produzieren feinste Staubkörner, die höchstens ein zweihundertstel Milligramm wiegen, so zum Beispiel *Dendrobium attenuatum.* Bei diesen Samenkörnern handelt es sich um ausgesprochene Winzlinge, unentwickelte Embryos, die nur aus einer indifferenten Gruppe von Zellen bestehen. In diesem Zustand ist die Keimung natürlich schwierig: Woher soll der Embryo die nötige Nahrung nehmen, damit er eine kleine Wurzel bilden kann, die sich in die Erde bohrt, um dort seine Nahrung zu finden? Diese Samenkörner besitzen nämlich keinerlei Reservenahrung. Der Embryo, das Baby der Pflanze, hat von dem Augenblick an, da er aus seinem Winterschlaf erwacht, nichts, womit er sich ernähren könnte, um ein Keimen zu gewährleisten.

Dieses Problem löst die Orchidee durch vermittelnde Pilze: Der Embryo läßt sich von den mikroskopisch kleinen Fäden einer bestimmten Pilzart *(Rhizoctonia)* durchdringen, die ihm die unbedingt nötige Nahrung für sein Wachstum zuführen. Der Pilz spielt die Rolle eines Strohhalmes, den der Embryo benützt, um sich zu ernähren. Sobald die junge Pflanze sich durch Wurzeln, die sie in die Erde senkt, selbst ernähren kann, läßt sich der Pilz seinerseits von der Pflanze, bei der er sich eingerichtet hat, ernähren – ein gerechter Ausgleich. Die Orchidee jedoch versucht sich seiner zu entledigen, weil sie ihn nicht mehr braucht. Es ist überall die gleiche egoistische Taktik derjenigen, die lieber nehmen als geben. Wenn der Pilz den Kampf gewinnt, entwickelt sich ein fragiles Gleichgewicht, und die Fäden bleiben ihr ganzes Leben lang in der Wurzelknolle der Pflanze. Das Anschwellen der unterirdischen Organe bei vielen Orchideenarten ist als Verteidigungsreaktion gegen den Pilz, dem sie nolens volens Unterschlupf gewährt, ausgelegt worden. Der Name der Orchidee *(Orchis)*, der auf griechisch Hoden bedeutet, ist eine Anspielung auf die Form ihrer unterirdischen Organe, die tatsächlich zwei Hoden gleichen.

Der Großteil der Samenkörner ist nicht in der Lage, einen nahrungspendenden Pilz zu finden, und keimt nicht. Dadurch gehört die Orchidee, trotz ihrer unglaublichen Samenvielzahl, zu den seltenen Pflanzen. Sie gedeiht auf Wiesen und im Untergehölz, aber fast immer nur vereinzelt, hie und da, ohne je eine dichte Bevölkerung zu bilden, wie das der Klatschmohn und die Margeriten zum Beispiel tun. Die Orchidee ist nicht sehr sozial: Wie alle großen Verführerinnen sucht sie weniger die Gesellschaft ihresgleichen, sondern mehr die ihrer Opfer.

Die Orchideenzüchtung aus Samen erforderte früher eine Geschicklichkeit, derer sich nur wenige erfahrene Züchter rühmen konnten. Sie versetzten die Samenkörner mit einem Extrakt aus Pilzkulturen – das war zumindest die Technik des Botanikers Noel Bernard –, und manchmal gelang es ihnen damit, das eine oder andere Samenkorn zum Keimen zu bringen. Daher Seltenheit und hoher Preis dieser Blume. Recherchen in Amerika haben die Erfolgsquote verbessert. Man setzt die Samen in eine Nährlösung, die zwei Prozent Zucker enthält, und bei dieser gesüßten Babykost scheinen die von der Mutter so schlecht versorgten Embryos gut zu gedeihen. Bei anderen Pflanzen enthal-

ten die Samenkörner ein Nährgewebe, dem die Versorgung des Embryos während der ersten Tage zufällt. Dieses Nährgewebe fehlt bei den Orchideen.
Das Problem der Überbevölkerung hat die Orchidee also durch eine effektive und schmerzlose Methode gelöst: durch die Degeneration des Samens. Sie beseitigt ihre Neugeborenen, indem sie sie im embryonalen Zustand im Samen einschläfert und nicht ernährt. Dazu kann man nur sagen, daß die Menschheit es auch nicht besser macht, die fast ein Viertel ihrer Kinder, allerdings ohne sie einzuschläfern, verhungern läßt. Mit den Abtreibungen ist es noch schlimmer: Niemand kommt auf die Idee, den Fötus einzuschläfern, der brutal aus dem Mutterleib gerissen wird. Seltsame Parallelen, die ein Licht auf die Anstrengungen der Natur werfen, die zu starke Verbreitung kinderreicher Arten zu verhindern.

## *Das sexuelle Zwitterwesen der Orchidee*

Wenn die Orchidee auch eine Geburtenregelung praktiziert wie wir, kennt sie doch andere Möglichkeiten der Reproduktion, die nur Pflanzen besitzen und von denen wir nur träumen können.
Die erste ist die Möglichkeit der ungeschlechtlichen Vermehrung durch einfache Teilung der unterirdischen Organe. So kann sie sich wie alle mehrjährigen Pflanzen von Jahr zu Jahr regenerieren, ohne Samenkörner zum Keimen zu bringen, einfach durch die Multiplikation ihres unterirdischen Apparates, so wie viele andere Knollenpflanzen es auch tun. Diese typisch pflanzliche Art der Fortpflanzung gibt es bei höheren Tieren nicht. Sie sind zur Sterilität verdammt, wenn sie auf keinen Partner ihrer Gattung stoßen.
Bei zahlreichen Orchideen, besonders in der Familie der *Orchis,* sehen die beiden Knollen aus dem vorhergehenden und aus dem laufenden Jahr, wie wir schon bemerkten, einem Paar Hoden verblüffend ähnlich. Auf diese seltsame anatomische Parallele bezieht sich nicht nur ihr Name, sondern auch die antike Theorie, daß die Orchideenknolle ein starkes Aphrodisiakum sei. Nach der Signaturenlehre, die in vielen primitiven Zivilisationen verbreitet ist, glaubt man nämlich am Wuchs und Aussehen der Pflanzen ihre therapeutischen Eigenschaften ablesen zu können.

Der gelbe Saft, der aus dem Stiel des Schöllkrautes träufelt, wenn man es pflückt, soll ein ausgezeichnetes Mittel gegen Leberleiden, genauer gesagt, gegen die Gelbsucht sein. Der weiße Milchsaft der Wolfsmilch fördert angeblich die Milchbildung; die Walnuß, deren Form an das Gehirn erinnert, wird zur Behandlung von Geisteskrankheiten benützt. Und die Bohne soll zur Heilung von Nierenkrankheiten dienen. Wir werden gleich sehen, was von solchen Analogieschlüssen zu halten ist.

Mit den optischen und Geruchseigenschaften ihrer Lippe besitzt die Orchidee, zumindest was die Insekten anbelangt, unbezweifelbar eine aphrodisische Wirkung. Eine ganz andere Frage ist es, ob man diese Beobachtung auch auf den Menschen übertragen kann. Sobald es nämlich um aphrodisische Wirkungen geht, ist die Signaturenlehre immer besonders fruchtbar, wenn schon nicht in der Realität, dann zumindest in der Einbildung. Zahlreiche Pflanzen, die an einen Phallus erinnern, wie der Spargel, die Rübe, die Banane und verschiedene Hülsenfrüchte, erfreuen sich in dieser Beziehung außerordentlicher Gunst. Mehr als auf alle anderen trifft dies zu auf die berühmte Alraune, in Gestalt eines menschlichen Körpers, von der das Buch Genesis uns berichtet, daß Jakobs Sohn Ruben sie für seine Mutter auf dem Felde gesucht hat, um Jakob eine große Nachkommenschaft zu sichern. In Wirklichkeit aber wirkt die Alraune einschläfernd, hier ertappen wir also diese abergläubische Theorie in flagranti bei der mutwilligen Verbreitung falscher Gerüchte. Was die Orchidee anbetrifft, so hat man von ihr behauptet, sie werde aus dem Samen der Stiere geboren, der bei der Kopulation auf die Erde fällt. Da das extrem winzige Samenkorn der Orchidee lange unentdeckt blieb und andererseits die suggestive Form der doppelten Knolle eine deutliche Sprache sprach, entstand aus alledem der Glaube an ihre aphrodisische Wirkung.

Aus der Männlichkeit ihrer Wurzel und der Weiblichkeit ihres verführerischen Verhaltens ergibt sich die zwitterhafte Natur der Orchidee. Tatsächlich hängt das Geschlecht hier vom Betrachter ab: Für das Insekt ist sie weiblich, für den Menschen männlich. Und doch – einer schönen Frau eine Orchidee zu schenken ist keine neutrale Angelegenheit. Die Orchidee ist das Symbol der Verführung schlechthin, mit all ihrer Zweideutigkeit verkörpert sie ein Januswesen, eine Femme fatale und einen Don Juan; mit einem Wort: ein undurchsichtiges und verwirrendes Geschöpf.

## *Die Reproduktion am Fließband*

Allerdings gibt es bei dieser mysteriösen und aufregenden Pflanze, die mit allen Tricks und Raffinessen arbeitet, um sich zu reproduzieren, auch die Möglichkeit der Arterhaltung durch ein ganz banales, harmloses Verfahren, das einfachste, das man sich vorstellen kann, und gleichzeitig das außergewöhnlichste, dem wir nur sprachlos gegenüberstehen. Es gründet in ihrer Fähigkeit, sich – ausgehend von einigen wenigen Zellen – zu reproduzieren und bis ins Unendliche zu vermehren. Es genügt, diese Zellen einer jungen Knospe zu entnehmen und sie auf einen günstigen Nährboden zu bringen: Sie sind wie alle sehr jungen Zellen mit starkem Multiplikationsvermögen begabt und vermehren sich reichlich, bis sie eine kompakte Gewebemasse bilden. Diese Kulturen werden in Reagenzgläser gesetzt, die man ständig in Bewegung hält. Durch diese Bewegung kann das Gewebe sich nicht zum Boden oder zum Licht hin orientieren und bildet keine Stengel oder Wurzeln. Nun teilt man diese indifferente Zellmasse von neuem und setzt die Teile wieder in Reagenzgläser mit derselben Nährlösung und so weiter, bis man Tausende gleichartiger Zellmassen hat. Anschließend läßt man die Gläser in aufrechter Stellung stehen: Es entstehen Wurzeln, die sich vom Licht entfernen, sowie Sprossen, die es suchen. Eine neue Pflanze, zur Gänze künstlich hergestellt, ist ohne jede Beteiligung sexueller Phänomene geboren worden und vollkommen identisch mit ihrem entfernten Vorfahren, dem die ersten Zellen für die Kulturen entnommen worden sind.
Die Multiplikation der Orchidee führt uns an die Grenze der Science-fiction und erinnert uns daran, daß alle Erbanlagen eines Individuums in jeder seiner Zellen vorprogrammiert sind. Deshalb ist auch das, was hier praktisch demonstriert wurde, im Prinzip überall möglich: ein identisches Individuum aus einer einzigen Zelle zu reproduzieren, vorausgesetzt, sie ist noch im Vollbesitz ihres Zellteilungsvermögens.
Man kann sich kaum ausmalen, wie eine derartige Reproduktion bei Tier und Mensch aussehen würde, wo sie zwar theoretisch vorstellbar, aber (Gott sei Dank!) praktisch noch nicht realisierbar ist. Würde die Entwicklung dieser Art von Fortpflanzung im großen Stil betrieben, könnte man von einem sorgsam ausgewählten Stammvater eine beliebige Anzahl passender Individuen

erzeugen. Ist der Stammvater richtig gewählt, könnte man einem Tyrannen eine Armee von vollautomatisierten Robotern, die zu allem fähig sind, in die Hände spielen.

In der Natur gibt sich die Orchidee damit zufrieden, ihre winzigen, unzähligen Samenkörner auszuschicken, was man nur als ein regressives Verhalten bezeichnen kann und als eine ihrer interessantesten Eigenarten. Auf der höchsten Ebene der Evolution des Pflanzenreiches angekommen, fabriziert sie zu ihrer Reproduktion Samenkörner, die nicht größer sind als die Sporen so archaischer Pflanzen wie Moose und Farne. So kennt das Leben, wie wir noch sehen werden, auch Umkehr und Rückweg in seine Geschichte, regressive Tendenzen, die den Menschen und die Zivilisation nicht verschonen.

Denn die Orchidee wird von denselben Gefahren bedroht wie wir: Indem sie ihr Insekt, ihren Pilz, ihren Trägerbaum domestiziert, überantwortet sie ihr Leben und ihre Zukunft äußeren Zufällen. Sie braucht einen Hofstaat; wie der moderne Mensch auch, kann sie nicht ohne ständige Hilfskonstruktionen und ohne eine ganz besondere Umgebung leben. Wie wir sahen, haben manche Arten sogar die Photosynthese wieder abgelegt und leben wie die Pilze vom Humus. Die Orchidee ist sehr weit hochgeklettert in der Hierarchie der Lebewesen und wird von derselben Gefahr bedroht wie der Mensch, nämlich von der Tendenz zur Bequemlichkeit und zum Weg des geringsten Widerstandes, was der Botaniker die »parasitäre Degeneration« und der Moralist »auf Kosten anderer leben« nennt.

Unberührt von dieser am Horizont sichtbaren Gefahr geht allerdings ihre Ausbreitung bis heute immer noch weiter. Sie scheint Resultat eines optimalen Gleichgewichtes zwischen Imitations- und Erfindungsgabe zu sein: Die Mutation ist die Fähigkeit, eine als brauchbar erwiesene und ein für allemal festgelegte Struktur endlos zu wiederholen, zum Beispiel das Baumuster der Orchideenblüte. Das erfinderische Genie zeigt sich in der Fähigkeit, alle Möglichkeiten auszuschöpfen und alle Wege zu probieren. Deshalb haben Orchideen stets andersgeartete Blüten, leben in Symbiose mit den verschiedensten Insekten und passen sich den unterschiedlichsten Lebensumständen und Umgebungen an. Die Kunst der Verschmelzung von neu und alt ist vielleicht das größte Geheimnis ihres Erfolges.

Wir sehen, die Orchidee hat dieselben Probleme wie wir: Wie

kann sie in solch verschiedenen Umwelten wie dem tropischen Urwald, der mediterranen Heide, den alpinen Matten oder der skandinavischen Tundra überleben? Wie verhält sie sich im Angesicht so schwerwiegender Unfälle, wie es der Verlust von Chlorophyll ist, der den Energie- und Ernährungshaushalt völlig aus dem Gleichgewicht bringt? Wie erhält sie sich die offensichtlichen Vorteile der Spezialisierung und der ehelichen Treue dem Sexualpartner gegenüber, ohne in eine totale Abhängigkeit zu verfallen, die im Endeffekt sogar tödlich sein kann? Wie reguliert sie die Bevölkerungsdichte und begrenzt die Zahl der Geburten, um eine unkontrollierte Vermehrung zu verhindern? Wie kann sie den fatalen regressiven Tendenzen ausweichen, die ohne Unterlaß den Fortschritt und den einmal errungenen Status wieder aufs Spiel setzen? So viele Fragen, auf die diese Pflanzen Antworten finden mußten, so viele Herausforderungen, denen sie sich gestellt haben.

Wie sind sie überhaupt so weit gekommen? Wieso hat das Leben eine so einmalige Entfaltung der Phantasie überhaupt gestattet, um so komplizierte, pflanzliche Lebewesen zu entwickeln, die uns wie nahe Verwandte erscheinen? Um das zu verstehen, muß man sich an die Quelle des gewaltigen Stromes begeben, an dessen Mündung die Orchidee steht und der die Geschichte des Lebens an sich darstellt – dieses Lebens, das im vorgeschichtlichen Ozean vor vier Milliarden Jahren seinen Anfang nahm.

## 2. Kapitel

# Zurück zum Ursprung des Lebens: Die Algen

## *Krisenmanagement in der Urzeit*

Die Geschichte des Lebens hat ihren Ursprung in den Weltmeeren. Vor vier Milliarden Jahren haben sich auf unserem noch jungen Planeten durch chemische Reaktionen die ersten lebenden Moleküle gebildet. Darunter befand sich ein besonders privilegiertes Molekül: das Chlorophyll. Wir werden nie erfahren, welchem genialen primitiven Lebewesen es gelungen ist, zum ersten Mal dieses grüne Molekül zu produzieren, dessen Erscheinen den Anfangspunkt der Pflanzengeschichte markiert.

### *Wie das Blau des Himmels aus dem Grün der Pflanzen entstand*

Wie eine transparente, grün gefärbte Scheibe spaltet das Chlorophyll das Sonnenlicht: Es absorbiert Rot und Blau und läßt Grün passieren. Doch die derart absorbierte Sonnenenergie wird nicht in Wärme verwandelt, wie dies durch eine Glasscheibe geschehen würde, sie bewirkt eine simple chemische Reaktion: Sie vereinigt Wasser, aufgelöste mineralische Salze und Kohlendioxyd aus der Luft und formt daraus eine lebende Materie sowie den Zucker, der den ersten pflanzlichen Zellen ermöglicht, feste Membranen zu bilden und Nahrungsreserven anzulegen. Der süße Geschmack der Zuckerrübe oder des Zuckerrohres ist nichts anderes als eine Übertreibung des Phänomens der Zuckersynthese, alleiniges Privileg der Grünpflanzen, die dem Licht ausgesetzt sind. Und so entsteht auf unserem Planeten die lebende Materie – durch die Pflanze und nur durch die Pflanze. Deshalb repräsentiert die Gesamtheit der Pflanzen auch das, was die Ökologen die primäre Produktion nennen, einzig und allein dazu bestimmt, von komplexeren Lebewesen, Tieren und Menschen, konsumiert zu werden. Die Algen sowie alle Grünpflanzen, die ihnen in der Geschichte des Lebens folgen, leben von Wasser, Luft, Licht und Mineralen. In einer Synthese aus Stofflichem und Unstofflichem vereinigen sie die vier Elemente Wasser, Luft, Licht und Erde, um daraus ihr lebendiges Fleisch zu formen. Eine magische Synthese, die allein den Pflanzen vorbehalten ist, der menschlichen Wissenschaft unerreichbar.

Bei dieser pflanzlichen Zusammensetzung wird Sauerstoff frei, ein Resultat der Wasserzersetzung. Dieses Freisetzen von Sauerstoff durch die ersten Chlorophyllarten hätte anfangs beinah zu einer Katastrophe geführt, weil der Sauerstoff auf die höchst primitiven Lebewesen, denen es bis zu diesem Zeitpunkt gelungen war, sich durch Fermentation am Leben zu erhalten, als Gift wirkte und sie gezwungen waren, sich alsbald in geschützte, sauerstofflose Regionen, wie in den Schlamm am Meeresgrund, zurückzuziehen, wo sie auch heute noch überleben. Zur damaligen Zeit setzte sich der Sauerstoff als Abfall der Photosynthese in der Atmosphäre ab, in der er sich allmählich sammelte.

Im Laufe der Zeit veränderte sich die primitive Atmosphäre, die ursprünglich aus einer dichten Schicht gräulichen Nebels bestand, und der Himmel färbte sich durch die Ansammlung von Sauerstoff in der oberen Atmosphäre langsam blau. Somit stellt das Himmelsblau nichts anderes als eine Konsequenz der Grünwerdung dar, zuerst des Meeres, später der Erde, dank der Verbreitung chlorophyllhaltiger Lebewesen. Es ist die grüne Welt, die Welt der Pflanzen, die den »blauen Planeten« zur Oase des Universums macht. Sie ist es auch, die den Himmel azurn gefärbt hat. Man stelle sich das Erstaunen eines intelligenten Lebewesens vor, das die langsame Blaufärbung der Erde im Verlaufe der letzten Milliarden Jahre von einem anderen Planeten aus beobachtet hätte.

So hat sich, in Hunderten von Millionen von Jahren, das pflanzliche Leben im Schoß der Weltmeere entwickelt. Unendlich langsam haben sich die primitiven Lebewesen perfektioniert, bis von neuem ein wesentliches Ereignis eintrat: die Erfindung der Sexualität. Bis zu jenem Zeitpunkt vermehrten sich die Zellen durch Zellteilung: Eine primitive Zelle teilte sich in zwei, jede Tochterzelle bildete wieder zwei Zellen, und das Generation um Generation – bis in alle Ewigkeit. Natürlich waren die Generationen nur von kurzer Dauer: einige Stunden, höchstens einige Tage. Das Leben einer Zelle ist beschränkt, da es ihr einziges Bestreben ist, sich in zwei zu teilen. Aber jede neu entstehende Zelle ist der Mutterzelle auf das peinlichste genau nachgebildet, ist ihre absolut identische Kopie – von Zellteilung zu Zellteilung, bis es Tausende, Millionen, Milliarden Exemplare der gleichen Art gibt.

Man hat ausgerechnet, daß eine Bakterie, die sich jede halbe Stunde teilt, theoretisch dreihundert Milliarden Bakterien in vierundzwanzig Stunden produzieren kann und in einigen Wochen eine Masse, die größer als die Erdkugel ist. Doch die Natur hat ihren Haushalt unter Kontrolle. Es genügt nämlich nicht, sich zu reproduzieren, man muß auch essen und trinken.

Das Meer war bald von unzähligen dieser geklonten, quasi unsterblichen Superlebewesen bevölkert. Wenn eine einzelne Zelle, die sich nicht mehr zu teilen vermochte, schließlich starb, hatte das keinerlei Bedeutung für das Geschlecht als Ganzes, für das kollektive Lebewesen, das sich aus einer immensen Masse von ganz und gar identischen Zellen zusammensetzte, simple Kopien ihrer Eltern, jedoch unabhängig voneinander. Ebensowenig beeinträchtigt der Tod einer einzelnen Zelle das Leben unseres Organismus – eine Masse miteinander verbundener und organisierter Zellen –, der seine Gewebezellen (nicht aber die Nervenzellen) ununterbrochen erneuert. Und genausowenig führt bei einem großen Unternehmen oder einer öffentlichen Dienststelle der Tod eines Angestellten oder selbst des Direktors zur Zerstörung, zum »Tod« des ganzen Unternehmens. Aber als Einzelwesen sind wir sterblich, im Gegensatz zum kollektiven Superorganismus einer blauen Alge, der sich bis in alle Unendlichkeit fortpflanzt, indem er immer wieder die gleichen Zellen reproduziert:

Er würde lediglich sterben, wenn alle identischen Zellen, die vom selben fernen Vorvater abstammen, zur gleichen Zeit abstürben! Unser Tod aber ist nichts anderes als die Folge der Sexualität, die irgendwann zwischen diesen uralten Algen und uns in Erscheinung trat.

Wann und wie die Sexualität aufgetaucht ist, weiß man nicht, aber man nimmt an, daß die Zellen schon einen gewissen Grad an Organisation und Vielseitigkeit erreicht haben müssen, denn bei den primitivsten Lebewesen, die wir heute kennen, also zum Beispiel den ältesten Bakterien und Blaualgen, gibt es im allgemeinen keine Sexualität.

Üblicherweise setzt man für ihr erstes Auftreten einen Zeitpunkt vor ungefähr zwei Milliarden Jahren an. Das Prinzip ist denkbar einfach: Von dem Augenblick an, da eine Zelle durch Zellteilung in zwei zerfällt, ist es auch möglich, sich das Gegenteil vorzustellen, nämlich daß sich zwei Zellen zusammentun, um eine neue zu bilden. Soll man in diesem ursprünglichen Zusammentreffen von zwei identischen Zellen eine Anstrengung sehen, um eine zufällige Schwäche, zum Beispiel einen Substanzverlust infolge einer Verletzung, zu kompensieren? Oder muß man darin einfach das Resultat eines Zusammenpralls sehen, der die Membranen zertrümmert und den Inhalt wahllos vermischt hat? Auch da sind alle Hypothesen erlaubt, alle Wetten sind noch zu gewinnen. Aber es sind zunächst immer noch zwei Zellen aus dem gleichen Geschlecht, die sich einmal getrennt haben und nun wieder zusammenfinden. Dieser Prozeß hat sich millionenfach wiederholt, ohne etwas wirklich Neues zu zeugen: Was könnte auch aus einer Verbindung mit sich selbst hervorkommen, wenn nicht man selbst?

Noch ehe die Sexualität aufgetaucht ist, hatte sich ein anderes Phänomen dazwischengeschaltet: nämlich die Mutation. Rücksichtslos und nicht voraussehbar zuschlagend, veränderte sie das Programm der Zellen unter der Einwirkung von Strahlen oder anderen Faktoren. Sie führte in die Gleichartigkeit der Geschlechterfolge, die durch einfache Zellteilung stets nur dasselbe hervorbrachte, einen Variationsfaktor ein. Es mußte geschehen, daß eine mutierte Zelle eines Tages auf eine Normalzelle aus ihrem Geschlecht traf und damit ein Kontakt entstand zwischen zwei Lebewesen, die zwar gleichen Ursprungs, aber doch geringfügig verschieden waren. Die Sexualität als Begegnung von zwei unterschiedlichen Wesen, die in der Lage sind, ein neues und bisher nicht dagewesenes Lebewesen zu produzieren, war geboren. Zwischen Zellen verschiedener Herkunft blieb der sexuelle Akt unmöglich, wie es auch heute noch zwischen Individuen verschiedener Gattungen der Fall ist. Eine Kreuzung zwischen Katze und Hund ist unmöglich. So hat sich die Sexualität von Anfang an genauso organisiert, wie wir sie heutzutage auch bei den höchstentwickelten Lebewesen kennen: als Vereinigung nicht mehr von zwei Zellen, sondern von zwei Individuen derselben Herkunft, das heißt derselben Gattung, die sich zwar ähnlich, jedoch nicht absolut identisch sind. Die Vermischung ihrer Potentiale ergibt ein neues, noch nie dagewesenes Lebewesen, das den Eltern zwar ähnlich, jedoch stets auch von ihnen verschieden ist.

Hiermit erscheint die Sexualität, wie A. Langaney in seinem kürzlich erschienenen Werk *Le Sexe et l'Innovation* (Paris 1979) ausführt, als ungeheure Quelle der Variationen und Erfindungen: Sie produziert eine derartige Vielseitigkeit unter den Lebewesen, daß kein Individuum genau wie ein anderes aussieht. Man hat ausgerechnet, daß das Kombinationsspiel der Sexualzellen zwischen zwei Menschen eine Phantasiespanne von 64 Billionen möglichen Kombinationen zuläßt. Das bedeutet also, daß wir nur eine einzige Chance unter 64 Billionen haben, um der zu werden, der wir sind, das heißt der Sohn oder die Tochter unserer Eltern. Und das gilt für jedes menschliche Paar und für jedes seiner Kinder. Was wiederum bedeutet, daß wir alle einzigartige Exemplare sind und daß es unter vier Milliarden Menschen keine zwei gibt, die identisch sind, bis auf die eineiigen Zwillinge, die aus ein und demselben Ei stammen, das sich nach der Befruchtung geteilt hat, wie die Blaualge das auch tut. Ahnen Sie, wie die Welt ohne Sexualität aussehen würde? Es wäre eine statische Welt mit identischen Lebewesen, die sich nicht einmal auf der Straße erkennen würden, weil sie alle vollkommen gleich aussähen. Eine wahre Science-fiction-Vorstellung.

Aber das ist nicht alles. Die wirkliche Formel der Sexualität besagt nicht: Zwei Sexualzellen – oder zwei Lebewesen – fusionieren und werden eins, sondern: Zwei Zellen ergeben eine dritte. Und diese dritte Zelle macht der Welt ein einzigartiges Lebewesen zum Geschenk. Durch Zeugung reproduzieren wir uns nicht selbst, sondern schaffen neues Leben. Im Gegensatz zu dem gängigen Sprichwort verewigt man sich nicht in seinen Kindern. Nur ganz primitive Lebewesen, die sich ohne Sexualität durch Zellteilung fortpflanzen, machen das. Alle anderen können, seit der Intervention der Sexualität, nur andersartige Nachkommen produzieren; daher auch das Erstaunen, früher oder später zu entdekken, daß man seine Kinder nicht kennt oder sie nicht wiedererkennt – weil sie nicht wie wir selbst sind. Denn alles, was der Sexualität entspringt, steht unter den Zeichen der Asymmetrie, der Variationen und der Unterschiede.

Diese Variationen sind der eigentliche Motor der Evolution. Denn wer Variation sagt, sagt auch Unterschied in der Anpassungsfähigkeit gegenüber den permanenten Veränderungen der Umwelt – und als Konsequenz: Überlebensfähigkeit, fertig zu werden mit den Hindernissen, die sich einem in den Weg stellen, wobei die weniger anpassungsfähigen Individuen ausgesondert werden. Somit wird die Sexualität, deren Unbeständigkeit ein Damoklesschwert für jedes Individuum ist, zu einer nicht unbeachtlichen Kraft für die Gattung. Sie sortiert ohne Unterlaß die Früchte der gelungensten Verbindungen und gewährleistet somit die Fortdauer der Gattung jenseits aller Veränderungen, die sie ständig bedrohen.

## *Die Liebe der Zellen*

Man mußte noch lange warten, bis sich ein sichtbarer Unterschied zwischen den Zellen, die zur Paarung bestimmt sind, zeigte. Seitdem erst spricht man vom männlichen Geschlecht – eine kleine und für gewöhnlich mobile Zelle – und vom weiblichen Geschlecht – eine größere und für gewöhnlich ruhende Zelle.

Bei zahlreichen primitiven Lebewesen, die sich bis in die heutige Zeit erhalten haben, bei der Geißelalge *(Chlamydomonas)* zum Beispiel, erfolgt die sexuelle Verbindung lediglich zwischen absolut identischen Zellen, deren Geschlecht nicht feststellbar ist. Minuziöse Recherchen haben ergeben, daß die heftige Attraktion, die eine Zelle plötzlich zu einer anderen hinzieht, Folge einer chemischen Absonderung ist. Von einem bestimmten Alter an, das wiederum von der Ernährung und den Lebensbedingungen abhängt, kommt die gewöhnliche Zelle sozusagen in ihre

Pubertät. Sie wird zu einer Sexualzelle und sendet chemische Substanzen aus, die dazu geeignet sind, eine andere Zelle, die dieselbe Transformation durchgemacht hat, anzuziehen. Bei den *Chlamydomonas*-Algen entwickelt sich zwischen den feinbehaarten Zellen ein Liebesspiel der Härchen, die sich gegenseitig nähern, sich berühren, sich erkennen und, wenn sie übereinstimmen, sich miteinander verbinden – der Inhalt der Zellen fusioniert. Der gesamte Prozeß dauert mehrere Stunden und findet im Wasser statt.
Im Fall der fadenförmigen Braunalge *(Ectocarpus siliculosus)* beginnt die Reproduktion durch die Abtrennung von absolut identischen Zellen, die im Meer herumschwimmen und keinerlei Anziehungskraft aufeinander ausüben. Sobald sich eine der Zellen an einem Felsen festsetzt, nähern sich ihr andere Zellen, bis eine davon mit der auf dem Felsen fusioniert, sie »befruchtet«, was den sofortigen Rückzug aller anderen Zellen zur Folge hat. Auch hier ist der Beweis gelungen, daß mit dem Festsetzen eine chemische Absonderung eintritt. Deshalb erachtet man die festsitzende Zelle als das weibliche Element. Die Absonderung zieht die in der Nähe herumschwimmenden mobilen Zellen, die als die männlichen erachtet werden, an. Wenn man noch genauer nachforscht, entdeckt man, daß die ruhende weibliche Zelle ihre Attraktionssubstanz nur aussendet, wenn sich männliche Zellen in der Nähe befinden, und daß ihr Festsetzen und die darauffolgende Sekretion wiederum erst durch eine bestimmte chemische Absonderung der männlichen Zellen in Gang gesetzt wird.
Somit ist das subtile dialektische Spiel von gegenseitiger Anziehungskraft und Zurückweichen schon bei den primitivsten Lebewesen vorhanden. Und schon in ihren ersten Anfängen kennt die Sexualität das Risiko von Fehlschlag und Enttäuschung, Frustration und Unfruchtbarkeit. Eine fundamentale Unsicherheit, aus der die Ängste und Tabus kommen, die sie zu allen Zeiten provoziert hat, scheint zum Wesen der Sexualität zu gehören.
Das Thema der Verbindung zweier sich ergänzender Zellen hat das Leben mit einer Phantasie, die jede Vorstellungskraft übersteigt, bis in alle Unendlichkeit variiert. Wenn wir dem Strom des Lebens von seinen Ursprüngen an folgen, werden die Arten der Verbindungen immer unterschiedlicher, immer reicher, bis hin zur unendlich spitzfindigen Strategie der Orchidee, bis zur höchsten Höhe der menschlichen Liebeskunst. Aber das Prinzip

der Veränderung bringt auch ein Übermaß an Ungewißheit und Unruhe mit sich. Wir begreifen jetzt, warum jede soziale Organisation unvermeidlich mit Kanalisierung und Einschränkung der Sexualität verbunden ist und alle Zivilisationen dazu tendieren, sie nach ihrem eigenen kulturellen Schema zu kodifizieren. Und doch haben diese Kodifikationen niemals vermocht, die Experimentierfreudigkeit ganz zu ersticken. Sie haben ihr verschwiegenes Ziel nie ganz erreicht, das darin besteht, die Partner an diesem Abenteuer in größtmöglicher Sicherheit zu wiegen, indem sie den Regeln, die die Gesellschaft diktiert, unterworfen werden. Sobald diese Regeln nur etwas gelockert werden, nimmt das Leben sogleich seine unglaubliche Fähigkeit der Variation wieder auf, wie man dies bei der aktuellen Entwicklung der Sexualität beobachten kann. Die Reaktion auf den Puritanismus des neunzehnten Jahrhunderts waren Freud, Reich und Marcuse. Heute schlägt das Pendel gänzlich zur entgegengesetzten Seite aus, und der Weg ist offen für alle Experimente, für jede Phantasie, aber auch für alle Fehler und Exzesse.

Zur Sexualität gehört der Tod. Solange sich die Zellen durch Zellteilung vermehren, ist ihr Fortbestand in gerader Linie, ohne Unterbrechung, gewährleistet: Aus einer Zelle werden zwei und vier und immer mehr, in denen die erste, ohne zu sterben, fortbesteht. Natürlich unterliegt dieser Prozeß einer strengen Regelung, ansonsten wäre unser Planet schon seit langer Zeit überwuchert: Es gibt immer Zellen, die sterben, statt sich zu teilen. Aber es sind keine einmaligen Individuen, und sie nehmen keine unersetzlichen genetischen Erbanlagen mit sich in den Tod: Diese bleiben erhalten in den anderen Zellen, Klone, die alle von demselben, weit entfernten Vorbild abstammen.

Sexualität hingegen heißt Diskontinuität zwischen Eltern und Nachkommen. Die Nachkommen beseitigen zwar nicht mehr ihre Vorfahren wie bei der Zellteilung, wo die Mutterzelle völlig verschwindet beziehungsweise in ihrer Nachkommenschaft untertaucht. Die Sexualität erhält das Leben der Eltern: Sie läßt etwas zurück. Aber dieses Etwas eliminiert das Leben sehr schnell, wie eine Welle rollt es darüber hinweg und hinterläßt keine Spuren.

Was da ausgelöscht wird, was der Tod mit sich reißt, sind alles einzigartige, einmalige Lebewesen, die nie wieder absolut identisch reproduziert werden. Das, was Sie sind, das, was ich bin, wird nie wieder sein. *Niemals!* Der Tod rafft für immer die einzigartigen Exemplare, die wir sind, hinweg, was ihm bei einer Blaualge nicht gelingt, bei der alle Exemplare von Generation zu Generation identisch sind. Er kann sie niemals alle umbringen, zumindest nicht alle gleichzeitig. Das einzige, das von uns fortlebt, zumindest für eine gewisse Zeit, das sind unsere Werke, die Kinder unseres Geistes, die der Tod nicht auszulöschen vermag. Sie bleiben bestehen als immaterielles Abbild dessen, was wir einmal waren, und pflanzen unser unantastbares Wesen fort, jenseits unserer vergänglichen Existenz, bis das Vergessen – eine andere Form des Todes oder der »Tod auf Distanz« – sein Werk vollendet. Nichts auf der Welt kann letztlich der Zeit widerstehen, ganz besonders nicht unser Körper aus Fleisch und Blut, auf den sich die natürliche Auslese blutgierig und mit Entschlossenheit stürzt. Die Sexualität bringt durch das endlose Spiel der individuellen Variation die Vielfalt der Arten, Rassen und Gattungen zustande, aber sie überläßt es dem Tod, die Auswahl zu treffen. Wenn das, was sie produziert, nicht in Ordnung ist, wenn sich gewisse Musterexemplare als nicht lebensfähig erweisen, ist es die Pflicht des Todes, sie prompt zu eliminieren. Und da der Tod fehlerhafte Individuen, die aufgrund mißglückter oder auch nur ungünstiger genetischer Kombinationen zustande kamen, hinwegrafft, noch ehe sie Zeit haben, sich zu vermehren, trägt er global zur Qualität der Gattungen bei, wenn auch zum Preis schmerzlicher individueller Opfer.

Sex und Tod, unauflöslich miteinander verbunden, sind die beiden wirksamsten Faktoren von Variation und Veränderung, den beiden großen Elementen des Unvorhersehbaren und Unbeständigen, den Quellen von Unsicherheit und Sorge, von Not und Angst. Schon im Mittelalter hat man intuitiv diese beiden Begriffe assoziiert und den Liebesakt den »kleinen Tod« genannt. Um das Risiko gering zu halten, neigt der Mensch dazu, sie in der Mannigfaltigkeit seiner Kultur zu zähmen, wenn er nicht gar versucht, sie in der Versenkung verschwinden zu lassen, wie man es noch vor hundert Jahren mit der Sexualität gemacht hat – und heutzutage mit dem Tod. Wehe der Gesellschaft, die Sexualität oder Tod verwirft! In ewiger, pathetischer Dialektik sind sie untrennbar mit dem Leben verbunden, sind selbst das Herz des Lebens.

Doch wir sprechen von den Algen. Auf dem Gebiet der Sexualität sind sie erfinderischer als alle anderen tierischen und pflanzlichen Arten und haben die unterschiedlichsten Reproduktionssysteme erfunden – wie ein Musiker, der immerfort das einzige Thema einer Symphonie variiert. Dieses Thema ist die Fähigkeit zweier Zellen – einer männlichen und einer weiblichen –, miteinander zu verschmelzen, um eine befruchtete Zelle, ein »Ei«, zu produzieren. Dabei können die Zellen sich ähnlich sein oder nicht, beweglich sein oder ruhend, zu einem Gewebe gehören oder frei im Wasser schwimmen, und die befruchtete Zelle kann direkt zu einer neuen Pflanze werden oder Sporen hervorbringen, aus denen dann eine neue Alge entsteht.

### *Die Weidegründe des Meeres*

Im Meer der ersten Tage sind die Pflanzen noch mikroskopisch klein. Heutzutage, Milliarden von Jahren später, sind sie es immer noch und mit dem bloßen Auge nicht zu erfassen. Daher auch die Frage: Wovon ernähren sich die zahllosen Fische im tiefen Meer, wo keinerlei Vegetation zu erkennen ist? Gilt auch hier der Grundsatz, demzufolge alles Fleisch pflanzlichen Ursprungs ist? Auf der Oberfläche der Kontinente ist es tatsächlich stets das Blatt, die Frucht, die Kornähre, die den Tieren als Nahrung dient, sei es nun den Pflanzenfressern direkt oder auf dem Umweg über pflanzenfressende Tiere den Fleischfressern. Warum sollte es im Ozean anders sein? Doch die Weidegründe des Meeres sind subtiler und diffuser als die der Erde, sie werden aus zahllosen pflanzlichen Zellen gebildet, die im sonnenhellen Wasser schwimmen, Meeresplankton genannt: Milliarden dieser mikroskopisch kleinen Zellen schweben im Wasser wie Staubkörner, die in der Luft tanzen, wenn ein Sonnenstrahl in ein dunkles altes Gemäuer fällt. Der Fischreichtum eines Meeres hängt von seinem Planktonvorkommen ab, das die Nahrung der Fische bildet, und je reicher an pflanzlichem Plankton das Meer ist, desto grüner wird es. Die tiefblauen Meere, etwa das Mittelmeer, die den Himmel so leuchtend spiegeln, verdanken ihre Pracht der Transparenz des Wassers, das heißt ihrer Armut an Plankton. Deshalb ist die Fischerei dort auch so wenig fruchtbar, während sie in grünen Meeren weitaus ergiebiger ist. Der Ärmelkanal produziert jedes Jahr 1400 Tonnen Plankton pro Quadratkilometer,

**Liefern Sie mir bitte über die Buchhandlung:**

| | |
|---|---|
| ......Expl. Alexander/Zoubek, **Biomedizin** | 22 DM |
| ......Expl. Feininger, **Fotolehre** | 36 DM |
| ......Expl. Opfermann, **Filmkurs** | 56 DM |
| ......Expl. Dörner, **Das grüne Kochbuch** | 32 DM |
| ......Expl. Pritikin/McGrady, **Pritikin-Prog.** | 36 DM |
| ......Expl. Palmieri, **Schlemmen** | 36 DM |

Preisänderungen vorbehalten.

Datum: Unterschrift:

Land

(D = Deutschland, CH = Schweiz, A = Österreich etc).
**Absender bitte „computergerecht" in Blockschrift eintragen.**
**Ein Kästchen = ein Buchstabe.**

PLZ Ort

Zuname

Vorname

Herr Frau Firma

Straße, Hausnummer

Bitte als
Postkarte
frankieren

**ECON**
VERLAG
Postfach 9229

4000 Düsseldorf 1

eine pflanzliche Produktivität, die man mit den Wiesen an den Küsten vergleichen kann, die auf derselben Oberfläche an die 1800 Tonnen Heu produzieren.
Das Plankton lebt nur in den oberen Schichten des Wassers, die von der Sonne erleuchtet werden. Unterhalb einer Meerestiefe von etwa hundert Metern herrscht eine Dunkelheit, in der sich keine Planktonalgen entwickeln können.
Das Leben einer Planktonzelle richtet sich nach den Lichtverhältnissen, es folgt dem Wechsel von Tag und Nacht. Der Tag ist der Produktion gewidmet: Die Zelle funktioniert als eine winzige Zuckerfabrik. In der Nacht, während der durch die Abwesenheit des Lichtes bedingten Ruhepause, denkt sie an die Zukunft und vermehrt sich, indem sie neue kleine Organismen bildet, ausgestattet mit einem Wimpernhaar, Geißel genannt.
Da schwimmt also die alte regungslose Planktonzelle und zeugt plötzlich in ihrem Schoß zwei oder mehrere winzige, mit Geißeln bestückte Organismen, fähig, sich im Meer aus eigener Kraft fortzubewegen. Zwei aus verschiedenen Mutterzellen stammende Geißelzellen treffen und paaren sich: Hier sind wir am Ursprung der sexuellen Reproduktion, bei der zwei noch identische Zellen zusammenkommen, die eine männlich, die andere weiblich, und eine neue Zelle formen. Die neuen Zellen entwickeln sich getrennt voneinander und kommen in das Alter der Reife und der asexuellen Reproduktion; sie verlieren ihre Geißel, häufen mit Hilfe der Photosynthese Zucker auf ihren Membranen an und werden langsam dicker und schwerer. Wir wissen, daß die Geißel der Navigation dieser Organismen dient, wenn sie sich auf dem Weg zur Paarung und Eiproduktion machen, aber wozu dient sie jenen Planktonarten, die sich nicht geschlechtlich vermehren? Vielleicht nur dazu, die neue Zelle der einzigen Gefahr, die ihr wirklich droht, zu entreißen, nämlich zu schwer zu werden, zu viel Zucker anzusammeln und mit einem dicken Bauch in die Tiefe des Ozeans abzusinken, wo sie aus Mangel an Licht zum Tode verurteilt ist. Die Geißel ermöglicht der jungen Zelle, aus eigener Kraft zur Oberfläche des Meeres zu schwimmen. Man hat sogar eine Art Auge in diesen jungen, mit Geißeln versehenen Zellen entdeckt, das auf Licht reagiert und die Geißelbewegungen zu dirigieren scheint – wie ein Steuermann das Ruder.
Indem sie eine Menge junger, mit Geißeln versehener und be-

weglicher Organismen aus ihrem Schoß entlassen, die sich der Oberfläche und dem Licht entgegenbewegen, um dort zu wachsen und dick zu werden, sorgen die alten Planktonzellen großzügig für Nachkommen und erneuern in einem fort das pflanzliche Vorratslager, das der Tierwelt im Meer als Nahrung dient.

## *Wenn die Pflanze zum Tier wird*

Sobald derartige schwimmende Organismen ihr Chlorophyll verlieren und damit auch ihre Fähigkeit, Zucker zu produzieren, vollzieht sich unmerklich der Übergang vom Pflanzen- ins Tierreich. Hier haben die ersten im Wasser entstandenen Tierformen ihren Ursprung. Wir stehen an einer unbestimmten Grenze, die die erwachsene pflanzliche Chlorophyllzelle, die sich im Meer nicht selbst fortbewegen kann, von den Tieren trennt, die kein Chlorophyll besitzen, aber mobil sind. Es besteht kein Zweifel, daß die Tiere in einem solchen Prozeß aus den Pflanzen entstanden sind, anfänglich in Gestalt einzelliger Organismen, später in immer komplizierteren Formen. Darüber hinaus gibt es für die Annahme, daß die Pflanzen in der Geschichte des Lebens die Vorgänger der Tiere gewesen sein müssen, noch einen anderen Grund: Das Tier braucht die Pflanze nicht nur als Nahrung, sondern auch als Spender des Sauerstoffs, den es einatmet. Sauerstoff, der bei der pflanzlichen Photosynthese frei wird, ist also sozusagen ein Abfallprodukt des Pflanzenhaushalts, das von den Tieren wiederverwertet wird. Denn das Leben hortet seine Abfälle nicht: Es sorgt dafür, daß sie wieder in Umlauf kommen, und entgeht dadurch der Gefahr, an seinen eigenen Abfällen zu ersticken; ein anschauliches Beispiel aus dem Bereich der Ökologie für die Wirtschaft moderner Industrieländer, die heute, nachdem sie ihre Vorräte fast erschöpft haben, zum Recycling gezwungen sind, um Rohmaterialien, die rar und teuer geworden sind, zu ersetzen.

Die ersten Planktonzellen haben sich nicht damit begnügt, Zukker an ihren Membranwänden anzuhäufen, was tierische Zellen, die kein Chlorophyll enthalten, nicht können. Häufig haben sie auch Mineralien hinzugefügt, Kieselsäure zum Beispiel, wie die Kieselalge *(Diatomea)*. Um die Zelle herum bildete sich ein fester Panzer, ähnlich einer Dose mit Deckel in den verschiedensten

Formen, oft mit spektakulären Ornamenten versehen, bei denen die Natur in immer neuen Einfällen die unwahrscheinlichste Phantasie entwickelt. Die faszinierende Welt der Kieselalgen ist nicht nur im Meer, sondern auch im Süßwasser zu finden. Gewisse Arten können selbst in mehr oder weniger stark verschmutzten Gewässern überleben, und wo sie vorkommen, sind sie ein präziser Anzeiger für den Grad der Verschmutzung.

## *Algen in der Krise*

Im Schoße der großen Weltmeere trifft die Planktonzelle auf keinerlei Hindernisse. Mit der Strömung treibend oder von ihrer Geißel bewegt, schwimmt sie dahin, und Gefahr droht ihr nur von Tieren, die sie verschlucken könnten. Aber sobald sie in die Nähe der Ufer und Strände gerät, wird sie mit einem neuerlichen Hindernis konfrontiert. Jede Bewegung der Brandung kann die fragile Zelle gegen Felsen und Steine werfen. Nachdem sie eine Menge Schläge einstecken mußte, zog sie daraus die Konsequenzen und »beschloß« eines Tages, sich einfach auf den Felsen festzusetzen, statt sich immer wieder von den Wellen dagegenwerfen zu lassen. Das war leichter gesagt als getan, und wenn die neue Situation auch Vorteile für die Zelle in sich barg, so brachte sie doch auch neue Schwierigkeiten mit sich. Der Vorteil ist offensichtlich: Er ist die intensive Bewegung der Wellen über den Felsen, die ununterbrochen Luft und Wasser durcheinanderwirbelt und Gischt erzeugt. Dabei reichert sich das Wasser mit Kohlendioxyd an, dem für die Photosynthese unentbehrlichen Gas. Je stärker die Wasserbewegung, desto besser entwickeln sich die Algen. Allerdings müssen sie diese Wasserbewegung erst einmal vertragen, ohne aus ihrer Verankerung gerissen zu werden. Und darin liegt die Schwierigkeit. Aber sich anzupassen bedeutet, ein neues Leben anzufangen und sich der Gegebenheiten zu bedienen. Die Planktonzelle formte durch ständige Zellteilung ein zusammenhängendes Gewebe, mit dem sie sich an die Felsen anklammern konnte, ein Gewebe in den bizarrsten Formen, faserig, verästelt oder blattartig, das die Botaniker *Thallus* oder Lagerpflanze nennen. Damit bezeichnen sie eine Reihe pflanzlicher Grundformen, wie sie bei Mikroben und Pilzen, Algen und Flechten auftreten, auf die die klassischen

Merkmale der höheren Pflanzen, wie Wurzel, Stengel und Blätter, nicht anwendbar sind.
Das Meeresufer erscheint als ein privilegierter Platz, an dem der Übergang des Lebens vom Stadium des Einzellers zur mehrzelligen Organisation feststehender Algen stattfinden kann. Eines der großen Gesetze des Lebens besagt, daß sich Neuerungen stets in Grenzgebieten vorbereiten, in denen verschiedene Umwelten aufeinanderstoßen, sich gegenseitig beeinflussen und bereichern, so daß die dort anzutreffenden Lebewesen mit neuen Herausforderungen konfrontiert werden. Man kennt den biologischen Reichtum großer Flußmündungen, wo Salz- und Süßwasser zusammentreffen und sich Anschwemmungen bilden. Man kennt auch den Reichtum im Moor, unsicheres Grenzgebiet zwischen Erde und Wasser. Selbst die Geschichte des Menschen kommt nicht an diesem Universalgesetz vorbei! Die Evolution spielt sich stets an den Rändern ab: Das Christentum ist am Rande des römischen Kaiserreiches geboren worden, im Nahen Orient, der allen asiatischen Einflüssen weit offen stand. Der Geist der amerikanischen Nation entspringt dem großen Abenteuer der Eroberung des Westens, den die amerikanischen Pioniere ihre Grenze *(frontier)* nannten. Und heute sind es die Forscher der Rand- und Grenzgebiete sowie die Ökologen, die die zukünftige Gesellschaft ankündigen oder bereits entwerfen.
Die Weltmeere repräsentieren einen relativ simplen Lebensraum für die primitive Alge, nämlich von der Sonne erhelltes Wasser. In diesem Lebensraum, bar jeden Hindernisses, sind die Pflanzen einzellig geblieben. Die Felsenküste repräsentiert dagegen bereits ein viel komplexeres Milieu. Die Planktonzelle paßt sich an und entwickelt komplexere Strukturen, wofür die großen Algen unserer Küsten ein treffendes Beispiel bieten.
Der Wechsel vom Leben als Einzeller zum Status eines standortgebundenen Mehrzellers brachte eine weitere Schwierigkeit mit sich: Durch die Gezeitenbewegung waren die Pflanzen mehr oder weniger lange der Luft ausgesetzt. Das bedeutete einerseits Lichtgewinn, andererseits Verlust an Feuchtigkeit mit dem Risiko der Austrocknung. Aber auch hier finden die Algen einen Ausweg, eine Reihe verschiedener Auswege sogar, indem jede Algenart sich gemäß ihren Gegebenheiten den Bedingungen der Umwelt anpaßt unter optimaler Ausnutzung dessen, was die Küste ihr bietet: Wasser und Licht.

## *Wie kommt man zu einem Platz an der Sonne?*

Die Verteilung der Algen an den Küsten, die man bei Ebbe beobachten kann, ist das Resultat einer Konkurrenz, die sich seit Millionen von Jahren zwischen den verschiedenen Algenarten abgespielt hat, von denen sich jede einzelne mühsam ihren Platz im Wasser und an der Sonne erkämpft hat. Die bevorzugtesten Zonen sind natürlich dort, wo die Algen bei Ebbe nur für kurze Zeit bloßliegen, wo aber trotzdem die Wassertiefe noch relativ gering und der Lichteinfall möglichst groß ist.

In derart bevorzugten Lagen haben sich die perfektesten Algen entwickelt – wie der Blattang *(Laminaria),* dessen lange braune Lamellen an unseren Küsten bis zu vier oder fünf Meter lang werden können, in anderen Gebieten der Welt sogar noch länger. Die riesige *Macrocystis* der warmen Meere erreicht eine Länge von mehr als 150 Metern und repräsentiert damit das längste Lebewesen, das wir kennen. Andere Blattangarten erwecken unser Interesse durch ihre auf das verschiedenartigste geformten Lamellen, die fingerförmig, bandartig oder fächerförmig sind und mit allerlei Ornamenten geschmückt sein können, die an die gezierten Kleider unserer Großmütter erinnern.

Höher am Ufer haben sich wieder andere Braunalgen entwikkelt, besonders der Ledertang, der kleiner ist und weniger komplex in seiner Struktur. Mit Hilfe winziger, mit Luft gefüllter Ballons, seinen Schwimmern, treibt er auf dem Wasser und verästelt sich in der archaischen Y-Form, die von Botanikern *dichotomisch* (zweigeteilt) genannt wird und die ein unfehlbares Charakteristikum dafür ist, daß eine Pflanze zu den frühesten und primitivsten Formen der Flora gehört. Reich an Jod und verschiedenen Mineralien, ergibt der Tang einen ausgezeichneten organischen Dünger, der in der biologischen Landwirtschaft in großen Mengen verbraucht wird. Die Austernverkäufer benützen ihn, um ihre Stände zu garnieren, an denen man diesen Repräsentanten der Meeresalgen bewundern kann.

Oberhalb der Ledertangzone, in Höhe der Gezeitenmitte, sind die Pflanzen schon so lange der Luft ausgesetzt, daß es ein ernsthaftes Handikap wird. Die Algen werden kleiner, ihre Strukturen vereinfachen sich. In dieser Zone haben sich der Meersalat *(Ulva lactuca)* und die Fadengrünalge entwickelt. Je näher man der Küste kommt, desto schwieriger wird das Leben der Algen.

Schematisch gesehen bleiben die Phänomene dieselben – in den Tiefen wie in den Gezeitenzonen des Meeres, wo sich unterhalb der Zone der großen Meeresalgen zuerst die Braunalgen und dann die Rotalgen angesiedelt haben. Steigt man von der Dunkelheit der Tiefe zum hellen Licht der wasserumspülten Küsten empor, läßt sich eine ziemlich genaue Zonenaufteilung von anfangs vorherrschend roten, dann braunen und zum Schluß grünen Algen erkennen.

Die Grünalgen zählen zu den Pionieren ihrer Art: Sie besitzen große Anpassungsfähigkeit und können unter ungünstigsten Bedingungen überleben, wie zum Beispiel in wasserarmen Gebieten oder reißenden Strömungen. Vielleicht war es dieser unwahrscheinlichen Anpassungsfähigkeit zu verdanken, daß es den Grünalgen als einziger Algenart gelang, das Wasser zu verlassen, um dem Festland die Grünpflanze zu schenken.

In der Gruppe der Braunalgen kann sich auch die *Pelvetia* gut an Zeiten der Trockenheit anpassen. Wenn wir die »Wälder« des großen Blattanges in Küstennähe mit jenen am Festland, das heißt mit der Pflanzenwelt in regenreichen Gebieten, vergleichen, so müßte die *Pelvetia* als Äquivalent zum Kaktus und anderen Arten in trockenen Gebieten angesehen werden.

Was jedoch besagen die verschiedenen Farben, mit denen sich die Algen schmücken? Man könnte diese Farben mit jenen chemischen Stoffen vergleichen, die man bei der Photographie zum Sensibilisieren verwendet, wenn das Licht zu schwach ist oder bestimmte Farben vorherrschen.

Die Rotalge verdankt ihre Farbe einem roten Farbstoff (Sensibilisator), der in der Lage ist, die blaugrünen Strahlen, die das Chlorophyll nicht aufnimmt, aus dem Licht zu filtern. Diese blaugrünen Strahlen können viel tiefer in die Wassermassen eindringen als die orangeroten und blauen Strahlen, die vom Chlorophyll abgefangen werden. Das erklärt das Leben der Rotalge in großen Tiefen, wo sie das wenige Licht, das zu ihr gelangt, durch Chlorophyll und einen roten Sensibilisator assimiliert. Kommt die Rotalge an die Oberfläche, stirbt ihr Sensibilisator rasch ab, so daß sie aufgrund des allein zurückgebliebenen und widerstandsfähigeren Chlorophylls kräftig grün wird.

Die Braunalge verfügt neben dem Chlorophyll, das das Rot und das Blau annimmt, über einen braunen Farbstoff, der die gelben und orangen Strahlen absorbiert.

Die Grünalge besitzt außer dem Chlorophyll keinen weiteren Farbstoff mehr. Das Chlorophyll ist allerdings viel stabiler als die roten und braunen Pigmente, die bei starkem Lichteinfall rasch verschwinden. Das ist der Grund, warum es nur der Grünalge gelang, eine Nachkommenschaft unter den Pflanzen auf dem Festland zu bilden. Diese Alge ist die wahre Stammutter aller Pflanzen. Weder die Braun- noch die Rotalge konnten ihre Nachkommen an die Lebensbedingungen auf dem Festland anpassen, so daß ihre Evolution in eine Sackgasse geriet. Sie bleiben endgültig auf bestimmte Lebensbereiche beschränkt, in denen die klassischen Grünpflanzen aufgrund des Lichtmangels nicht leben könnten.

## *Ordnung oder Freiheit?*

Beim Übergang vom Leben im offenen Meer zum Leben an der Küste muß die Pflanze einen gewaltigen Anpassungsprozeß durchmachen, um sich von einem Einzeller in einen Mehrzeller zu verwandeln. Je komplexer die Umwelt ist, desto größer muß die Anpassungsfähigkeit der Pflanze sein, aber auch um so perfektionierter wird ihre Struktur werden. Der Aufbau eines mehrzelligen Körpers verlangt von jeder an diesem Aufbau beteiligten Zelle große Opfer. Eine freie Zelle setzt ihre gesamte Oberfläche dem Licht aus und ist jeden Augenblick teilungsfähig. Ist die Zelle in einen größeren Organismus integriert, von dem sie nur mehr ein Bestandteil ist, muß sie sich einem höheren Ordnungsprinzip fügen, das ihre Freiheit einengt und sie den Gesetzen ihres Organismus unterwirft. So kann man bei den Fadenalgen beobachten, daß sich nicht alle der in langen Reihen angeordneten Zellen auf die gleiche Art teilen. Würden sie sich alle gleich teilen, brächte das Chaos und Unordnung mit sich. Nur die oberste Zelle des Algenfadens teilt sich und verlängert somit den Zellfaden.

Um dies beobachten zu können, überstreicht man den Algenfaden mit feinen schwarzen Staubpartikelchen. Nur die Staubpartikel an der Scheitelzelle fangen an, sich langsam voneinander zu lösen, da das Wachstum an dieser Stelle stattfindet. Die anderen Zellen, die sich unterhalb der Scheitelzelle befinden, werden von ihr beherrscht und verlieren die Fähigkeit zur Querteilung. Erst in einiger Entfernung von der Spitze tritt die Teilungsfähigkeit wieder auf: Aus diesen Querteilungen entstehen seitliche Verzweigungen, die durch Zellteilung der anderen Scheitelzellen weiterwachsen. Daraus bildet sich ein engverbundener und verzweigter Aufbau, in dem sich die klassische Physiognomie der pflanzlichen Organisation mit Hauptstamm und Nebenzweigen offenbart. Auf diese Art erfolgt der Aufbau des Ledertanges. Der Blattang hingegen vermehrt sich durch Zellteilung an der Basis seines Pflanzenkörpers *(Thallus)*, womit er bereits die Art des Wachstums unserer Wiesenpflanzen anzeigt, die sich, nachdem zum Beispiel Vieh darauf geweidet hat, aus der Basis heraus regenerieren können.

Wenn sich mehrere Zellfäden zu einem dichten Gewebe vereinen, erhalten die mittleren Zellen kein Licht mehr, sind also nicht mehr in der Lage, die Photosynthese durchzuführen. Sie müssen von den peripheren Zellen ernährt werden. Ihre eigenen Fähigkeiten werden zugunsten der Bildung eines solideren Gewebes zurückgedrängt, das der Alge die Fähigkeit gibt, sich auf Felsgestein anzuheften. Die Haftzellen verlieren die Fähigkeit zur Photosynthese, was zum Beispiel allein schon durch die Dikke der Zellwände bedingt sein kann. Diese Zellwände befähigen sie wiederum, den gesamten Organismus zu tragen. Der Verlust der Photosynthese tritt auch ein, wenn gar kein großes Gewicht zu tragen ist, weil die Alge auf der Oberfläche des Wassers treibt.

Diese Beispiele verdeutlichen die Opfer, zu der jede Zelle bereit sein muß, sowie die Einschränkung von Möglichkeiten zum Wohl der Zellgemeinschaft, der sie angehört. Schon zeichnet sich bei diesen sehr primitiven Pflanzen die Organisation der höchsten menschlichen Gesellschaft ab, in der jedes einzelne Individuum große Opfer zum Wohl des Überlebens der Gruppe bringen muß – unabhängig vom Grad der ihm gewährten Selbständigkeit. Das Individuum zahlt immer seinen Tribut, sei es in Form von Steuern, an die Gesellschaft, zu der es gehört und in der es niemals etwas anderes als eine Zelle sein wird. In der Biologie ist die Unterdrückung individueller Möglichkeiten jeder Zelle zum Wohl der Organisation mindestens genauso stark wie die Wirkung repressiver Kräfte in weniger demokratischen Gesellschaften. Organisation und Hierarchie verlangen von den Algen wie von den Menschen ihren Preis. So wiederholt sich das

schwierige Spiel von Ordnung und Freiheit von Anbeginn des Lebens immer wieder.
Durch die Opfer, die die Zelle bereitwillig auf sich nimmt, profitiert der gesamte Organismus. Die hierarchische Herrschaft, die die Scheitelzellen über die anderen ausüben, verleiht dem Organismus Form und Organisation. Denn nur durch Organisation kann ein perfekt zusammenhängendes Ganzes geformt werden. Um sich dessen bewußt zu werden, genügt es, die Alge von ihrem Haftorgan zu trennen: Von ihrer Unterlage losgelöst, treibt die Alge ab und stirbt wie ein enthauptetes Tier. Das läßt sich so erklären: Die niederen Zellen ohne Chlorophyll, die in einem dichten Stützgewebe eingebettet sind, bilden die Unterlage der höheren, zur Photosynthese spezialisierten und dem Licht ausgesetzten Zellen. Die niederen Zellen sind daher, was die Nahrungsaufnahme betrifft, von den höheren Zellen abhängig. Im Gegensatz dazu sind die höheren Zellen in bezug auf Verankerung und Standort der Alge von den niederen Zellen abhängig. Ist die Alge auf einer Unterlage fest verankert, so wird sie ständig von den Meereswellen hin und her bewegt und durch das immerwährende Durcheinanderwirbeln von Wasser und Luft mit Kohlendioxyd versorgt. Sobald die Alge von ihrer Unterlage getrennt im Wasser treibt, wird sie von den Strömen des Meeres in eine Umwelt getragen, in der sie nicht mehr gedeihen kann. Die Wasser-Luft-Vermischung, durch die die Alge mit Kohlendioxyd versorgt wird, läßt nach, und die Pflanze stirbt ab. Daraus ist zu erkennen, wie notwendig es ist, daß alle Zellen zum Wohl der Alge zusammenarbeiten, selbst wenn die Zellen dafür einen Teil ihrer eigenen Möglichkeiten aufgeben und sich auf einen Teilbereich beschränken müssen. Die Alge *Sargassum,* der die Sargassosee ihren Namen verdankt, ist die einzige Alge, die in der Abdrift der Meeresströmungen leben kann. Mit Hilfe ihrer luftgefüllten Schwimmblasen treibt sie, ähnlich wie der Ledertang *(Fucus),* an der Oberfläche des Meeres.
Der Trend der Zellen zur Arbeitsteilung zeigt sich auch auf dem Gebiet der Fortpflanzung. Je komplizierter der Aufbau der Alge, desto größer wird ihre Bereitschaft, die Aufgabe der Fortpflanzung einigen wenigen Zellen zu überlassen. Die Mehrzahl der Algen lebt kurz und muß sich, um nicht auszusterben, rasch vermehren. Die Lebensdauer der meisten Algenarten beträgt wenige Monate oder Jahre; die der großen Blattangarten nie länger als

zwölf Jahre. Während der Fortpflanzung teilt sich die Mutterzelle in begeißelte Sporen auf, die durch eine Pore oder Ritze in der Alge hindurchschlüpfen. Diese Sporen sind vollkommen identisch mit jenen, die die planktonischen Pflanzenzellen ausstoßen. Alles geschieht so, als ob sich die fest verankerte Alge im Augenblick der Fortpflanzung an die Art der Fortpflanzung ihrer einzelligen freien Ahnen erinnern würde. Wie bei den Vorfahren erneuern diese begeißelten Sporen entweder das Leben der alten Alge, indem sie sich einfach auf Felsgestein anheften, oder sie verschmelzen mit einer Eizelle und werden zum Ausgangspunkt einer neuen Algenpflanze.

## *Die Eroberung der Neuen Welt*

Die Perfektionierung der Formen, die Anpassung der Zellen an die einzelnen Aufgaben, die ihnen der Organismus, dem sie angehören, stellt, die unendlich vielen Modulationen der geschlechtlichen Fortpflanzung, alles war bereits erfunden, noch ehe sich das Leben vom Meer löste. Aus den Grünalgen haben sich vor mehr als einer halben Milliarde von Jahren die ersten Landpflanzen entwickelt, die von den Wellen des Meeres nach und nach ans Land gespült wurden. Sie gründeten die großen Gruppen der Landpflanzen. Das Festland hat sich in gewisser Weise die ureigensten Erfindungen der Küstenalgen im Bereich des vegetativen und des reproduktiven Systems angeeignet. Für die Pflanze bedeutet das Meer die Alte Welt, in der alles seinen Anfang nahm. Das Festland ist die Neue Welt, die zur Zuflucht wurde. Das Festland wurde allmählich von dem, was die immer wiederkehrenden Wellen ans Land schwemmten, bevölkert – so wie Amerika von dem ständigen Einwanderungsstrom aus Europa und Asien. Die ersten weit zurückliegenden Versuche zur Eroberung Amerikas fanden vor rund zwanzigtausend Jahren durch die Inder aus Asien statt. Diese Inder haben in der Neuen Welt archaische Zivilisationen gegründet, die bis heute in Randgebieten weiterbestehen und jenen primitiven Algen ähneln, denen es gelang, vom Meer loszukommen, um im Süßwasser oder auf dem Festland zu leben. So zum Beispiel die einzelligen Algen, die die Baumstämme unserer Wälder überziehen und breite grüne Streifen auf der Seite der Rinde bilden, die dem Regen ausgesetzt ist. Doch setzen wir unsere Beobachtungen über die Neue Welt fort. Im Kielwasser von Christoph Kolumbus gründeten spanische Konquistadoren und angelsächsische Eroberer neue Zivilisationen. Der nordamerikanischen Zivilisation gelang es sogar, den Entwicklungsstand der Alten Welt zu überholen. Ebenso entstanden im Pflanzenreich große Zivilisationen, die von den Grünalgen ausgingen und sich sukzessive über alle Kontinente ausbreiteten, wo sie den Algen selbst nur mehr einen begrenzten Lebensraum ließen.

So wenig man die Geschichte der alten amerikanischen Zivilisationen ohne die wiederholten Wanderungsbewegungen aus der Alten Welt verstehen kann, so wenig kann man die Evolution der großen pflanzlichen Zivilisationen begreifen, ohne an das Meer und die Algen zu denken, die die Pflanzenwelt nach und nach aufgebaut haben und den Anfang prägten. »Die Botanik beginnt im Meer«, sagt Church. Aus dem Meer sind die Pflanzen zur Eroberung der Kontinente aufgebrochen, indem sie sich allmählich vom Leben im Wasser lösten, sich in der freien Luft aufzurichten begannen, blühten und Früchte trugen.

Doch da stellt sich uns noch eine letzte Frage: Wozu dient denn die Alge heute noch? Zur Zeit vor allem zur Ernährung der Fische und als Nahrungsmittel für Japaner und Astronauten. In den Raumkapseln erzeugen Algen Sauerstoff und bereichern getrocknet mit ihrem hohen Nährwert das Menü. Diese Himmelsnahrung für die Astronauten könnte die Erdennahrung für den Menschen des dritten Jahrtausends werden, der neue Nahrungsquellen aus dem Meer schöpfen muß, um die zehn Milliarden Menschen des 21. Jahrhunderts zu ernähren. Heute nutzen wir die Weltmeere noch so, als würden wir uns im Zeitalter der Vorgeschichte befinden: Wir jagen darin, wie die Steinzeitmenschen vor der Ära des Ackerbaus und der Viehzucht auf dem Land gejagt haben. Doch vielleicht schon morgen werden die ozeanischen Weidegründe unsere Wiesen ablösen, und die unendliche Weite der Weltmeere wird von der menschlichen Erfindungsgabe kolonisiert. Der Mensch wird die Algen kultivieren und die Fische domestizieren, so wie er seit Jahrtausenden die Pflanzen angebaut und die Tiere gezüchtet hat.

3. **Kapitel**

# Die Moose: Vorgeschichte der Landpflanzen

## *Den Engel spielen und sich dumm stellen*

Die Moose regen durch ihren kleinen Wuchs und den verborgenen Platz, den sie in der Vegetation einnehmen, weder die Neugierde des Sammlers noch die Phantasie des botanischen Amateurs an.

Ein einzelnes Moos, das ist eine Pflanze in Miniatur. Um es genau betrachten zu können, muß man es von dem teppich- oder kissenartigen Gebilde trennen, zu dem es mit seinen Artgenossen zusammengewachsen ist. Wie bei den Korallen der warmen Meere kompensiert auch hier die Natur die Schwäche des Individuums, indem sie enorme Konzentrationen von Kolonien entstehen läßt. Es verhält sich wie bei den kleinen Lebewesen, die durch ihre Vermehrung und Vereinigung zu wohlgeordneten und disziplinierten Bataillonen ein Gleichgewicht zur Übermacht der großen schaffen wollen, gemäß dem Motto: Einigkeit macht stark.

Die Moose wachsen nie zu Bäumen, nie zu Sträuchern auf; sie entwickeln nicht einmal einen holzigen Stiel. Weil die Moose die Erfindung des Holzes nicht zu nutzen wußten, das die Stärke aller Landpflanzen ausmacht, kamen sie aus dem Stand der niederen Pflanzen nicht heraus. Sie bleiben untergeordnet aufgrund ihres winzigen Wuchses, ihres Aufbaus und ihres verborgenen Standorts unter Gräsern und Bäumen.

Aus Versteinerungen zu schließen, sind die Moose schon sehr alt. Sie versinnbildlichen zweifellos einen der ersten Versuche der Grünalgen, sich aus der Umgebung des Meeres zu lösen und das feste Land zu erobern. Ein anerkennenswerter, aber nur unvollkommen gelungener Versuch: Nach einer erstaunlichen Anstrengung, sich an das Leben auf dem Festland anzupassen, sind die Moose bereits vor Abermillionen von Jahren in ihrer Anfangskonzeption erstarrt und nicht mehr in der Lage, den Entwicklungsprozeß zu Ende zu führen, um sich an das Leben außerhalb des Wassers gewöhnen zu können. Kurz, den Moosen ist es nicht gelungen, über ihren Schatten zu springen. Obwohl sie heute in ihrer Entwicklung weit hinter den Farnen, Nadelhölzern und Blütenpflanzen liegen, stellen sie die erste große Pflanzenzivilisation auf dem Wege zur Eroberung des Festlandes dar. Zu den Rosen oder Orchideen verhalten sich die Moose etwa wie ein Indio vom Amazonas oder ein Indianer aus Arizona zu einem Amerikaner aus Washington oder Chikago. Auch die Rosen und Orchideen stammen wie die Moose von der Alge ab; sie sind aber viel später gekommen, haben eine viel längere Entwicklungsphase durchgemacht und konnten somit eine bedeutend höhere Stufe erreichen. Die Moose sind »archaisch« geblieben, Rosen und Orchideen sind »modern«. Die Moose haben von ihrer weitläufigen Verwandtschaft mit den Algen und ihrer Abstammung aus dem Wasser vieles in Erinnerung behalten. Anscheinend haben sie sich nicht vollkommen von ihrer Vergangenheit im Meer lösen können, von der sie so deutlich gezeichnet werden. Erstarrt, unbeweglich legen sie Zeugnis ab von jenen weit zurückliegenden Tagen, in denen die primitiven Landpflanzen weder Wurzel, noch Holz, noch Blüte, Frucht oder Ähre hatten.

Das Holz macht die Pracht des Baumes aus. Das Holz ist das unentbehrliche Element zur Erhaltung der Landpflanze, deren Skelett es bildet. Ohne Holz sind die Moose zu lächerlicher Winzigkeit verurteilt – wie das Insekt ohne Knochengerüst. Der Holzstoff, das Lignin, ist nicht nur unerläßlich für die Bildung eines festen Skelettes, es festigt auch die Zellwände der großen Leitungsbahnen, durch die das Wasser von der Wurzel zu den Stengeln, Zweigen und Blättern aufsteigt. Das Lignin ermöglicht somit den Aufbau eines gewaltigen Zirkulationsapparates, in dem das zum Leben und zur Photosynthese notwendige Wasser vom Boden bis zu den entferntesten Blättern geleitet werden kann.

Nichts von alledem bei den Moosen. Aus Mangel an echten Wurzeln und Gefäßen kann der Saft – wie bei den Algen – nur mühsam von Zelle zu Zelle zirkulieren. Bloß daß die Algen im oder auf dem Wasser leben und deshalb keinen Stützapparat brauchen und keine Zirkulationsprobleme kennen. Das Wasser dringt direkt durch die Poren in das Gewebe ein, so daß die Algen weder Saugwurzeln noch Leitungsgefäße brauchen.

Weil die Moose es bei ihrer internen Wasserverteilung nicht besser gemacht haben als die Algen und weil sie es trotzdem gewagt haben, sich vom Meer zu trennen, um auf dem Festland zu leben, wurden sie mit ewigem Zwergendasein bestraft. Haben die Moose überhaupt etwas Neues erfunden? Die Betrachtung eines einzelnen Moosstieles zeigt eine vollkommen klassische Gliederung: ein zentrales Stämmchen, das viele kleine grüne Blätter trägt. Diese fein differenzierte Gliederung ist bei den Algen, die die mannigfaltigsten Gestalten annehmen, äußerst selten. Deshalb können die Moose die Arbeit zwischen einem stützenden und einem wasserleitenden Organ besser aufteilen, nämlich zwischen dem Stiel und den vielen kleinen Sonnenbatterien der Blätter. Tatsächlich absorbiert jedes Blättchen mit Hilfe des grünen Chlorophylls Sonnenenergie, die es mit dem Kohlendioxyd aus der Luft und dem Wasser aus der Erde in Zucker und Stärke verwandelt: der klassische Prozeß der Photosynthese.

Bei den Moosen treten zum ersten Mal Blätter auf, wenn diese auch lange noch nicht vollkommen sind. Sie verfügen in ihrer Winzigkeit über kein spezialisiertes Leitungsgefäß, das heißt über keine sichtbare Blattaderung. Und dennoch vergrößern diese Pflanzen in beachtlichem Ausmaß die für die Zuckerproduktion nutzbare Fläche, indem sie ihre um eine feste Achse angeordneten Blätter vermehren und in drei Dimensionen aufteilen. Man stelle sich als Beispiel einen Baum ohne Zweige, aber mit all seinen Blättern vor. Wenn man die Blätter alle aneinanderfügt, würde sich eine mehrere hundert Quadratmeter große, den Baum fest umschließende Hülle, ergeben. Die Algen, bis auf wenige Ausnahmen wie den Blattang und den Meersalat, sind über diese Art des Aufbaus kaum hinausgekommen. Die Moose, die

das Blatt erfunden und die Arbeitsteilung im Ansatz begonnen haben, stellen daher bereits einen echten Fortschritt dar.
Von den Atomen bis zur menschlichen Gesellschaft tritt das Gesetz der Arbeitsteilung, das jedem Teil einer Einheit seine bestimmte Aufgabe zuweist, als Grundgesetz des Lebens auf, worauf die Ordnung und die Organisation aller lebenden Systeme beruhen. Eine Zelle ist schon ein Organismus im kleinen, in dem jedes winzige Teil eine präzise Funktion hat wie die Organe eines tierischen oder menschlichen Körpers. Vom Organismus der Tiere zum sozialen Organismus ist es nur ein Schritt. Auch die Gesellschaft setzt sich aus zahlreichen spezialisierten Organismen zusammen, von der jeder einzelne im Dienste der Allgemeinheit eine präzise Funktion erfüllt. Mit der Höherentwicklung der Pflanzen schreitet auch die Arbeitsteilung immer weiter fort. Es entwickeln sich Spezialorgane, die zum Beispiel den Unterschied ausmachen zwischen der Ultraraffinesse einer blühenden Orchidee und der extremen Einfachheit eines Moosstengels. Doch im Unterschied zu den hochentwickelten Gesellschaften respektiert die Natur nicht immer die erworbenen Rechte: Der Fortschritt wird ständig in Frage gestellt. So gibt es zum Beispiel unter den Moosen die Gruppe der Lebermoose *(Hepaticae)*, die wieder ohne Blätter sind und den klassischen Wuchs der Algen annehmen. Sie bilden winzige thallusartige Auswüchse, die sich auf dem Boden oder auf Felsgestein festsetzen und – wie zum Beispiel die Brunnenlebermoose *(Marchantia)* – ihre Fortpflanzungsorgane unter seltsamen kleinen Kapuzen tragen. Die Lebermoose, die sich in sehr feuchten Gegenden ansiedeln, sind somit fast zur Struktur der Algen, von denen sie abstammen, zurückgekehrt. Von der Alge zum Moos, vom Moos zum Lebermoos hat die Evolution hiermit das, was manche einen Pseudozyklus nennen, vollzogen und ist scheinbar wieder an ihrem Ausgangspunkt angelangt. Doch es ist nur zum Teil eine Rückkehr. Die Lebermoose simulieren wohl die Algen, haben aber die Fortpflanzungsart der Moose beibehalten. Man sieht daran, wie unbeständig die Wesensmerkmale der Pflanzen in dieser Pioniergruppe noch sind und wie tief verborgen in dem, was man ihr Unbewußtes nennen könnte, noch die Alge schlummert.

## *Psychoanalyse der Moose*

Wer die Psychoanalyse der Moose machte, würde rasch im Unterbewußtsein dieser Pflanzen Verhalten und Tendenzen der Algen, ihrer unmittelbaren Vorfahren, entdecken und deren Erbgut deutlich erkennen. Man könnte fast sagen, die Moose sind regressive Pflanzen, die aus einer vereinfachten Form der längst verschwundenen primitiven Landpflanzen entstanden sind.
Das sexuelle Verhalten der Moosarten erhärtet diesen archaischen Eindruck nur noch. Wie alle etwas höher entwickelten Pflanzen bilden die Moose männliche und weibliche Zellen, deren Verschmelzung zur Bildung des »Eies« führt. Die männlichen und weiblichen Zellen bilden sich im Frühjahr am obersten Ende des beblätterten Stengelchens. Die männlichen Zellen, die Spermatozoiden, können nur im Wasser leben. Sie entstehen im Innern mikroskopisch kleiner Organe und werden in großen Mengen ausgestoßen. Sobald der Moosteppich feucht ist, machen sich diese Spermatozoiden schwimmend auf die Suche nach einer weiblichen Zelle, die in einer Art Miniaturflasche auf der äußersten Spitze eines Stengels sitzt und wartet. Wie bei den meisten Tieren obliegt auch hier die Initiative dem männlichen Element, dessen unternehmungslustiges Temperament wahre Purzelbäume schlägt. Die Bildung des Eies hängt, wie man sieht, vom Wasser ab, da die Spermatozoiden sich nur schwimmend fortbewegen können: Das Moos verhält sich hier genauso wie die Alge. Die Anpassung an das Landleben ist nur teilweise gelungen: Das Wasser bleibt unerläßlich für die Fortpflanzung des Lebens und ist wie bei den Meeresalgen ausschlaggebend für die Arterhaltung.
Es ist eine bekannte Tatsache, bei den Tieren wie bei den Pflanzen, daß die Sexualität uralte Tendenzen der Vorfahren reflektiert. Die großen Algen in den Gezeitenzonen des Meeres scheiden zu ihrer Fortpflanzung Sporen mit feinen Härchen aus, die vollkommen identisch sind mit denen ihrer Urahnen im tiefen Meer. Auch die Farne, obwohl viel höher entwickelt als die Moose, haben diese Art der Fortpflanzung beibehalten und können sich auf dem Lande nur durch schwimmende männliche Zellen vermehren. Moose und Farne lassen sich schließlich mit den Fröschen vergleichen: Auch die Frösche, die bereits auf dem Lande leben, müssen zur Ablegung ihrer Eier ins Wasser zurück-

kehren. Aus den Eiern schlüpfen die Kaulquappen, die erst ab einem bestimmten Alter in der Lage sind, sich auf dem Lande zu bewegen. Sie beginnen ihr Leben wie Fische und setzen es als Landtiere fort. Erst mit dem Auftreten der Reptilien im Tierreich und dem Entstehen der Nadelhölzer im Pflanzenreich wurde die Fortpflanzung von der Umwelt des Meeres unabhängig. Reptilien und Säugetiere legen ihre Eier oder gebären ihre Jungen auf dem Boden, während die Bäume ihre Blüten hoch oben tragen.
Es kann auch vorkommen, daß bereits entwickelte Tiere oder Pflanzen wieder ins Wasser zurückkehren, wie zum Beispiel die Seerose, die aber dann trotzdem die Fortpflanzungsart ihrer Vorfahren am Festland beibehalten. Bei der Seerose, deren wundervolle Blüten auf der Wasseroberfläche erblühen, werden die Pollen wie bei den Landpflanzen vom Wind verbreitet. Auch der im Wasser lebende Hahnenfuß kann sich genauso wie der einfache Hahnenfuß auf dem Land vermehren, da die Blüten des Wasserhahnenfußes nicht unter, sondern über der Wasseroberfläche sitzen. Die Seerose und der Wasserhahnenfuß haben die Fortpflanzungsart der Landpflanzen beibehalten.
Die Robbe kommt wie der Großteil aller Säugetiere, die sich an das Leben im Meer angepaßt haben (Ausnahme: die Wale), zur Fortpflanzung an Land, ebenso der Seelöwe. Die Tiere entwikkeln dann komplizierte Strategien, bei denen immer das Gesetz des Stärkeren vorherrscht.
Tatsächlich kommen die Männchen als erste an Land und liefern sich erst einmal heftige Territorialkämpfe. Die Stärksten besetzen das Ufer, die anderen werden ins Hinterland abgedrängt. Die Weibchen tauchen aus dem Wasser auf und verteilen sich um die dominierenden Männchen am Ufer, von denen sich jedes einen Harem zulegt ... Es kann sogar passieren, daß ein Männchen, um seinen weiblichen Trupp abzuriegeln, die Hilfe eines jungen Bullen akzeptiert, der zum Lohn das Recht auf das eine oder andere Weibchen bekommt. Und nach der Liebe kehren alle wieder ins Wasser zurück!
Auch die Meeresschildkröte verläßt das Wasser, um ihre Eier in den Ufersand zu legen. Dieser Ausflug außerhalb ihres natürlichen Lebensbereiches ist nicht ohne Gefahr für die künftige junge Schildkröte. Wenn sie dem Ei entschlüpft und ins Meer zurückkehrt, wird sie von Raubvögeln bedroht.
Auffällig ist, daß es Pflanzen oder Säugetieren gelungen ist, sich

vom Landleben wieder an das Wasserleben anzupassen, daß es aber noch nie ein Fisch geschafft hat, auf dem Land zu leben. Diese Pflanzen oder Säugetiere verwandeln sich allerdings auch nie mehr in Algen oder Fische. Tatsächlich ist die Regression, der Schritt zurück, mehr simuliert als wirklich. Ein Greis, der kindisch wird, wird noch lange nicht zum Kind. Das Leben ist gegen den Rückschritt, auch wenn es sich nicht scheut, ihn zu simulieren.
Wenn wir in unseren Überlegungen noch weiter gehen, wird uns einfallen, daß auf unserem Körper die Haare in der Schamgegend die einzigen Haare sind, die noch Zeugnis ablegen vom üppigen Haarkleid unserer Vorfahren, das heute noch die Affen, unsere Vettern, bekleidet. Wieder ein Zeichen für den konservativen Charakter unserer Geschlechtsorgane! Man wird uns nun entgegenhalten, daß auch unser Kopf einen kräftigen Haarwuchs aufweist. Der Kopf gehört aber, da er das Gehirn enthält, zu dem entwickeltsten Organ unseres Körpers. Im Unterschied zum Schamhaar hat das Kopfhaar die erstaunliche Eigenschaft, sein Wachstum sozusagen unbegrenzt fortzuführen. Man könnte es als »überentwickeltes« Haar bezeichnen, das primitive Eigenschaften simuliert. Wie etwa die Samenkörner der Orchidee Sporen vortäuschen oder der Stiel des Lebermooses den *Thallus* einer Alge. Eine solche Erklärung ist einigermaßen plausibel, wenn man nicht lieber mit den Augen des Humoristen im Kopfhaar die letzte Spur des Haarkleides unserer Vorfahren sehen und damit auf den sexuellen und regressiven Charakter des Kopfes hinweisen möchte – kommen ja auch immer nur aus ihm alle Phantastereien und unzüchtigen Gedanken!

## *Regressive Geschlechtlichkeit*

All diese Beispiele zeigen, bis zu welchem Punkt das Geschlecht Eigentümlichkeiten und Verhaltensweisen unserer Vorfahren beibehält und reproduziert. Hierauf beruht wohl sicherlich das Tabu, mit dem die menschliche Sexualität jahrhundertelang belegt war. Weil der Mensch in seiner Sexualität einen zu offensichtlichen Beweis seiner animalischen Abstammung zu sehen glaubte, verleugnete er diesen Teil seines Wesens, um diese Abstammung vertuschen zu können. Aber gerade der Sexualbereich entgleitet so oft der menschlichen Vernunft, durch die sich der Mensch dank seiner Hirnrinde vom Tier unterscheidet. Unsere Erfahrungen haben uns zur Genüge bewiesen, daß die Vernunft keine Macht hat über Gefühle, Neigungen und Impulse. Was auch immer der Intellekt einem rät, man verliebt sich nicht einfach in jeden x-beliebigen. Andererseits kann es wieder passieren, daß Neigungen zu einem Menschen erwachen, denen man aufgrund der sozialen Umstände nicht nachgeben kann. Kurz, die Sexualität unterwirft sich nicht den Anweisungen des Willens, und der Instinkt, diese animalische Seite in uns, drückt sich mit eigenem Machtanspruch aus.

Jetzt aber genug der Abschweifungen und zurück zur Moospflanze und ihrem Ei, das durch Verschmelzung ihrer Geschlechtszellen entsteht. Sofort nach der Eibildung entwickelt sich ein winziger Faden, der über das beblätterte Stengelchen hinauswächst und sich am Ende zu einer Art Kapsel verdickt. Die Kapsel wiederum ist mit einer kleinen Haube bedeckt, die vage an Kerzenlöschhütchen erinnert, die früher in Kirchen verwendet wurden. Dieses fadenförmige Organ, Träger der Sporenkapsel, auch Urne genannt, besitzt weder Chlorophyll noch Blätter. Die Wasserzufuhr zu diesem Organ ist besonders schwer, da es auf der kleinen Moospflanze verankert ist und die Moospflanze selbst, wie wir bereits erwähnt haben, Mühe mit ihrer eigenen Wasserversorgung hat. Um soviel Wasser wie möglich zu sparen, hat die Moospflanze einfach die Atmungsorgane, das heißt die Blätter, abgeschafft. Das gleiche machen ja die Bäume im Winter, wenn der Boden gefroren und das verfügbare Wasser rar ist.

Das Ei bildet sich aus dem Zelleninhalt zweier Geschlechtszellen: Es besitzt daher doppelt soviel Chromosomen wie seine Geschlechtszelleneltern. Alle Zellen dieses Eies, ob sie sich zum fadenförmigen Organ oder zur Kapsel entwickeln, haben die gleichen Eigenschaften. Nur im Innern der Kapsel, in diesem schachtelähnlichen Gebilde, dessen Form je nach Pflanzenart variiert, kommt es zu einer Teilung bestimmter Zellen, deren Chromosomenanzahl sich dabei um die Hälfte reduziert. Die so entstandenen neuen Zellen nennt man Sporen. Damit die Sporen ins Freie gelangen können, muß die Kapsel all ihre Erfindungsgaben nutzen: Wie soll sie es anstellen, daß – genau hintereinander – zuerst die Haube abfällt und dann der Deckel, der die

Kapselöffnung verschließt? Und wie soll sie es anstellen, anschließend das winzige Häutchen zu zerreißen, das die dritte und letzte ausgeklügelte Schutzvorrichtung der Mooskapsel bildet? Die *Funaria hygrometrica*, eine Laubmoosart, hat dieses Problem gelöst, indem sie den Faden je nach Luftfeuchtigkeit mehr oder weniger in pendelartige Bewegungen versetzt, so lange, bis die Kapsel umkippt. Die dünne Membrane, die die Sporen abdeckt, sitzt auf fadenförmigen Zähnen, die bei unterschiedlicher Luftfeuchtigkeit entweder zusammenschrumpfen oder aufquellen, bis sie schließlich die Membrane aufreißen und die Sporen befreien. Die Kapsel ist offen, die Sporen fallen auf den Boden, keimen, wenn die Bedingungen günstig sind, und wachsen zu neuen Moospflänzchen aus, womit sich der Zyklus der Fortpflanzung wieder schließt. Dieser Zyklus hat, wie man sieht, zwei voneinander völlig getrennte Phasen: Die eine, in der sich der Moosteppich bildet, fängt mit der Keimung der Sporen an, die andere, in der sich Fruchtstiel und Kapsel entwickeln, beginnt mit der Bildung des Eies. Bei allen Moosen, selbst den Wassermoosen, gelangen alle Sporen – wie wir gesehen haben – bereits ins Freie. Ihre Geschlechtszellen leben aber weiterhin im Wasser. Das zeigt, wie sehr diese Pflanzen, obwohl schon reine Landpflanzen, noch immer vom Wasser abhängig sind.
Der Standort der Moose wird natürlich von dieser Wasserabhängigkeit bestimmt. Sie sind gezwungen, an schattigen Plätzen zu leben, wo das Regenwasser abseits vom grellen Sonnenlicht langsam verdunstet. Sie haben eine Vorliebe für feuchte Böden und leben gerne in Bächen, wo manche Arten die erstaunliche Fähigkeit entwickeln, gewisse chemische Stoffe in beachtlichem Umfang aus der Umwelt in sich aufzunehmen: Radioaktive Abfälle, aus Atomkraftwerken stammend, hunderttausendfach konzentriert, sind zum Beispiel in einem in Frankreich heimischen Moos *(Cinclidotus danubicus)* gefunden worden.

## *Miniaturwälder*

Die Moose spielen schließlich eine entscheidende Rolle bei der Entstehung der Torfmoore, die der Landschaft ein so eigenartiges Gepräge geben. Die Torfmoore sind Miniaturwälder, in denen die Moose die Rolle der Bäume übernehmen. Torf wächst in

feuchtkalten Gegenden, in denen stehendes Wasser die Entwicklung einer ganz bestimmten Moosart, nämlich die der Torfmoose, begünstigt. Die beblätterten Stiele dieser Moose wachsen stetig in die Höhe, während sich die unteren Teile nach und nach zersetzen und zu Torf werden. Die dichte Masse, die diese Moose bilden, kann von vierzig Zentimetern bis zu zehn Metern hoch werden. Das hängt vom Alter des Moores ab, das mehrere tausend Jahre erreichen kann. Früher wurden die Moore durch Abstechen des Torfes genutzt. Wegen des geringen wirtschaftlichen Wertes lohnt sich das Torfstechen heute nicht mehr, und an vielen Stellen versucht man, die Moore trockenzulegen. Das wäre ein unwiederbringlicher Verlust, da die Torfmoore eine ganz besondere Flora beherbergen, die noch aus der Eiszeit stammt und in keiner anderen Umwelt überleben könnte. Daher auch die urwüchsige Schönheit dieser wilden und sumpfigen Landschaft mit ihren Wollgräsern, ihrem wilden Rosmarin und ihrem Sonnentau, dieser kleinen fleischfressenden Pflanze, die Insekten einfängt. Die Insekten werden mit Fermenten, die sich in den Haaren ihrer Blätter befinden, langsam verdaut und bilden ihre einzige stickstoffhaltige Nahrung in so stickstoffarmen Gebieten, wie es Torfmoore sind. Das ist die Kehrseite der grünen Welt – die fleischfressende Pflanze. Was wieder ein bemerkenswertes Beispiel für die Anpassungsfähigkeit einer Pflanze darstellt. Da sie im kargen Boden keine Nahrung findet, ernährt sie sich von lebendig eingefangener Beute, wie es sonst nur Tiere machen. Ein seltsamer Rollentausch! Und eine merkwürdige Beziehung zwischen den Insekten und dieser hochentwickelten Pflanze, die erst hundert Millionen von Jahren nach den Moosen aufgetreten ist und als blüten- und fruchtlose Pflanze überhaupt keine Anziehungskraft auf Insekten ausübt. Die Welt der Moose hingegen ist ein autonomes und unabhängiges Pflanzenreich, das vollkommen getrennt von der Tierwelt ist und mit ihr keine Verbindung aufnimmt. Auch für den Menschen hat das Moos keinen Nutzen, außer als Zierpflanze im Garten.
Der Torf versteinert naturgetreu alle organischen Strukturen, die sich in ihm sammeln: Er ist reich an Fossilien jeder Art, besonders an versteinerten Pollensamen. Da es dank der C-14-Methode einfach ist, das Alter der verschiedenen Torfmoosschichten festzustellen, ist es auch leicht, das Alter der Fossilien in jeder Schicht zu ermitteln. Durch die Methode der Pollenanalyse

konnte man ziemlich genau das Zurückgehen der Wälder zugunsten urbar gemachten Landes in der jüngeren Steinzeit nachvollziehen. Mit der Entwaldung verringern sich die Baumpollen in der Torfmoosschicht, während die Pollen der Getreidepflanzen zunehmen. Im Gegensatz dazu zeigt eine Zunahme der Baumpollen und eine Verminderung der Getreidepollen an, daß die menschlichen Aktivitäten abgenommen haben.

Man kann sich vorstellen, daß diese sumpfigen Gelände für die Entfaltung des Torfmooses, das sich wie ein Schwamm mit Wasser vollsaugen kann, besonders ideal sind. Im feinen Sprühregen der Wasserfälle, auf wasserdurchnäßten Böden oder sehr feuchten Felsen, auf Steilhängen hoher tropischer Berge mit ewigem Regen und Nebel wird die Entwicklung des Mooses so günstig beeinflußt, daß gewisse Arten bis zu einem Meter lang werden können.

Rätselhafter sind die Moose, die auf Dächern, abgestorbenen Ästen oder alten Mauern, also in besonders trockener Umgebung, wachsen. Ihre Überlebenschancen sind an ihren kurzen Zyklus der Fortpflanzung gebunden, der sich wie bei den Jahresgräsern nur in der warmen und regenreichen Jahreszeit vollzieht. Den trockenen Winter überleben diese Moose in Form von Sporen. Manche Moose verfügen jedoch über originellere Möglichkeiten, um der Trockenheit zu widerstehen: Sie entwässern sich nahezu vollständig, was keine höherentwickelte Pflanze fertigbringt. Denn sobald ein Wassermangel eintritt und eine Pflanze zu welken anfängt, überschreitet sie schnell eine Schwelle, nach der jede Bewässerung zwecklos wird; der Tod durch Austrocknen ist unvermeidlich. Gewisse Moosarten – wie die *Tortula ruraliformis*, die die Dünen mit kleinen bräunlichen Teppichen tüpfelt – können beträchtliche Wasserverluste verkraften. Die Pflanze stellt sich auf ein verlangsamtes Leben oder auf einen Winterschlaf im Trockenzustand ein, wie es etwa ein Samenkorn machen würde. Sobald Regen einsetzt, saugt sie sich mit Wasser voll und nimmt wieder ihre natürliche Konsistenz an. Dieses Phänomen des Wiederauflebens ist ein erheblicher Vorteil für die primitiven Lebewesen, durch das sie in der Lage sind, sich an große Umweltveränderungen anzupassen. Es kann sogar passieren, daß diese Moose kleinen Tieren – wie den Rädertierchen, die auch den Winterschlaf praktizieren – als Obdach dienen. Das Wiederaufleben, Privileg der primitiven Arten, ist einer der

Trümpfe, die es gewissen Moosarten gestatten, die Rolle von Pionieren zu spielen und sich gemeinsam mit den Flechten an die Eroberung mineralischer Lebensräume zu wagen, was man in Steinbrüchen, auf nackten Felsen, in Geröllfeldern oder auf frischem Vulkangestein leicht beobachten kann.

Die Fähigkeit zum Wiederaufleben gleicht den Mangel an Holz und somit das fehlende Zirkulationssystem aus. Denn wenn die Moose auch das Holz »erfunden« haben, wie man deutlich an den Geweben und den Kapselzähnen sehen kann, so haben sie es doch nicht verstanden, das Holz als solches zu »erkennen« und sich dessen zu bedienen. Ohne Holz konnten sie auf dem Wege des Fortschrittes nicht weiter vorankommen. Sie bleiben zur Unbeweglichkeit verurteilt und scheinen wie so viele Menschen auch mehr über ihre Vergangenheit als über ihre Zukunft »nachzudenken«. Die ersten Pflanzen, die Meister in der Verarbeitung von Holz wurden, waren die Farne. Sie bilden nach den Moosen die zweite große Zivilisationswelle der Landpflanzen, die aus dem Meer kamen, um das Festland zu erobern.

4. **Kapitel**

# Die Erfindung des Holzes und das Reich der Farne

## *Der Jüngling und die Kindfrau*

Die Welt der Farne ist seltsam und faszinierend. Eine Welt ohne Blüten, ohne Früchte, ohne Samen. Eine grüne Welt, deren große, gefiederte und gezähnte Blätter das Licht im Unterholz dämpfen. Im riesigen Reich der Landpflanzen stellen die Moose eine Pflanzenwelt en miniature dar, während die Farne durch ihren Wuchs der Vorstellung von einer Pflanze, wie wir sie uns machen, bereits näherkommen.

Der große Adlerfarn ist der Prototyp der Farne schlechthin: Er gehört zu den sehr seltenen Pflanzenarten, die man sowohl in den gemäßigten als auch in den tropischen Zonen findet. Ein bemerkenswertes Beispiel der außergewöhnlichen Anpassungsfähigkeit dieser Pflanze. Der Adlerfarn prägt mit seinen zarten Wedeln die bergige Landschaft der Vogesen, des französischen Zentralmassivs und der Bretagne, wo er den kristallinen Boden vorfindet, auf dem er mit Vorliebe wächst und in guter Symbiose mit Ginster, Fingerhut, Myrte und Heidekraut gedeiht. Doch während alle seine Kameraden ein Übermaß an Blüten hervorbringen, mit denen sie die Landschaft schmücken, behält der Farn unerschütterlich sein grünes Kleid bei. Nur in Küstennähe kann er durch die Gischt sengend rot werden, was ihn im Mittelalter in den Verruf brachte, mit dem Teufel zu paktieren – um so mehr, als auch die braunen Schuppen, die seine jungen Wurzeln bedecken, dieselbe Farbe annehmen. Man glaubte nämlich zu jener Zeit, daß alles, was der Satan berührt, sich rot färbt.

## *Die Einführung von Wurzeln und Holz*

Wie alle höheren Pflanzen hält sich der Farn durch einen soliden, mit zahlreichen Wurzeln ausgerüsteten, unterirdischen Apparat in der Erde fest. Die Wurzeln durchzieht ein dichtes Netz länglicher Zellen, die holzige Wände haben. Die Zellen bilden ein Leitungssystem, das sich bis zu den Stielen und Blättern fortsetzt. Von einem entsprechenden Farbstoff grün gefärbt, wird das Lignin, chemischer Hauptbestandteil des Holzes, in einem Querschnitt durch Stiel oder Wurzel sichtbar: Es bildet die Zellwand jener Gefäße, in denen das Wasser und die Mineralstoffe zu den Blättern aufsteigen. Die Mineralstoffe sind für die Zuckersynthese erforderlich, die dank des Chlorophylls erfolgen kann. Der entstandene Zucker wird in der Pflanze verteilt, um das gesamte Pflanzengewebe zu versorgen. Diese Aufgabe übernehmen besondere Gefäße, in deren Zellwänden sich nun nicht mehr Lignin, sondern Zellulose einlagert. Wenn man den Farbstoff Karmin aufbringt, erscheinen diese Gefäße im Gewebequerschnitt der Pflanzen rot. Das Leitungssystem erfüllt hiermit zwei Funktionen, das heißt eine aufsteigende und eine absteigende Funktion. Mit Hilfe dieses Systems ist es dem Farn möglich, Wasser und Mineralstoffe aus dem Boden zu holen und dieses Wasser sowie die in den Blättern zu Zucker verarbeiteten Stoffe in alle Gewebeteile der Pflanze zu verteilen. Wurzel und Leitungssystem ermöglichen der Pflanze, das Wasser in Höhen bis zu zwanzig Metern zu leiten; alle Pflanzenteile werden gleichmäßig versorgt, ihr hoher und lebensnotwendiger Wassergehalt bleibt konstant, trotz des Verlustes durch die Abgabe von Wasserdampf an die Luft.

Durch die parallele Verknüpfung einer Serie holziger Gefäße mit festen Zellwänden werden zwei Probleme gleichzeitig gelöst: erstens das der internen Bewässerung, das der Pflanze gestattet, eine beachtliche Höhe zu erreichen, was dem Moos mangels Lignin nicht gelingt, daher sein Zwergenwuchs. Zweitens das des Skelettes, mit dessen Hilfe sich die Pflanze aufrechthält, was die Algen, Ahnen der Farne, nicht können, weil sie das Holz nicht kennen. Dieses Skelett wird von weiteren holzigen Zellen ohne Leitungsfunktion verstärkt, die die Gefäße in ein festes Gewebe einbetten.

Die Blätter der Farne haben einige besondere Eigenarten: Sie sind im allgemeinen sehr groß, sehr zart unterteilt, von sehr eleganter und unterschiedlicher Form. Das Studium der Fossilien zeigt uns, daß diese großen Farnwedel so etwas wie in der Entstehung begriffene Blätter waren. Das Blattgewebe dehnte sich nach und nach über ein dichtes Netz von Verästelungen aus, das in der Tat einer Blattaderung gleichkommt. Aber noch ist das Ganze nicht miteinander fest verbunden und das Blattgewebe nicht zusammengewachsen. Daher auch die ausgezackten, gefiederten und unterteilten Blattformen der Farne. Erst am Ende der Evolution stößt man auf den Zungenfarn mit seinen wunderschönen, vollen, fast leuchtenden Blättern.

Seltsam auch die Eigenart junger Blätter, die wie der Knauf eines Bischofsstabes aussehen, der sich mit dem Wachstum des Blattes nach und nach abrollt. Dies ist deshalb so, weil der zarte Trieb an der Spitze die einzige Stelle ist, an der die Pflanze weiter wächst und deshalb besonderen Schutz braucht. Kommt ein Tier und frißt diesen Trieb ab, ist das Wachstum des Blattes unabwendbar beendet. Durch das Einrollen der Blattspitze werden die zartesten Blatteile vor dem unersättlichen Appetit der Tiere geschützt. Darin unterscheidet sich der Farn von der Graspflanze, deren junger Trieb an der Basis des Stengels und oft auf gleicher Höhe mit dem Erdboden zu wachsen beginnt. Die Wiesen können abgeweidet und der Rasen gemäht werden, ohne daß das Gras eingeht, im Gegenteil, es wächst unbeirrt nach. Jedoch nicht so bei den Farnen: Ein an der Spitze eingerissenes Blatt ist zum Tode verurteilt. Im Zeitraffertempo betrachtet, ist das langsame Ausrollen eines Farnwedels ein zauberhaftes und großartiges Schauspiel, was mit der vollständigen Entfaltung des erwachsenen Farnwedels endet.

Das kräftige Gefäßsystem, das feste Skelett und die schöne Wuchsform der Blätter, all das verdanken die Farne ihrer Fähigkeit, das Lignin, den Baustoff des Holzes, aufzubauen. Die Farne sind somit die erste große Pflanzenzivilisation, der es erfolgreich gelungen ist, sich an das Landleben anzupassen. Im feuchten Tropenwald nimmt der Farn baumartige Formen an und bildet einen Stamm, der bis zu fünfzehn oder zwanzig Metern hoch werden kann, an dessen Spitze sich eine Rosette großer, ausgezackter Wedel entfaltet. Diese prachtvollen, hauptsächlich in der südlichen Hemisphäre angesiedelten Baumfarne zeigen im Vergleich zum unscheinbaren Moospflänzchen, welche Bedeutung der Holzbildung in der Pflanzenwelt zukommt. Die Unfähigkeit der Moose, Holz zu bilden, hat sie zum traurigen Zwergendasein verurteilt, obwohl in einigen ihrer Zellen bereits Holz vorhanden ist. Die Moose wußten nichts damit anzufangen. Man könnte sagen, daß die Farne die Versuche der Moose aufgenommen und verbessert haben. Die Farne »erkennen« das Lignin, nutzen es zu ihrem eigenen Vorteil, indem sie das Gefäßsystem und das Skelett aufbauen, das für die Landpflanzen unerläßlich ist. Das Gefäßsystem und das Skelett waren bereits von der Anlage her, wenn auch nicht ausgebildet, in den großen Meeralgen, von denen alle Landpflanzen abstammen, vorhanden.

Wie wir bereits erwähnten, haben sich die ersten pflanzlichen Formen im Meer gebildet. In der riesigen Welt der Algen mit ihrer unendlichen Vielfalt ist es gelungen, zahlreiche Prototypen zu entwickeln, unter denen das Festland jene »ausgewählt« hat, die für die neuen Lebensbedingungen am besten ausgerüstet und am anpassungsfähigsten waren. Der Ozean ist ein großes Experimentierfeld der Formen und lebendigen Strukturen, das die Erde immer wieder mit neuen Arten und Gattungen versorgt und dabei dem Festland nur seine Glanzstücke übergibt. Die Algen und Moose versuchten sich in der Erfindung des Holzes; den Farnen gelang sie.

## *Die Suche nach der vergangenen Zeit*

Wo und wann hat welche Pflanze das erste holzartige Gefäß entwickelt? Das ist eine naheliegende Frage, auf die es aber keine Antwort gibt. Nach den bekannten Versteinerungen zu schließen, liegt die Erfindung des Holzes über vierhundert Millionen Jahre zurück. Die ersten holzigen Gefäße wurden zum Beispiel bei der *Rhynia,* einer Binsenart, entdeckt, die als Versteinerung im roten Sandstein von Schottland erhalten ist. Die holzigen Gefäße dieser Binse, die schon seit Urzeiten wieder ausgestorben ist, sind bereits perfekt ausgebildet. Tatsächlich ist der Ursprung großer Umweltereignisse nie genau feststellbar. Perioden großer Erfindungen, in denen die Natur unter dem Druck der Notwendigkeit und zur Bewältigung einer Krise geniale Systeme hervorbringt, hinterlassen für gewöhnlich keine Fossilien.

Auch die Botaniker, die erst lange danach auf den Plan treten, müssen ihre ganze Vorstellungskraft spielen lassen, um mit Hilfe der verfügbaren fossilen Überreste die großen Ereignisse der Vergangenheit nachvollziehen zu können.
Die große Krise, von der hier die Rede ist, spielte sich wahrscheinlich nach der schrecklichen Trockenheit ab, die die Erde vor vierhundert Millionen Jahren heimgesucht hat. In sumpfigen Gegenden erfanden die Anpassungsfähigsten unter den Algen die Verholzung ihrer Gefäße; daraufhin gelang es den ersten Pflanzenarten, wie der *Rhynia* zum Beispiel, sich aufzurichten. Sobald sich ein Prototyp durchgesetzt hatte, wurde er in die Serienproduktion übernommen und endlos lange fortgepflanzt, wobei die Natur ständig Verbesserungen an ihm vornahm. Die riesige Anzahl von Einzelexemplaren, die auf diese Weise entstanden, hinterließen Versteinerungen, die wir studieren können. Kurz, es sind immer nur die in geringer Anzahl produzierten Prototypen, die keine Spuren hinterlassen, während die in großer Serie produzierten Pflanzen weit größere Chancen haben, der Nachwelt Zeichen ihres Erdendaseins zurückzulassen.
Die frühesten Beispiele dafür finden sich in der Erdurzeit, als sich die ersten Holzpflanzen plötzlich stark ausbreiteten. Sie wuchsen zuerst zu Gräsern und später zu immer größer werdenden Bäumen auf, die die riesigen, längst versunkenen Wälder der Steinkohlenzeit bildeten, deren Kohle uns heute einen außergewöhnlichen Reichtum an Versteinerungen bietet. Dank dieser Versteinerungen war es möglich, zahlreiche pflanzliche Prototypen aus jenen fernen Epochen zu rekonstruieren, in denen die gewaltigen sumpfigen Wälder entstanden sind. Die meisten dieser Prototypen sind heute ausgestorben, und man findet sie nur noch tief versunken im Innern der Erde, wo die Bergarbeiter Restbestände von ihnen zutage fördern. Werden sie in Museen in ihrem ursprünglichen Zustand nachgebildet oder in Abbildungen dargestellt, sehen wir ein uns vollkommen fremdes Landschaftsbild, in dem riesige Schachtelhalme, Samenfarne und mächtige Schuppenbäume aus Sümpfen aufsteigen. Es mutet uns an wie ein Science-fiction-Kunstwerk.
Die aus vorgeschichtlicher Zeit gefundenen mehrere tausend Farnarten weisen, ob baum- oder grasartig, die vielfältigsten Erscheinungsformen auf. Auch heute finden wir bei den Farnen vom zarten Frauenhaar über den Schildfarn bis zur großen *Dick-*

*sonia* eine Vielzahl von elegantesten Wuchsformen und feinsten Blattziselierungen. Die merkwürdigsten Farne sind zweifellos die der tropischen Wälder, die sich an Zweige oder Rinden von Bäumen heften, wo sie frei schwebend in der Luft leben: zum Beispiel der seltsame Geweihfarn *(Platycerium)*, der wie ein Hirschgeweih aussieht. Diese exotische Pflanze, die heute viel in Blumenläden verkauft wird, scheint uns von einem anderen Stern zu kommen.

Trotz der Vielfalt an Formen und Wuchs, an Blättern und Wedeln pflanzen sich alle Farne auf die gleiche Weise fort. Im allgemeinen treten braune punktförmige Gebilde auf der Wedelunterseite auf. Diese Gebilde nehmen die unterschiedlichsten Formen an, und die Botaniker bedienen sich dieser Unterscheidungsmerkmale, um die vielen Farnarten auseinanderzuhalten und ihnen die entsprechenden Namen zu geben. Die punktförmigen Gebilde liegen entweder frei oder sind von einem dünnen grünen Häutchen bedeckt. Unter der Lupe entdeckt man, daß diese Gebilde aus einer großen Anzahl winziger bräunlicher Punkte bestehen. Jeder Punkt ist eine Sporenkapsel *(Sporangium)*. Im Mikroskop erscheint jede Sporenkapsel als ein winziger, mehr oder weniger kugelförmiger Behälter, in dem eine Zellenreihe durch Lignin verdickt ist, was ihm ein etwas gedunsenes, aber sehr originelles Aussehen vermittelt. Sobald die Luft trocken wird, zieht sich das Lignin zusammen, und die Kapsel reißt entlang dieser Linie des geringsten Widerstandes auf. Der Behälter öffnet sich und streut zahlreiche mikroskopisch kleine Zellen, die Sporen, auf die Erde. Diese Sporen sind von einer dicken Membrane umgeben, die wiederum mit einer unverweslichen Substanz imprägniert ist – eines der widerstandsfähigsten Materialien der lebenden Welt. Unter dem elektronischen Mikroskop zeigt sich die kunstvolle Architektur dieser Membranen, deren Eindellungen und Ausbuchtungen die unerwartetsten Formen haben. Die Sporen sind die wahren Fortpflanzungsorgane der Farne, die keine Samenkörner wie die blühenden Pflanzen bilden. Wenn die Temperatur- und Feuchtigkeitsbedingungen günstig sind, keimt die Spore und bildet ein kleines grünes Stäbchen, das auch bei baumartigen Farnen nie länger als drei bis vier Zentimeter ist. Dieses winzige Stäbchen hat weder Stiel noch Wurzel, weder Blätter noch Gefäße. Es erinnert an die primitive Form des *Thallus* der Algen. Deshalb sein Name *Prothallium*. Auf diesem re-

gressiven, archaisch einfachen Organ, in dem der Farn sich selbst vergessen zu haben scheint, um zur Struktur der Algen zurückzukehren, von denen er seit Urzeiten abstammt, bilden sich die weiblichen und männlichen Geschlechtszellen.
Sobald der Boden feucht genug ist, entweichen die männlichen Keimzellen (Schwärmer oder Spermatozoiden), schwimmen zu den Eizellen und befruchten sie. Wie bei allen Landpflanzen sind nur die Spermatozoiden beweglich; die weibliche Zelle sitzt eingeschlossen in einem schützenden, flaschenförmigen Organ *(Archegonium)* und wartet. Wie man sieht, wendet die Natur die bewährte Methode des Rendezvous an: Das junge Mädchen sitzt brav zu Hause, bis ihr Verlobter es abholen kommt. Oder es wartet höflich und bescheiden auf dem Ball, bis es zum Tanz aufgefordert wird. Aus der Verschmelzung der männlichen und weiblichen Zelle entsteht eine befruchtete Eizelle – der Anfang eines neuen Farnes. Die Eizelle entwickelt sich zum kleinen Embryo, der in der Erde Wurzeln faßt und nach oben einen aufrechten Stiel bildet, aus dem die ersten Wedel wachsen. Das zarte grüne Stäbchen, das die Geschlechtsorgane getragen hat, hat nun keine Aufgabe mehr und stirbt ab. Dieses schwache Organ ist die wahre Achillesferse der Farne, da es schutzlos auf dem Boden steht und die Geschlechtsorgane vollkommen unbedeckt trägt. Außerdem muß dieses *Prothallium* feucht sein, damit die Spermatozoiden zu den weiblichen Zellen schwimmen können. Wie die Moose brauchen auch die Farne Wasser für ihre Fortpflanzung. Beiden ist es nicht gelungen, ihr Fortpflanzungssystem vom Einfluß des Meeres zu lösen. Sie bewahren das Erbgut der Algen, ihrer Ahnen, im Gedächtnis. Kein Wasser – keine Fortpflanzung: Die Farne mißtrauen jeder Trockenheit und meiden die trockenen Regionen dieser Erde; sie ziehen ihnen die gemäßigten oder feucht-tropischen Zonen vor.

## *Auf dem Weg zur geschlechtlichen Differenzierung*

Eine mit den Farnen verwandte Gruppe sind die Schachtelhalme. Sie sind die letzten Überlebenden eines riesigen Pflanzenreiches, das am Ende der Urzeit einem fürchterlichen Massensterben anheimfiel, so daß heute nur noch wenige Arten übriggeblieben sind. Eine Besonderheit bei den Schachtelhalmen ist, daß manche Arten, zum Beispiel der Ackerschachtelhalm *(Equisetum arvense)*, zwei verschiedene Stiele entwickeln: im Frühling bräunliche, ohne Chlorophyll, die in einer Art Ähre, dem Sporenträger, enden und ausschließlich der Fortpflanzung dienen – und im Sommer grüne Stiele, ohne Ähre, mit geriffelter Oberfläche. Die grünen Stiele tragen zahlreiche Zweige, die der Pflanze ein so eigentümliches Aussehen geben. Diese Sommerstiele haben nur eine Aufgabe, die der Photosynthese. Ein ganz seltenes Beispiel im Pflanzenreich von einer Funktionsaufteilung auf zwei Stiele: ein Stiel für die Photosynthese und ein Stiel für die Fortpflanzung. Oder könnten Sie sich zum Beispiel ein Maiglöckchen vorstellen, einmal nur mit Blättern, ohne Blüte, und einmal nur mit Blüte, ohne Blätter? Gewiß haben nicht alle Schachtelhalme diese seltsame Anordnung getroffen, die man nur einmal noch, nämlich ganz oben im Pflanzenreich in der Familie der Korbblütler wiederfindet. Bei diesen Korbblütlern treiben einige Arten, wie der Huflattich oder die Pestwurz, frühzeitig im Jahr aufrechte blühende Stiele von bräunlicher Farbe, ohne Chlorophyll. Erst anschließend treibt die Pflanze reichlich Blätter aus. Bei der Pestwurz werden diese Blätter besonders groß. Sie säumt Weiher oder feuchte Zonen mit reichhaltiger Vegetation und erinnert an Rhabarberstauden.

Gewisse Farne, wie der Königsfarn zum Beispiel, scheinen sich auch ein wenig in diese Richtung entwickelt zu haben: Sie bildeten einen Teil ihrer Blätter zu Fortpflanzungsorganen aus, während ein anderer Teil seine normale Blattfunktion behielt. Daraus resultiert eine eigenartige Asymmetrie, die die Besonderheit des Königsfarnes ausmacht. Wie wir sahen, ist die Arbeitsteilung noch weitaus deutlicher ausgeprägt beim Schachtelhalm mit seinen zwei vollkommen unterschiedlichen Stielen, einem braunen fruchtbaren und einem grünen sterilen. Den harten Stielen ist jedoch etwas gemeinsam: Sie sind stark mit Mineralien durchsetzt und fühlen sich bei der Berührung rauh an. Die Pflanze verbindet sich mit dem Stein und erschließt die Minerale, was aus ihr ein nicht unwesentliches Medikament in der Pflanzenmedizin macht. Es wird als anregendes oder aufbauendes Mittel bei großer physischer oder nervöser Ermüdung empfohlen.

Im Unterschied zum Farn produzieren die Sporen der Schachtelhalme zwei Arten von Prothallien, auch Vorkeime genannt. Der

eine Vorkeim bildet die Spermatozoiden, der andere enthält lediglich weibliche Zellen. Die Tendenz zur Trennung der Geschlechter wird bei diesen Pflanzen sichtbar, wenngleich das Geschlecht der Sporen nicht von Anfang an bestimmt ist. Je nachdem, ob ihre Umwelt mehr oder weniger üppig ist, bilden sie männliche oder weibliche Prothallien, letztere vor allem bei sehr reichem Nährboden. Wie immer bemüht sich die Natur, das weibliche Geschlecht zu favorisieren, das die Sorge für die Nachkommenschaft übernimmt. Die Differenzierung der Geschlechter ist jedoch weniger einschneidend, als es den Anschein haben mag: Jede Geschlechtszelle enthält immer und überall auf dieser Erde in latenter Form auch die Möglichkeiten des anderen Geschlechtes, bei den Pflanzen ebenso wie bei den Menschen.
Die Trennung der Geschlechter ist besonders deutlich bei einer mit dem Farn verwandten Pflanzenfamilie, von der der Moosfarn *(Selaginella)* ein typisches Beispiel ist. Der Moosfarn stammt aus den Tropen; sein zartes Blattwerk besteht aus winzigen Blättern, die dieser Pflanze ein ornamentales und sehr graziöses Aussehen verleihen. Wie beim Schachtelhalm sind die Sporenkapseln zu Ähren gruppiert, mit dem einen Unterschied, daß es zwei Arten davon gibt. Die einen Kapseln sind klein und bilden zahlreiche winzige Sporen, von denen jede einzelne beim Keimen einen mikroskopisch kleinen männlichen Vorkeim, Träger der Spermatozoiden, hervorbringt. Die anderen Kapseln sind größer und enthalten nur vier sehr große Sporen, die die Zellwand der Kapsel wie vier Tennisbälle in einem Netz ausbuchten. Sobald sie in der Erde zu keimen anfangen, bringt jede einzelne Spore einen dicken weiblichen Vorkeim hervor, der reich an Nahrungsreserven ist. Er gewährleistet das Wachstum des künftigen Embryos, der auf diesem Vorkeim durch Befruchtung der Eizelle entsteht.
Durch die schärfere Trennung der Geschlechter und die Fähigkeit, Nahrungsreserven im Vorkeim zu speichern, die für das Wachstum des jungen Embryos bestimmt sind, scheint der Moosfarn, der zu den Bärlappgewächsen gehört, weitaus höher entwickelt zu sein als der eigentliche Farn. Wenn man ihn genauer betrachtet, ist man allerdings erstaunt über seinen kleinen Wuchs, seine winzigen Blätter mit nur einer einzigen Aderung. Die Y-Teilung des Stengels, ein weiteres Anzeichen von Archaismus, erinnert uns sogar an die Algen. Der Farn andererseits hat sein Ernährungssystem mit großem Erfolg perfektioniert, indem

er große Blattwedel bildet, die mit einem kräftigen Nervensystem ausgerüstet sind, durch das das Wasser die Pflanze überall erreichen kann. Es sieht also so aus, als hätte sich der Farn in der Hauptsache auf sein Ernährungssystem, aber nicht auf seinen Fortpflanzungsapparat konzentriert. Der Moosfarn hat gerade im entgegengesetzten Sinn gearbeitet, indem er seine Fortpflanzungsmethode perfektionierte, aber den photosynthetischen Bereich vernachlässigte. Kurz, der Farn ist ein starker, jedoch sexuell zurückgebliebener Jüngling und der Moosfarn das frühreife Kind. Fossile Funde ermöglichen es uns heute, dieses Paradoxon besser zu verstehen.

Farn, Schachtelhalm und Moosfarn gehören zu drei großen historischen Pflanzengattungen, deren Entwicklung seit Urzeiten parallel gelaufen ist. In jeder Gattung ist die Trennung der Geschlechter deutlich akzentuiert, indem zuerst Prothallien und dann Sporen gebildet werden. Man kennt auch Farne, die ebenso wie der Moosfarn zwei verschiedene Arten von Sporen und Vorkeimen besitzen. Das ist besonders bei den Wasserfarnen der Fall, wie dem Kleefarn *(Marsilea),* der die Gestalt eines vierblättrigen Kleeblattes hat, oder dem Schwimmfarn *(Salvinia),* mit zwei schwimmenden Blättern. In beiden Fällen scheint die Anpassung an das Leben im Wasser der geschlechtlichen Entwicklung – zum Nachteil des äußerst reduzierten Ernährungsapparates – einen Auftrieb gegeben zu haben. Im Gegensatz dazu findet man wieder bei einer dem Moosfarn nahe verwandten Familie Pflanzen mit nur einer Art von Sporen, so zum Beispiel beim Kolbenbärlapp *(Lycopodium),* dessen feine Sporen ein staubfeines Pulver bilden, das in der Pharmazie zum Umhüllen von Pillen benützt wird.

Seltsamerweise erhält die Natur nicht immer das Leben der am höchsten entwickelten Prototypen. Unzählige mit dem Moosfarn, dem Bärlapp oder den Schachtelhalmen verwandte Arten sind verschwunden, besonders alle großen Bäume aus den prähistorischen Wäldern. In diesen Gruppen haben nur einige wenige Arten überlebt und unser Zeitalter erreicht. Auch die Farne sind stark zurückgegangen und nehmen im Vergleich zu den blühenden Pflanzen nur einen zweitrangigen Platz in der Vegetation ein, obwohl sie vor dreihundert Millionen Jahren die einzigen auf dem Festland wachsenden Pflanzen waren. Wieso dieser Rückgang? Wiesen sie einen Makel, einen Fehler in ihrer Anlage auf, der sie dazu verurteilte, im Konkurrenzkampf mit den blühenden Pflanzen auszusterben?

Ihre Schwäche ist ohne Zweifel der Vorkeim, dieses winzige, schutzlos auf der Erde stehende Stäbchen, das immer Wasser braucht, um befruchtet werden zu können. Bei allen Farnen sowie verwandten Pflanzengruppen kann man die Tendenz zur Beschützung des Vorkeimes beobachten, indem sie ihn zuerst von der dicken Membrane der Spore, aus der er entstanden ist, und dann von der Sporenkapsel umschlossen halten, aus der die Spore stammt. Dadurch werden zwei Schutzhäutchen gebildet, die wie zwei russische Puppen ineinander verschachtelt sind. An den mit dem Moosfarn verwandten fossilen Bäumen, die zu Steinkohle geworden sind, erkennt man, daß diese Entwicklung schließlich damit geendet hat, den weiblichen Vorkeim am Baum selbst zu behalten. Dort ist er dreifach geschützt: erstens von der Membrane der Spore, aus der er durch Keimen hervorgeht, zweitens von der Zellwand der Sporenkapsel, in der sich die Spore bildet, und drittens von einem Blatt, das alles schützend umgibt. Drei Schutzhüllen, drei ineinander verschachtelte russische Puppen. Vor ungefähr dreihundert Millionen Jahren wurde auf diese Art und Weise ein neues Organ, die Eizelle, geboren, die den entschiedenen Aufstieg der großen modernen Pflanzenreiche der Samenpflanzen gewährleistet hat: Von diesem Stadium an wird die Befruchtung vom Vorhandensein des Wassers unabhängig. Das Spermatozoid wird mit seinem Vorkeim vom Wind direkt auf das weibliche Organ, das fest am Baum sitzt, geweht.

Das weibliche Organ der Samenpflanze beschützt die Eizelle, die nach der Befruchtung die künftige Pflanze bildet, mit besonderer Sorgfalt. Erst ab diesem für die Geschichte der Pflanzen entscheidenden Einschnitt genießt die Samenanlage, die aus der Verschmelzung der Geschlechtszellen hervorgeht, einen wirksamen Schutz, den sie zuvor nie gekannt hatte. Dieses Ereignis tritt zu demselben Zeitpunkt ein, an dem die Tiere aufhören, Eier ungeschützt ins Wasser zu legen, wie es die Fische und Amphibien tun. Von nun an produzieren sie komplizierter aufgebaute Eier, bei denen die weibliche Zelle in einer Nährflüssigkeit eingeschlossen ist, die selbst wieder von einer schützenden Schale umhüllt wird. Diese Eier sind dazu bestimmt, auf der Erde abgelegt zu werden. Es scheint so, als ob in jener entscheidenden Periode der Steinkohlenzeit, in dem Augenblick, als die großen Kohlevorkommen entstanden sind, sich Tier und Pflanze gleichzeitig dem Einfluß der Weltmeere entzogen haben und ihre weiblichen Geschlechtszellen in ein schützendes und nährendes Organ legten, vergleichbar mit einem Ozean en miniature, den sie als Erinnerung an ihre Vergangenheit im Meer mit sich tragen, um fortan auf dem Festland zu leben und sich dort zu vermehren.

## *Das tragische Schicksal der Pioniere*

Leider sind die verschiedenen Pflanzengruppen, die diesen besonderen Schutz für das Ei erfunden und die anfällige Entwicklungsphase des schutzlos auf dem Boden stehenden Vorkeims überwunden haben, heute alle verschwunden, eliminiert von ihren eigenen Nachfahren, die es besser verstanden haben, deren geniale Erfindung weiterzuentwickeln und zu perfektionieren. Diese ausgestorbenen Pflanzen stellen für die Pflanzenwelt das dar, was die Autos der ersten Pionierzeit für die Geschichte der Motorisierung bedeuteten: Fossilien, Museumsobjekte. Sie legen Zeugnis ab von Epochen, in denen Neuerungen und Erfindungen eine rapide Entwicklung bewirkt und nach mehr oder weniger geglückten Versuchen den Erfolg eines Prototyps gewährleistet haben, so daß er, einmal auf den höchsten Stand gebracht, in Millionen und Abermillionen von Exemplaren reproduziert werden konnte. Seltsame Wege des Lebens, das keinerlei Erinnerung an seine großen Krisen- oder Schöpfungsperioden bewahrt. Das Leben der Pioniere ist schwer, weil sie rasch von anderen, die in ihre Fußstapfen treten und sich der Früchte ihrer Eroberungen und Erfindungen zu bedienen wissen, verdrängt werden. Che Guevara ist tot, doch Fidel Castro lebt und hat es verstanden, der kubanischen Revolution zu Ansehen und Beständigkeit zu verhelfen ...

Jene Pioniere, die in der Welt der Farne die Eizelle erfunden haben, sind alle ausgestorben, und moderne Pflanzen sind an ihre Stelle getreten. Was den Farn betrifft, so sind nur einige seiner phantasielosesten Arten in der heutigen Pflanzenwelt erhalten geblieben. Er hat sich ohne große Vorstellungskraft damit zufriedengegeben, die Art der geschlechtlichen Fortpflanzung wie

in Urzeiten weiter zu betreiben. In der Hauptsache hat er sich auf die Eroberung und Kolonisierung feuchter Gebiete beschränkt oder sich gar im Wasser angesiedelt. Das ist auch verständlich, wenn man um die Anfälligkeit seines Vorkeims und um seine Wasserabhängigkeit bei der Fortpflanzung weiß. Der Farn und seine Anverwandten haben es somit nie verstanden, Strukturen für ein Leben in trockener Umgebung zu entwickeln, was einer großen Anzahl blühender Pflanzen bewundernswert gelungen ist. Wenn trotzdem gewisse Farne manchmal an relativ trockenen Plätzen gedeihen, dann liegt das daran, daß sie über eine Wiederbelebungstechnik verfügen, nämlich über die Fähigkeit, sich auf eine ganz und gar passive Art und Weise zu trocknen und wieder Wasser aufzunehmen wie andere primitive Pflanzen auch, Moose oder Flechten zum Beispiel. Während der Trockenperioden entwässert sich der Organismus total und überlebt in einer Art Winterschlaf kraft- und farblos bis zum nächsten Regen. Der Schriftfarn *(Ceterach)* geht so weit, daß er sich im Sommer, um jeden Flüssigkeitsverlust zu vermeiden, wie eine Kugel zusammenrollt. Aber das sind Ausnahmefälle. Die meisten Farne ziehen den feuchten Schatten des Unterholzes vor, den Halbschatten großer tropischer Urwälder oder das Halbdunkel alter Gemäuer, in denen sich eine Vielzahl kleiner, zierlicher Arten – wie der Frauenfarn *(Asplenium)* – in Stein- und Felsenritzen ansiedelt.
Wie das Moos bringt auch der Farn keinen großen Nutzen für Mensch oder Vieh. Es sind die Samenpflanzen, denen der Mensch den Grundstock seiner Nahrung und seiner Medikamente verdankt. Seit einigen Jahren hat der Farn auch einen beachtlichen Einzug in die Blumenzucht und in den Gartenbau gehalten, weil ihn die Feinheit seiner Blätter, die Eleganz seines Wuchses und das strahlende Grün seiner Wedel zur Zierpflanze geradezu prädestiniert. Er repräsentiert eine schweigende Welt ohne Blumen, ohne Farben, ohne Insekten, ohne Vögel. Eine einfache, bescheidene Welt der begrenzten Phantasie. Verglichen zum Beispiel mit der üppigen Blütenentfaltung der Orchideen, scheinen die Farne aus dem urgeschichtlichen Dunkel zu kommen. Unter unseren Augen lassen sie die ersten Formen des pflanzlichen Lebens, das aus dem Meer auf die Erde gekommen ist, fortdauern.

5. **Kapitel**

# Die Ära der großen Entdeckungen: Die Eizelle und der Samen

## *Kinder, die jahrhundertelang schlafen*

Die Geschichte der Pflanzen ist ein phantastisches Epos. Am Anfang, in der Urnacht aller Zeiten, erfindet eine primitive Zelle im Schoß des Ozeans das Chlorophyll, die erste Pflanze ist geboren. Dann klammert sich eine Zelle an einen Felsen und entwickelt eine etwas ausgereiftere Gestalt: der Grundstein für die Küstenalgen ist gelegt. Mit dem Auftauchen der ersten Landpflanzen erfolgt die Eroberung der Kontinente. Zu diesem Zweck erfindet die Pflanze das Holz. Dutzende von Millionen von Jahren sollen noch vergehen, ehe es der Pflanze gelingt, sich endgültig von ihrem Ursprung im Meer loszureißen, an den sie die Erinnerung in der Stunde der Fortpflanzung eigensinnig beibehält. Ähnlich verhält sich der Frosch, der ins Wasser zurückkehrt, um seine Eier zu legen, aus denen anschließend Kaulquappen schlüpfen. Diese Kaulquappen lösen sich erst nach einer gewissen Zeit vom Teich, in dem sie geboren wurden, um Frösche zu werden und auf dem Festland zu leben. Erst mit der Entstehung der Eizelle befreit sich die Sexualität schließlich von jeder Wasserabhängigkeit.

## *Geschichte eines lebenden Fossils*

Die ersten Pflanzen, die aus Eizellen entstanden, sind ausgestorben, ohne Spuren, außer in ihrem fossilen Zustand, zu hinterlassen. Ein einziger ehrwürdiger Baum, nämlich der Ginkgo, kann uns eine Ahnung davon vermitteln, wie die ersten Eizellen ausgesehen haben müssen. Der Ginkgo ist der älteste unter den Bäumen. Es gibt zwei Arten von Ginkgos, die männlichen und die weiblichen – wie bei Mensch oder Tier. Ein geschultes Auge kann den Unterschied erkennen: Der weibliche Baum ist stämmiger, gedrungener und weniger hoch aufgeschossen als der männliche. Dieses Phänomen tritt sehr selten in der Pflanzenwelt auf, in der die Trennung der Geschlechter weitaus weniger ausgeprägt ist als bei den höherentwickelten Tieren: Der Ginkgo ist das einzige Beispiel bei den Pflanzen, bei dem man Moniseur und Madame an ihrer Haltung und ihrem Verhalten, ohne direkte Beziehung zu ihren Geschlechtsorganen, erkennen kann. Wenn der Ginkgo in manchen Gegenden von China noch wild zu wachsen scheint, so ist er doch überwiegend ein gezüchteter Baum, der nur dank der Fürsorge der Menschen überleben kann. (Vielleicht handelt es sich auch bei diesen Gebieten in China um Reste ehemals ausgedehnter alter Pflanzungen.) Wahrscheinlich wäre dieser Baum schon längst ausgestorben, wenn ihn der Mensch nicht aus Instinkt oder aus Ehrfurcht vor seinem hohen Alter von Anfang an geschützt hätte, um sich dann selbst wieder von ihm beschützen zu lassen. Im Orient glaubt man, daß der Ginkgo das Feuer bannt und Brände abwehrt. Dieser alte Glaube fand neue Bestätigung, als Tokio im Jahre 1923 von einem Erdbeben zerstört wurde. Die gigantische Feuersbrunst, die daraufhin ausbrach, verschonte einen großen Tempel, um den herum eine Menge Ginkgos standen. – Die Spur dieses Baumes ist schon seit dem elften Jahrhundert in der chinesischen Literatur und Malerei zu verfolgen. Im gesamten Fernen Osten ist er, da er seines hohen Wuchses oder langen Lebens wegen für heilig gehalten wurde, in der Nachbarschaft von buddhistischen Tempeln und Pagoden anzutreffen. Die buddhistischen Mönche haben es sich zur Angewohnheit gemacht, Teile der alten, die Tempel umgebenden Wälder zu bewahren. Auf diese Weise sind natürlich Reservate entstanden, in denen sich sehr alte Bäume erhalten konnten.

Der Ginkgo ist an seinen seltsamen fächerförmigen Blättern, die im Herbst eine goldgelbe Farbe annehmen, leicht zu erkennen. Dem aufmerksamen Beobachter wird sogleich die gabelige Verzweigung seiner Blattnerven auffallen, die das archaische Alter dieses Baumes verrät und an gewisse Farne, wie zum Beispiel das

Frauenhaar, erinnert. Der Ginkgo wird in botanischen Gärten, aber auch entlang der Straßen gepflanzt, weil er Umweltverschmutzungen wie Abgase und die Trockenheit des städtischen Klimas gut verträgt. Dabei sollte man darauf achten, ausschließlich männliche Bäume zu pflanzen. Die weiblichen Bäume legen »Eier« wie die Vögel, die auf der Erde zerplatzen, einen äußerst unangenehmen Geruch nach ranziger Butter ausströmen und die Straßen glitschig machen.

Stimmt es, daß der Ginkgobaum Eier legt? Müßten die Zoologen ihn also einen »eierlegenden Baum« nennen? Tatsächlich sieht die Samenanlage, die die Eizelle enthält, wie eine große gelbe Pflaume aus – oder wie ein Eigelb! Sie ist mit Nahrungsreserven gefüllt, die für den Embryo bestimmt sind, der wie ein Küken in seinem Ei heranreift, bis ein glücklicher Zufall ein Spermatozoid in die Nähe führt und die Befruchtung ermöglicht. Da sich dieser glückliche Zufall nicht immer ereignet, hat der Baum oft ganz umsonst diese großen schweren Samenanlagen gebildet und mit wertvollen Nährstoffen gefüllt.

Die entwickelteren, »moderneren« Bäume bauen ihre Nahrungsreserven erst nach erfolgter Befruchtung auf, das heißt also, erst wenn Reserven zur Frucht- und Samenbildung vonnöten sind. Der Ginkgo hat noch nicht daran gedacht: Er fabriziert unter großen Mühen unzählige riesige »Eier«, von denen die meisten nie zu etwas nütze sind. Sparsamkeit ist nicht seine Stärke, die entwickelteren Bäume sind nicht so verschwenderisch und können besser haushalten. Sie bilden erst Früchte und Samen heran, wenn die Befruchtung stattgefunden hat. Kommt es zu keiner Befruchtung, wird die Blütenanlage abgestoßen. Der Ginkgo macht es anders. Er trifft sogleich Vorkehrungen und bildet auf Anhieb ein riesiges Organ, eine Art Speisekammer, bei dem gar nicht sicher ist, ob es jemals einen jungen Sproß ernähren wird. Stellt sich keine männliche Zelle ein, gibt es weder Befruchtung noch Nachkommenschaft. Wie bei den Hühnern, deren Eier steril bleiben, wenn kein Hahn im Hühnerhof kräht.

Fängt jedoch dieses dicke jungfräuliche »Ei« ein vom Wind verstreutes Pollenkorn von einem in der Nähe wachsenden Baum ein, ist die Voraussetzung für eine Befruchtung geschaffen. Ein junger Embryo entsteht, wächst dank der Nahrungsreserve, die er nach und nach aufzehrt, heran, bildet eine Wurzel und damit einen neuen Baum.

Man kann also die dicke Pflaume des Ginkgo weder als eine Frucht noch als Samen bezeichnen; einmal befruchtet, kennt der Keimling darin keine Ruhepause und könnte nicht wie die Früchte oder Samen aller höherentwickelten Pflanzen monate- oder jahrelang aufbewahrt werden, bis die Bedingungen für eine Keimung günstig sind. Die Pflaumen des Ginkgo können auch niemals im Sack verkauft werden, weil sie sofort zu keimen beginnen und den Sack zum Platzen bringen würden, noch ehe man die Keimlinge in die Erde setzen kann. Das Wachstum des Embryos beginnt im Augenblick der Befruchtung und hört erst im Stadium der Reife auf – wie bei Mensch oder Tier. In diesem Stadium der Pflanzengeschichte ist der Begriff »Samenkorn« noch nicht anwendbar. Die Kunst, das Leben in Form von Samen zu konservieren, so typisch für die heutige Pflanzenwelt, ist erst viel später erfunden worden. Die Befruchtung der Ginkgo-Eizelle durch den Pollen eines männlichen Baumes kann auf dem Baum, aber auch auf der Erde stattfinden, wenn sich das dicke »Ei« von der Mutterpflanze gelöst hat. Damit es überhaupt zu einer Befruchtung kommt, muß der Ginkgo seine Geschlechtsreife erreicht haben, das heißt, er muß alt genug sein, um funktionierende Geschlechtsorgane zu haben. Dazu läßt sich der Baum allerdings lange Zeit: Die ersten Eizellen produziert er nicht vor seinem dreißigsten Lebensjahr.

## *Eierlegende und lebendgebärende Pflanzen*

Die Palmfarne sind eine Gruppe uralter Bäume, die mit dem Ginkgo verwandt sind. Ihr geschlechtliches Verhalten ist beinahe identisch mit dem des Ginkgo, auch bilden sie die gleiche Art von Fortpflanzungsorganen. Äußerlich ähneln sie den Baumfarnen, ihre gefiederten Blätter werden als Palmwedel gerne für die Dekoration bei Begräbnissen verwendet. Sie sind zweihäusig, das heißt, sie tragen die männlichen und weiblichen Samenzellen wie der Ginkgo auf verschiedenen Bäumen; denn im Gegensatz zu archaischen Tieren neigen primitive Pflanzen dazu, ihre Geschlechtszellen zu trennen. Archaische Tiere – wie Würmer oder Schnecken – sind meist zwittrige Wesen, sie sind noch verschont von dem Einschnitt, der später die Männchen von den Weibchen trennt. Sie brauchen noch nicht ein Leben lang nach der ihnen

fehlenden Hälfte zu suchen – eine Suche, die niemals ganz an ihr Ziel kommt, die immer einen Rest von Unzufriedenheit läßt. Später in der Geschichte kehren sich die Verhältnisse um. Während sich alle höheren Tiere nach Männchen und Weibchen trennen, streben die höherentwickelten Pflanzen danach, beide Geschlechter nicht nur im selben Exemplar, sondern auch in derselben Blüte zu vereinen: Hermaphroditismus wird zur Regel, jede Blüte kann sich bei Mangel an Freiern selbst befruchten und auf den Partner verzichten. Nicht so beim Menschen, für den Unabhängigkeit und Autonomie nur ein Traum sind und Enttäuschungen und Kummer der Tribut für die Freuden der Liebe.
Die kleinen tropischen Palmenarten – wie die Palmfarne – wachsen außerordentlich langsam und haben ein sehr hartes Holz. Der Stamm wächst im Durchschnitt einen Meter in einem Jahrhundert; auch ihre Langlebigkeit ist beachtlich, manche Arten werden über zweitausend Jahre alt.
Der männliche Stamm trägt an seinem obersten Ende, im Zentrum seiner schönen Rosette von schildartigen Blättern, einen riesigen aufrechtstehenden Zapfen, der eine unglaubliche Fülle an Pollenkörnern produziert. Der Wind trägt die Pollen auf die weiblichen Bäume, deren Samenanlagen von flaumigen, bräunlichen Blättern getragen werden, die eine Art Nest bilden, in das Taubeneier passen würden. Bei gewissen Palmfarnen in Südafrika – wie beim Brotpalmfarn *(Encephalartos)* – sind es die Insekten, die sich um den Transport der Pollen kümmern. Es sind aber durchweg masochistische Insekten, die von dem fürchterlichen Gestank der männlichen Zapfen angezogen werden. Den Pollentransport lassen sie sich allerdings teuer bezahlen, indem sie mindestens die Hälfte davon fressen. Sobald ein Pollenkorn auf der dicken gelblichen Samenanlage gelandet ist, kommen aus ihm zwei riesige Spermatozoiden heraus. Sie können bis zu einem drittel Millimeter groß werden und sind damit die größten der lebenden Welt überhaupt; man kann sie mit bloßem Auge betrachten. Diese männlichen Zellen schwimmen nun mit extremer Langsamkeit in dem zähflüssigen Gewebe der Samenanlage herum, bis sie die weibliche Zelle nach erstaunlich langer Zeit, die bis zu sechs Monaten dauern kann, erreichen. Inzwischen ist die ganze Samenanlage auf die Erde gefallen, wo der junge Embryo, der bei der Befruchtung entstanden ist, Wurzeln fassen kann.

Die Palmfarne und einige andere verwandte Arten – wie der Ginkgo – mit ihren archaischen Fortpflanzungsmethoden gehören zu einer Gruppe sehr alter Pflanzen, deren Studium es uns ermöglicht, den entscheidendsten Abschnitt in der Geschichte der Pflanzen nachzuvollziehen, also jenen Abschnitt, in dem es den Pflanzen gelang, die Befruchtung nicht mehr durch eine Verschmelzung ungeschützter Geschlechtszellen auf der feuchten Erde herbeizuführen, sondern ein mit Nahrungsreserven angefülltes Spezialorgan zu erfinden, das von der Mutterpflanze getragen wird und in dem die weibliche Zelle ebenso wie der junge Embryo geschützt und ernährt wird. Fast zur gleichen Zeit gelingt es im Tierreich den Reptilien, das Ei zu erfinden.
Die Katastrophe der großen Trockenheit in der Urzeit hat – wie es scheint – Fische und Pflanzen dazu gezwungen, wollten sie überleben, Geschlechtsorgane zu bilden, die sozusagen für eine »interne Fruchtbarkeit« sorgten. Im ersten Stadium fand dabei die Entwicklung des Embryos in einem Ei, einer Art von der Mutter geschaffenem Miniaturozean, statt: Dies ist bei den eierlegenden Tieren, den Reptilien, Vögeln, Insekten und bei den archaischen Pflanzen – wie dem Ginkgo und dem Palmfarn – der Fall. Anschließend, in einer zweiten Entwicklungsphase, verinnerlicht sich das Phänomen mehr und mehr: Bei den lebendgebärenden Tieren – wie den Säugetieren – entwickelt sich der Embryo im Innern des Körpers der Mutter; bei den Samenpflanzen auf dem Stamm der Mutterpflanze, das heißt auf dem Baum oder der Graspflanze. Die weibliche Pflanze hat sich in diesem Entwicklungsstadium ein winziges Teilchen des Urozeans einverleibt, aus dem alles Leben gekommen ist. Das Meer ist die Mutter, es nimmt die Spermatozoiden auf, in ihm entwickelt sich der Embryo. Diese Fortpflanzungsmethode haben die Nadelhölzer schon in der Urzeit eingeführt, als sich die großen Bäume auf der Erde ausgebreitet, neue Landschaften geschaffen und eine neue große Zivilisation in der Geschichte der Pflanzen eingeleitet haben.

Die weibliche Zelle liegt auch hier geschützt in einem Organ, nämlich in der Samenanlage, die von der Mutterpflanze getragen wird. Die Mutterpflanze beginnt aber jetzt erst, nach der Befruchtung der Eizelle, die Nahrungsstoffe für den Embryo zu speichern. Die Natur wird sparsam und füllt ihre Speisekammer nicht, wenn sie kein neues Leben zu versorgen hat. Die Samenanlagen sind deshalb auch viel kleiner. Diese Tendenz verstärkt sich weiter bei den blühenden Pflanzen, bei denen die Samenanlagen winzig werden: Hier finden wir das Gesetz der Organverkleinerung, eines der großen Geheimnisse des Lebens.

Der Prototyp eines samenbildenden Nadelbaumes, noch archaisch und dennoch typisch, ist die Eibe. Die Eibe ist jener Nadelbaum mit den dunkelgrünen Nadeln, den die Gärtner lieben, da er sich mit einer Gutmütigkeit beschneiden läßt, die man nur als außergewöhnlich bezeichnen kann. Daher auch die unglaublichsten Gestalten, die man ihn annehmen lassen kann: Er ist der Schmuck klassischer französischer Gärten, bildet – wie der Buchsbaum – Hecken oder Ziersträucher und ahmt durch den ihm oktroyierten Wuchs die unerwartetsten Formen, Dinge oder Szenen nach. Musset bewunderte die Gutmütigkeit – ja, man könnte fast sagen: die Folgsamkeit – der Eibe in seinen Gedichten: »Alte Satyrn, mürrische Säulen; kleine, alte Eiben, in Form von Zwiebeln; Schalen, Schachbrettern, Laubengängen . . .«

Wie beim Ginkgo oder dem Palmfarn sind auch bei der Eibe die Geschlechter getrennten Bäumen zugeordnet: Es gibt Monsieur und Madame. Monsieur gibt sich damit zufrieden, im Frühjahr Pollen zu bilden, mit denen er aber keineswegs sparsam umgeht. Bei der kleinsten Erschütterung verstreut er in einer Wolke gelben Staubes Millionen von Pollenkörnern, die vom Wind verteilt werden. Die Pollen werden von den weiblichen Bäumen aufgefangen und fallen, wenn sie Glück haben, auf die jungen Samenanlagen, die die weibliche Zelle tragen. Nach der Befruchtung verhärtet sich die Außenwand der Eizelle und beschützt den jungen Embryo, der, kaum daß er Gestalt angenommen hat, zu wachsen aufhört und in diesem Ruhezustand monatelang, manchmal sogar jahrelang verbleibt. Das Samenkorn ist erfunden.

Der Samen hüllt sich rasch in eine Art grüne, später leuchtend rote Tasche ein, die nichts anderes ist als eine fleischige Erweiterung der festen, zähen und schützenden Zellwand. Diese hübsche und süß schmeckende Umhüllung führt Tiere, zuweilen auch Kinder, in Versuchung, daran zu naschen. Die Samen durchwandern in kürzerer oder längerer Zeit den Darm und werden wieder ausgeschieden. Die Natur erweist sich hier als gute Mutter, denn obwohl die Eibe ein durch und durch giftiger Baum ist, ist ihre Frucht nicht giftig, solange der Samen ungeknackt bleibt. Im gegenteiligen Fall kann die Eibe tödlich wirken und hat schon schwere Unglücksfälle provoziert. Die Giftigkeit der Eibe war besonders bei den Griechen und Römern gefürchtet, so daß über diesen Baum die phantastischsten Geschichten kursierten. Die Gallier verehrten ihn wie die Mistel, kannten seine giftige Wirkung und verwendeten sein hartes Holz zur Herstellung von Bögen. Es scheint, daß sie auch ein Pfeilgift daraus herstellten, daher der lateinische Name *Taxus,* was aus dem griechischen *Toxon* kommt und soviel wie vergifteter Pfeil heißt. Die Begriffe »Pfeil« und »Gift« waren damals so ineinander verschmolzen, daß beide ein und dieselbe Bezeichnung hatten.

Nicht wegen ihrer Giftigkeit wird die Eibe oft auf Friedhöfen angepflanzt, sondern weil ihr immergrünes Nadelkleid und ihr hohes Alter – sie kann über zweitausend Jahre alt werden – Symbole sind für Sieg und Fortbestand des Lebens. Auch die Friedhofseiben haben ihre Geschichte: Sie werden beschuldigt, früher zur Dezimierung der Fuhrparks von Bestattungsinstituten beigetragen zu haben. Die Pferde, die den Leichenwagen zogen, nagten unvorsichtigerweise an diesem gefährlichen Baum und brachen plötzlich nach einem letzten herzzerreißenden Aufbäumen zusammen, um sich zu dem Toten zu gesellen, den sie gerade zu seiner Beerdigung gezogen hatten.

Allein durch Wuchs und Aussehen ist die Eibe zum Prototyp der Nadelhölzer bestimmt. Ihre in die Länge gezogenen, an der unteren Seite helleren und noch nicht ganz nadelförmigen Blätter erinnern an die Tannen. Die Tanne ordnet ihre Samenanlagen auf ganz andere Art als die Eibe an: Sie sammelt sie in aufrechtstehenden Zapfen. Die Zapfen sind erst grün, werden später braun und schützen die reifenden Eizellen an der Innenseite ihrer Schuppen. Erst wenn die Samen reif sind, blättern die Schuppen einzeln ab, und die Samen fallen auf die Erde.

Die Zeit der Samenreife kann bei den Nadelhölzern sehr lange dauern. Es können vom Augenblick der Befruchtung bis zum Augenblick der Reife und dem Aufgehen der Zapfen zwei Jahre vergehen, was in der Natur ohne Beispiel ist: Selbst der Elefant braucht nicht so lange zum Austragen seiner Jungen.
Tannen und Fichten bilden dichte, regelmäßig, ja, fast militärisch anmutende Nadelwälder, deren Holz von großem wirtschaftlichen Nutzen ist und deren Anpflanzung in den letzten Jahrzehnten stark gefördert wurde. Die Tanne wird allerdings heute von der Douglastanne, dem für den Westen von Nordamerika typischen Nadelbaum, weitgehend verdrängt. Die Douglastanne wächst sehr schnell und ist deshalb, von der wirtschaftlichen Seite her betrachtet, interessanter als die Tanne. Die Tanne ist ein typisches Schattengewächs, der junge Tannentrieb kann sich nur unter einem schützenden Blätterdach entwickeln, was sie für die Aufforstung abgeholzter Flächen untauglich macht. Deshalb sind auch die Schlachtfelder in den Vogesen, die vor dem Krieg 1914 mit Tannen bewachsen waren, mit Fichten aufgeforstet worden, einem der Tanne verwandten Baum, den man an seinen hängenden Zapfen und seinen spitzeren Nadeln erkennt. Die Fichte ist es auch, die mehr oder weniger die Rolle des Weihnachtsbaums übernommen hat.

## *Fichten im Übermaß*

Der Nadelwald, der sich zusammen mit der Birke in den höheren Lagen und den nördlichen Breiten angesiedelt hat, wie die riesigen Wälder in Skandinavien und Sibirien beweisen, stellt biologisch gesehen eine ziemlich karge Umwelt dar. Keine Graspflanze kann im finsteren Unterholz überleben, wo das für das Pflanzenleben so wichtige Licht fehlt und die abgestorbenen Nadeln toxische Substanzen in der Erde ablagern, die jedes pflanzliche Keimen verhindern. Diese Substanzen werden in Bächen und Flüssen fortgeschwemmt, die alle, nachdem sie Nadelwälder durchlaufen haben, vergiftet sind. Daher auch die Fischarmut in Wasserläufen, die lange Strecken dieser Wälder durchqueren müssen. Jetzt versteht man auch, warum sich die Ökologen mit solchem Eifer dem unüberlegten Aufforsten der Fichte entgegensetzen. Die Fichte, die auf beunruhigende Art und Weise in zahlreichen Gebieten überhandgenommen und die Laubbäume verdrängt hat, stört die natürliche Harmonie der Landschaft sowie das Gleichgewicht der Natur.

Wenn die Nadelhölzer auch in Rekordzeit beachtliche Holzmengen liefern, haben sie den Laubbäumen gegenüber den großen Nachteil, äußerst sensibel auf Umweltverschmutzungen zu reagieren. Da die europäischen Nadelhölzer bis auf die Lärche ihre Nadeln im Winter nicht abwerfen, sondern jahrelang halten, sind diese den schädlichen Einflüssen der Luftverschmutzung oft über Jahre hinweg ausgesetzt. Daher auch das auffallende Zurückgehen oder Sterben der Wälder in zahlreichen Industriegebieten und in der Nähe großer Städte, wo es den Nadelhölzern am schwersten fällt, sich zu halten. Die Luftverschmutzung in London hat es für lange Zeit unmöglich gemacht, die Tanne im berühmten Botanischen Garten Kew zu kultivieren, und der Gesundheitszustand der Nadelbäume im Wald von Vincennes, den die starken Westwinde aus Paris überqueren, läßt sehr zu wünschen übrig. Die Laubbäume, die jedes Jahr ihr Blätterkleid erneuern, entledigen sich ihres Laubes, ehe dieses vergiftet abstirbt, und sind deshalb viel besser ausgerüstet, in Städten oder dichtbesiedelten Gegenden zu leben.

Unter den Nadelbäumen ist die Kiefer am robustesten. Es gibt viele Kiefernarten, und man erkennt sie hauptsächlich an der Form und Anordnung ihrer Nadeln. Die junge Kiefer weist eine in der Pflanzenwelt seltene Eigenart auf: Sie entwickelt systematisch jedes Jahr alle ihre Knospen gleichzeitig, was ihr ein sehr regelmäßiges, pyramidenförmiges Aussehen verleiht, zumindest in jungen Jahren.

Wie bei der Tanne und der Fichte, im Unterschied zum Ginkgo und Palmfarn, werden die männlichen und weiblichen Geschlechtsorgane bei der Kiefer vom selben Baum getragen. Wir nähern uns bereits etappenweise den höherentwickelten Pflanzen, bei denen die Bisexualität zur Regel wird. Die männlichen Zapfen, winzig und zahlreich, verstreuen Pollen in erstaunlichen Mengen. Mehr als eineinhalb Millionen Pollenkörner produziert zum Beispiel der Zapfen der Schwarzkiefer. Diese Pollen werden vom Winde verweht, der sie über große Strecken, ja sogar in Höhen bis zu viertausend Metern über das Mittelmeer hinweg tragen kann. Zu dem Zweck hat die Natur das Pollenkorn, das die Spermatozoiden trägt, mit zwei winzigen Ballons ausgestattet, die Flügel bilden und sich gut für die Reise durch die Luft eignen. Sich in so enorme Höhen zu wagen stellt ein großes Risiko dar, weil die ultravioletten Strahlen schädlich sind und die Keimfähigkeit der Pollen vernichten.

Die weiblichen Zapfen der Kiefer reifen für gewöhnlich in zwei Jahren und tragen dann Samen, von denen einige Arten – wie die der Pinie – sogar eßbar sind. Die Verschwendung an Samenkörnern ist fast ebensogroß wie die Verschwendung an Pollen. Die Gemeine Kiefer oder Föhre produziert jedes Jahr neun Kilogramm Zapfen, das sind zwanzigtausend Samen, von denen höchstens zwei zu einem Baum heranreifen.

Jede Kiefernart besitzt ihre eigene Form und hat ihr charakteristisches Aussehen. Wir würden kein Ende finden, wollten wir die Litanei der Kiefern herunterbeten, die fast so reichhaltig an Namen ist wie die der Heiligen: Die Pinie, nicht wegdenkbar aus der mediterranen Landschaft, ruft das antike Rom in Erinnerung – mit seinen Landschaften, seinen Gärten und seinen Foren. Die Aleppokiefer mit ihrem schmächtigen gewundenen Wuchs, die sich mit dem kargsten und trockensten Boden zufriedengibt, ist ebenfalls sehr häufig im Mittelmeerraum anzutreffen. Aus ihrem Unterholz, aus dem das Zirpen der Grillen summt, leuchten die kleinen rotvioletten Zapfen hervor. Die Föhre ist zweifellos die am weitesten verbreitete Art, da sie mit Abermillionen von Hektaren die vorherrschende Vegetation in den großen Wäldern des Nordens ist. Sie hat um unseren Planeten einen riesigen Waldgürtel gelegt, der bis zum Polarkreis reicht. Die Zirbelkiefer wächst in den hohen Bergregionen und ist leicht an ihren in Fünfergruppen angeordneten Nadeln zu erkennen. Im westlichen Mittelmeerraum findet man die Strandkiefer, deren Harz zur Terpentingewinnung verwendet wird. Die Kanarische Kiefer, besonders dekorativ durch ihre extrem langen und feinen Nadeln, die ihr ein ziemlich zerzaustes Aussehen verleihen, findet sich in den lichten Bergwäldern der Kanarischen Inseln, deren Aussehen sie entscheidend beeinflußt.

## *Die Riesen des Pflanzenreiches*

Zu den Nadelbäumen gehören auch die Giganten der Pflanzenwelt, nämlich die Mammutbäume *(Sequoia)* aus dem amerikanischen Westen. Der Mammutbaum ist früher auch in Europa heimisch gewesen, jedoch seit der Eiszeit, im Verlauf der letzten an Naturkatastrophen so reichen Millionen Jahre nahezu ausgestorben. Heute werden diese Bäume in den Naturschutzgebieten Kaliforniens wie kostbare Reliquien gehalten. Mit einem Stammesumfang von zehn bis zwölf Metern und einer Höhe von mehr als einhundertzwanzig Metern überragen sie die Spitzen gotischer Kathedralen. Sie sind die höchsten Bäume der heutigen Flora. Fotografien aus dem letzten Jahrhundert, als diese Bäume noch geschlagen werden durften, vermitteln eine Ahnung ihrer beeindruckenden Dimensionen: Da gibt es zum Beispiel ein Bild von einem Zug mit dreißig Waggons, jeder Waggon ist mit einem riesigen Holzklotz beladen, und alle Klötze auf dem ganzen Zug sind von ein und demselben Baum. Oder ein Foto von Holzfällern, die sich rund um den Stamm eines Mammutbaumes stellen müssen, um ihn umfassen zu können. Die Amerikaner haben den schönsten Exemplaren dieser »Big Trees« Spitznamen gegeben wie »General Grant«, »Die drei Schwestern« oder »Die Schildwache«. Auf einem Mammutbaum, in den zehn Meter über dem Erdboden der Blitz eingeschlagen und ihn gespalten hatte, hat man einen Tanzsaal gebaut. Unter einem anderen führt eine Straße hindurch, die Autos fahren durch einen Tunnel, den man in den Stamm geschlagen hat.

Die Mammutbäume in Europa, die aus Amerika eingeführt und in Parkanlagen angepflanzt worden sind, haben erst eine Höhe von fünfzig Metern erreicht.

Die Langlebigkeit der *Sequoia* ist genauso außergewöhnlich wie ihre Größe, die ältesten sind bis zu drei- und viertausend Jahre alt, wie man anhand der Jahresringe gewisser Exemplare abzählen konnte. Älter als Rom, Athen oder Persepolis, halten diese Bäume, Zeitgenossen von Salomon, doch nicht den Rekord der Langlebigkeit in der Pflanzenwelt. Der langlebigste Baum ist die kalifornische Grannenkiefer *(Pinus aristata)*, deren außergewöhnlich langsames Wachsen zweifellos etwas mit ihren sehr hoch gelegenen Verbreitungsgebieten in der Sierra Nevada zu tun hat. Einer dieser Bäume hat, nach Anzahl der Jahresringe zu

schließen, 4600 Jahre gelebt und hält damit den absoluten Weltrekord unter den Lebewesen. Er war tausend Jahre alt, als Abraham geboren wurde und hatte schon den Höhepunkt seines Lebens überschritten, als Jesus Christus zur Welt kam.
Der majestätischste Baum unter den Nadelhölzern in Europa ist die Zeder, von der der Raubbau früherer Jahrhunderte nur wenige Reste überließ. Die Libanonzeder, aus deren Holz der Tempel von Salomon erbaut wurde, ist fast vollständig aus ihrer Heimat verschwunden, die sie als symbolische Erinnerung auf ihrer Fahne trägt. Nur im Atlasgebirge und im Himalaja gibt es noch reiche Zedernvorkommen.
Der Großteil aller Nadelbäume wächst in den höheren Lagen oder nördlichen Breiten, auf Bergen oder in kalten Regionen, weil sie die beachtliche Fähigkeit haben, niederen Temperaturen zu trotzen und sich eine Art verlangsamte Lebensart zugelegt haben, ohne damit ihr Äußeres im geringsten verändern zu müssen. Im Winter, wenn der Boden festgefroren ist, stoppen Tannen, Fichten und Kiefern ihre Wasserverdunstung und schützen sich davor, auszutrocknen, zu welken und abzusterben, Laubbäume schützen sich, wie wir gesehen haben, auf andere Art vor Kälte und vertrocknen, indem sie einfach ihre Blätter abwerfen, die ihnen durch Verdunstung Wasser entziehen, wodurch sie welken und sterben würden. Bei den Nadelhölzern haben lediglich die Lärche und die Sumpfzypresse die Eigenart, den Winter wie die Laubbäume zu überbrücken: Im Herbst werfen sie ihre Nadeln ab, stellen sich sozusagen tot, um sich im Frühjahr erneut mit einem zartgrünen Nadelkleid zu schmücken.
Einige Nadelbäume gedeihen jedoch auch in heißen und gemäßigten Zonen. Dies ist zum Beispiel bei der Zypresse der Fall, deren Früchte kugelförmige Zapfen bilden. Ihre Schuppen nehmen oft die regelmäßige Form eines Polyeders an, so daß die Römer und Griechen sie als Modell für diese geometrische Figur genommen haben. Dies ist auch beim Lebensbaum der Fall, der urnenförmige Zapfen hervorbringt. Die Zypresse und der Lebensbaum *(Thuja)* sind, ebenso wie die verschiedensten Wacholdersträucher, charakteristisch für die mediterrane Welt. Diese Nadelholzarten haben keine Nadeln mehr, sondern winzige Blättchen, die dachziegelartig an den Ästen sitzen. In dichten Hecken angepflanzt, bilden Zypresse und Lebensbaum einen ausgezeichneten Windfang, mildern die Häßlichkeit zersiedelter Land-

schaften und verbergen städtebauliche Fehler, indem sie sie in die Landschaft integrieren. Besonders in Südeuropa, wo sie gerne angepflanzt werden, verleihen sie den Kirchen und Kapellen, Friedhöfen, Parks und Gärten ein besonderes Gepräge.
Andere Arten – wie die dekorative Andentanne *(Araucaria)* – sind charakteristisch für die südliche Hemisphäre. Heute werden jedoch die Andentannen auch bei uns in vielen Gärten und Parkanlagen angepflanzt. Die bekannteste davon ist die *Araucaria imbricata.* Ihre Äste mit den dachziegelartig übereinandergreifenden, stechenden Nadeln sind sehr unangenehm, wenn man sie berührt, aber sie ist trotz ihres etwas manierierten Aussehens äußerst dekorativ.
Den Nadelhölzern ist es, wie man sieht, gelungen, sich den unterschiedlichsten Umweltbedingungen anzupassen. Einige Arten – wie die Krummholzkiefer – haben es geschafft, auf morastigem Boden und im Torfmoor zu leben, andere wieder kolonisieren reine Wasserlandschaften – wie die Sumpfzypresse *(Taxodium)* –, deren Wurzeln sich auf der Wasseroberfläche ausbreiten und so die Sauerstoffversorgung des Baumes gewährleisten.

## *Eine dem Untergang geweihte Welt*

Trotz ihres relativ großen Vorkommens in der Vegetation stellen die Nadelbäume, die sich in vorgeschichtlicher Zeit noch in unendlichen Weiten ausdehnten, eine im Verfall begriffene Gruppe dar. Man zählt sechs- bis siebenhundert verschiedene Arten bei den Nadelhölzern, dagegen an die 250000 bei den blühenden Pflanzen. Gewisse Gattungen – wie die Kiefer und die Fichte – werden in derart großen Mengen angepflanzt, daß sie den Eindruck einer bald überall vorherrschenden Omnipräsenz erwekken. In Wirklichkeit ist der Nadelbaum im Rückzug begriffen. Unter dem Druck des letzten großen Pflanzenreiches, nämlich der blühenden Pflanzen, mußte ein Großteil in ein strenges Klima, sei es ins Gebirge oder in kältere Zonen, ausweichen. Dieser allgemeine Rückzug ist zweifellos auf ihre äußerst mangelhafte Fähigkeit zurückzuführen, ihre Samenanlagen genügend zu schützen, die von keiner Schutzhülle umgeben sind. Der Vorzug der blühenden Pflanze liegt in ihrer Fähigkeit, ihre Samenanlagen in teilweise sogar zahlreichen Schutzhüllen hermetisch ein-

zuschließen, was ihr einen nicht unwesentlichen Vorteil im Konkurrenzkampf verschafft, den sich die Pflanzen sowie alle Lebewesen liefern.
Indem sie ihre Samenkörner in geschlossenen Fruchtknoten hält, die nach der Befruchtung eine Frucht bilden, sichert sich die blühende Pflanze unter anderem eine perfekte Verteilung ihrer Samen; sei es nun, daß die Früchte von Vögeln oder Tieren gefressen und die Samen an einem anderen Ort wieder ausgeschieden werden, sei es, daß sie vom Winde verweht werden und sich im Fell von Tieren festsetzen. Nichts davon bei den Nadelbäumen, die keine nennenswerten Früchte hervorbringen und bei denen die Ausstreuung dadurch erfolgt, daß sie ihre Samen einfach durch den Einfluß der Schwerkraft, nämlich das Gewicht ihrer Zapfen, auf die Erde fallenlassen.
Die Nadelhölzer haben noch einen weiteren Nachteil, und zwar den Aufbau ihres Zirkulationssystems. Der Saft zirkuliert nicht durch Gefäße, die aus perfekt ineinandergeschachtelten Zellen bestehen, sondern durch eine Art Leitgewebe *(Tracheiden)*, das viel enger ist und in dem das Wasser Querwände überwinden muß, die jede Zelle von ihrer Nachbarzelle trennen. In diesem unvollkommenen Kanalisationssystem kann das Wasser nicht schneller als einen halben bis zwei Zentimeter pro Minute fließen, während es in den perfekten Gefäßen der blühenden Bäume weitaus schneller zirkuliert: bei der Buche sieben, bei der Eiche siebzig Zentimeter in der Minute und bis zu zweieinhalb Metern bei den großen tropischen Kletterpflanzen.
Die Nadelbäume weisen jedoch noch einen dritten erheblichen Nachteil auf. Während sich die Graspflanzen jedes oder jedes zweite Jahr fortpflanzen und deshalb weniger anfällig sind für Unfälle jeglicher Art, brauchen die Nadelbäume manchmal bis zu dreißig Jahren, ehe sie Samen bilden, und gehen damit das Risiko ein, abzusterben, noch bevor sie für Nachkommenschaft gesorgt haben. Als Welt von gestern, nicht von morgen, zeugen Nadelbäume wie Farne von weit zurückliegenden Epochen, in denen die Erde noch ohne Blütenpflanzen, ohne Säugetiere und ohne Menschen und von dichten Wäldern umhüllt war, in denen die Kontinente noch nicht ihre heutige Form angenommen hatten und die größten und hervorragendsten Erfindungen der Natur noch im Schoße der Zukunft schlummerten.

## 6. Kapitel

# Der Architekt und die Blüte

### *Mietshaus oder individueller Bungalow*

Von den Algen zum Moos, weiter zu den Farnen und schließlich zu den Nadelhölzern sind die pflanzlichen Zivilisationen auf unserem Planeten genauso aufeinandergefolgt, wie dies später, allerdings in einem schnelleren Rhythmus, bei den menschlichen Zivilisationen der Fall war. Jede einzelne vergangene Zivilisation hat ihre Spuren in der Erdrinde zurückgelassen. Wie die Archäologen durchwühlen auch die Botaniker und Geologen die Erde, graben Versteinerungen aus und rekonstruieren pflanzliche Zivilisationen früherer Zeiten, die alle, jede zu ihrer Zeit, eine Stunde des Triumphes gekannt haben. Die Botanik schreibt die Geschichte der großen pflanzlichen Zivilisation, wie die Historiker die Geschichte der menschlichen Zivilisation schreiben. Dazu stützt sie sich auf Beweisstücke: nicht nur auf Fossilien in Stein oder Kohle, sondern auch auf Überreste dieser Zivilisationen in der gegenwärtigen Vegetation, die sich in Form archaischer Pflanzen oder »lebender Fossilien« auf manchmal wundervolle Weise bis heute erhalten haben. In einigen Fällen haben große, heute noch lebensfähige Gruppen archaischer Pflanzen, wie zum Beispiel die Farne, geologische Kataklysmen überlebt, die die meisten ihrer Zeitgenossen hinweggerafft hatten: Sie bezeugen in unserer heutigen Welt, wie die Vegetation der Urzeit, von der wir uns keine rechte Vorstellung machen können, ausgesehen haben könnte.

Keine dieser alten Zivilisationen dominiert mehr die Welt. Die blühenden Pflanzen haben schließlich mit einer unwiderstehlichen Gewalt, die vor über hundert Millionen Jahren eingesetzt hat und immer noch wächst, alles überschwemmt. Sie sind heute die Herren der Erde. Vom tropischen Urwald bis zum Wald in den gemäßigten Zonen, von der Savanne über die Steppe bis zur Wüste, von der Wiese über die Heide bis zur Prärie, überall dominiert die blühende Pflanze in der Landschaft.

Die heutige Flora muß immer in ihrer historischen Perspektive gesehen werden, da in ihr Exemplare der verschiedensten Zivilisationen vertreten sind. Nicht alle Pflanzen, die wir sehen, haben denselben Ursprung, dieselbe Geschichte, den gleichen Entwicklungsstand erreicht, selbst wenn sie am selben Ort, zur selben Zeit und scheinbar in bester Eintracht zusammenleben. Es ist etwa so wie bei den Menschen in Brasilien, die in sukzessiven Wellen in jenes Land strömten und heute in einer Vielzahl von Rassen, Kulturen und Zivilisationen friedlich nebeneinanderleben.

Die Geschichte der Menschheit wiederholt in Kurzfassung die Geschichte der Pflanzen: Sie läßt auf unserer Erde Menschengruppen unterschiedlichsten Alters und unterschiedlichster Kulturen zusammenleben. Ist es nicht bezeichnend, daß man ausgerechnet an dem Tag, an dem die Amerikaner zum erstenmal den Mond betreten haben, in Kolumbien einen Indianerstamm aus der Steinzeit entdeckte? Kann man nicht in wenigen Stunden Ozeane und Kontinente überqueren, um Menschen aus einer anderen Zeit zu entdecken, und gibt es nicht Orte, die weniger durch ihre Entfernung als durch einen Sprung in der Zeit getrennt sind? Während die einen die Eroberung des Weltraumes angehen, leben andere in ihren Steppen und Bergen das Leben der Bauern und Hirten vergangener Jahrtausende. Wieder andere sind in ihren Wäldern erst beim Bronzezeitalter angelangt – oder leben gar noch in der Steinzeit. So wie es das Reich der blühenden Pflanzen mit den früheren Pflanzenzivilisationen gemacht hat, so breitet sich heute die industrielle Zivilisation über die ganze Welt aus und verdrängt die primitiven Gesellschaften, die für den Konkurrenzkampf weniger gut ausgerüstet sind und dem Druck immer mehr nachgeben.

Das nennt man den Fortschritt. Gewiß. Aber ist es auch wirklich ein Fortschritt? Die Antwort, die uns die Natur gibt, ist eindeutig: Von der grauen Vorzeit bis zur heutigen Zeit, von der Bakterie oder vom Dinosaurier bis zum Menschen, vom Moos bis zur Orchidee – der Fortschritt ist nicht zu übersehen. Schließlich hat er im Menschen seinen Höhepunkt erreicht. Mit dem Menschen taucht zum erstenmal in der Geschichte die Fähigkeit auf, der Welt ein besonderes Gesicht zu geben, den Lauf der Evolution selbst zu bestimmen und die unbekannten und immer wieder eintretenden Veränderungen des Lebens zum eigenen Vorteil zu nutzen. Aber der Mensch hat auch die Freiheit, sich zu zerstören, alles zu zerstören – die Pflanze nicht. Das ist der ganze Unterschied ... Und schon sieht man, daß das kleine Spiel, den Menschen mit der Pflanze zu vergleichen, auch seine Grenzen hat.

Die Pflanzen haben im Verlauf ihrer Geschichte nicht aufgehört, ihre Fortpflanzungssysteme mehr und mehr zu perfektionieren. Das kann man vom Menschen schwerlich behaupten. Bis auf kleinere kulturelle Unterschiede pflanzt er sich noch genau wie die Säugetiere fort, zu denen er gehört. Was sich bei ihm höher entwickelt, sind seine Technologien, seine sozialen Organisationen, seine Fähigkeit, sich in seinem Lebensbereich zu behaupten und seine Umwelt zu beherrschen. Aber seine eigentliche biologische Natur hat sich nicht verändert. Sein Gehirn, in dem sich Urteilskraft und Verstand immer unversöhnlicher den Gefühlen gegenüberstehen, ist noch das gleiche wie das seiner Vorfahren aus der Jungsteinzeit – Pessimisten würden sagen: aus der Altsteinzeit. Es gibt seinem Herrschaftsinstinkt die furchtbarsten und entsetzlichsten Waffen in die Hand. Das ist noch keiner Pflanze, keinem Tier gelungen! Während die pflanzlichen Zivilisationen ihre Kraft, zu dominieren und sich zu verbreiten, auf die Perfektion ihrer Fortpflanzungsart gründen, perfektioniert die menschliche Zivilisation ihre technischen Mittel, um andere Völker, wenn nicht die ganze Welt oder die gesamte Natur, ihrem Machtinstinkt zu unterwerfen. Menschen sind Eroberer wie die Pflanzen, nur daß sie sich nicht derselben Mittel bedienen, obwohl auch die Fruchtbarkeit einer Rasse einen entscheidenden Faktor für die Verbreitung einer Zivilisation darstellt. Weder Pflanze noch Mensch noch Tier können sich über den kategorischen Imperativ des Lebens hinwegsetzen: die Notwendigkeit, zu überleben.

Woher kommt eigentlich der Erfolg der letzten großen pflanzlichen Zivilisation, der der Blütenpflanzen? Zweifellos ist er auf zwei große Vorteile, die sie ihren Vorgängern voraushaben, zurückzuführen. Ihr erster großer Trumpf ist, daß sie die Idee hatten, ihre Eizelle in ein geschlossenes Organ, nämlich den Fruchtknoten, einzuschließen. Auf diese Weise wird die Eizelle, kostbares Erbgut aus der vorhergehenden Zivilisation der Nadelhölzer, vor dem unersättlichen Appetit der Tiere geschützt. Sie genießt nun einen sicheren Schutz, um den sie primitivere Pflanzen beneiden können, deren nackte Eizellen allen Gefahren ausgesetzt sind. Der zweite große Vorteil der Blütenpflanzen ist ihre Fähigkeit, den Transport ihrer Pollen durch Insekten zu organisieren, was die Chancen einer Befruchtung erheblich erhöht. Die Blüte ist das bevorzugte Instrument dieser neuen Strategie.

Entscheidend ist also die Weiterentwicklung ihrer Fortpflanzungsmethoden, was den Transport der männlichen und den Schutz der weiblichen Anlagen betrifft: Ihr verdanken die Blütenpflanzen die Herrschaft über die nichtblühenden Pflanzen. Beide Phänomene kann man übrigens auch als gegenseitige Anpassung betrachten, da der Fruchtknoten, die neue Schutzhülle der Eizelle, erst in dem Moment für die Blüte unentbehrlich wird, in dem sie die Insekten angelockt hat und sich ihrem unersättlichen Appetit anbietet. Und das um so mehr, als die ersten Gastinsekten, grasfressende Käfer, besonders gefährlich waren. Die Blüte mußte erst lernen, vor ihnen auf der Hut zu sein, sich zu verteidigen – und sich ihrer zu bedienen. Hier beginnt die lange Geschichte gegenseitiger Anpassung zwischen Insekt und Blüte, eine der aufregendsten Geschichten, die das Leben geschrieben hat und die bis zu den kompliziertesten Anpassungsleistungen führt, die man auf dem Höhepunkt der Evolution bei den Orchideen antrifft. Doch zuerst mußte die kostbare Eizelle verteidigt werden.

Wenn die Natur schon nicht sparsam mit ihren Pollen umgeht, so spart sie doch mit ihren Eizellen. Eine verspeiste Eizelle bedeutet: ein Samenkorn weniger, eine Pflanze weniger. Indem sie sie in eine hermetisch verschlossene Schutzhülle, den Fruchtknoten, legt, vermindert die Pflanze die Gefahr. Durch diese Entwicklung wird das Insekt plötzlich zum Verbündeten der Pflanze im Konkurrenzkampf, den sie mit den niederen Pflanzen auszufechten hat. Das Insekt wird die Pollen transportieren und diese Aufgabe nicht mehr dem Zufall des Windes überlassen, diesem unzuverlässigsten, extravagantesten und unbewährtesten aller Transportunternehmen. Denn mit dem Wind ist es wie mit dem Geist. Man weiß nie genau, woher er kommt, noch wohin er weht. Ihm Pollen anzuvertrauen hieße, ein großes Risiko einzugehen.

Der Konkurrenzkampf zwischen den neu aufgetretenen blühenden Pflanzen und ihren weniger weit entwickelten Vorfahren spielte sich anfangs in den tropischen Regionen ab, in denen sie zuerst erschienen sind. Erst später machten sie sich in Richtung Nord- und Südpol auf die Wanderschaft, um dann in etwa fünfzig Millionen Jahren die ganze Welt zu erobern.

Die Blütenpflanzen haben sich nicht damit begnügt, ihre Eizellen in Fruchtknoten einzusperren. Sie haben den gesamten Fortpflanzungsapparat ihrer Vorfahren perfektioniert, bis er den Namen »Blüte« verdiente.

## *Der Blüte ihren Zauber nehmen*

Die Blüte ist das Geschlechtsorgan der Pflanze. Diese simple Feststellung wäre von unseren Vorfahren überhaupt nicht verstanden worden, da die Sexualität der Pflanzen bis vor ein paar Jahrhunderten unbekannt war. Andrea Cesalpino, Arzt des Papstes Clemens VIII. und begabter Botaniker, hatte, wie es scheint, eine erste dahin gehende Erkenntnis. Er suchte nach pflanzlichen Strukturen und Verhaltensweisen, die analog waren zu denen der Tiere. Daher seine Idee, daß auch Pflanzen ein Geschlechtsleben haben könnten. Ein absolut unbegreiflicher Gedanke für unsere Vorfahren, die allerdings seit jeher die künstliche Bestäubung des Feigen- und Dattelbaums kannten, ohne sich darüber klar zu werden, daß es sich dabei um einen Geschlechtsakt handelt. Nur der griechische Philosoph und Naturforscher Theophrast, obwohl nicht mehr als ein mittelmäßiger Beobachter, glaubte, ein Phänomen sexueller Art darin sehen zu müssen.

Antike und Mittelalter hätten sich auch schwergetan, die pflanzliche Geschlechtlichkeit zu erkennen, wo sie ihre eigene menschliche Geschlechtlichkeit noch nach Art der Bauern begriffen: Der Mann legt seinen Samen in den Schoß der Frau, wie der Bauer ihn in die Erde legt. Von der Existenz der weiblichen Zelle, die zur Hälfte an der Bildung neuen Lebens beteiligt ist, wußte man aber überhaupt noch nichts. Man war der Ansicht, daß der Mann allein Samen hervorbringt und daß der berühmteste und fruchtbarste Samen aus Abrahams Schoß stammte. Erst das mit der Entdeckung Amerikas verbundene Aufkommen der Syphilis hat zu einem eingehenderen Studium der Sexualität geführt. So erkannte 1676 der englische Botaniker Nehemiah Grew, von einigen Hinweisen seines Kollegen Mellington angeregt, in den Staubfäden die männlichen Organe der Blüte. Im darauffolgenden Jahr entdeckte Van Leeuwenhoek die Spermatozoiden. 1694 konnte der Deutsche Camerarius mit seinen berühmten Rizinus- und Maisexperimenten den unwiderlegbaren Beweis für die Geschlechtlichkeit der Pflanzen erbringen. Nur die Franzosen blieben noch lange skeptisch. So sah Tournefort noch im Jahre 1700 in den Samenkörnern nichts anderes als die Exkremente der Pflanzen. Er verwechselte also ihre Fortpflanzungs- und Ausscheidungsfunktionen, die bei den Menschen tatsächlich miteinander gekoppelt sind. Erst im Jahr 1716 veröffentlichte der Franzose Vaillant seine Beobachtungen über das Geschlechtsleben der Pistazie, zweiundzwanzig Jahre nach Camerarius und vierzig Jahre nach Grew …

Im Sprachgebrauch hatten die Pflanzen allerdings schon lange vor Camerarius ein Geschlecht, was jedoch nur Ausdruck des analogen Denkens einer in der Tradition verhafteten Gesellschaft war und die Theorie bekräftigte, nach der man glaubte, daß das Geschlecht der Pflanzen aufgrund gewisser äußerer Merkmale zu erkennen sei. So teilen heute noch verschiedene Volksgruppen in Afrika einander ähnliche Pflanzen aufgrund bestimmter Kennzeichen in Paare ein: Eine grasartige Pflanze mit scharfen Blättern wird, im Vergleich zu einer anderen mit weichen Blättern, männlich genannt. Dagegen wird dieselbe Pflanze weiblich, wenn man sie mit einer anderen ihr ähnlichen Pflanze vergleicht, die jedoch noch scharfkantigere Blätter hat. Das Geschlecht einer Pflanze ändert sich also je nach dem jeweiligen Partner. Bei dieser seltsamen Dreierbeziehung muß das in der Mitte liegende Exemplar eine bisexuelle Rolle spielen. Indem man die Kultur des Menschen symbolisch in die Natur übertrug, wurden den Pflanzen, ähnlich wie den Göttern in der griechischen Mythologie, menschliche Sitten und Verhaltensweisen zugeschrieben. Dabei muß es nicht immer zu einer einseitigen Hervorhebung männlicher Eigenschaften und Symbole kommen. Andere Volksgruppen bevorzugen ganz im Gegenteil das weibliche Geschlecht, dem sie als Symbol der Fruchtbarkeit huldigen. Die Gbayas in Zentralafrika teilen ihre medizinischen Pflanzen in Paare von Mann und Frau ein, wobei die Trennung der Geschlechter teils nach formalen Merkmalen, teils nach Umweltfaktoren erfolgt. Zwei Exemplare, die sich ähneln oder zur gleichen Zeit, am selben Platz und unter denselben Bedingungen (auf der verbrannten Erde nach einem Steppenbrand zum Beispiel) wachsen, bilden ein Paar. Bei diesen Paaren ist es jedoch immer der Mann und nicht die Frau, der Schwächen aufweist: Entweder ist er nicht sehr kräftig, nicht sehr widerstandsfähig oder überhaupt inaktiv. Dies ist eine seltsame Übertragung der geringeren männlichen Widerstandsfähigkeit in die Pflanzenwelt. Denn in Wahrheit ist ja der Mann das schwache Geschlecht. Er lebt weniger lang, ist nicht so anpassungsfähig und kann physischen und psychischen Schmerz weniger gut als die Frau ertragen. Diese ihm angeborenen Schwächen kompensiert er allerdings durch seine Vormachtstellung in der Gesellschaft und die Überzeugung von seiner eigenen Überlegenheit.

Wie bei dem Beispiel des Grases mit den scharfkantigen Blättern kommt es vor, daß die Tradition einer Pflanze allein aufgrund ihrer äußeren Gestalt ein männliches oder weibliches Geschlecht zuschreibt. Man unterscheidet etwa den männlichen und den weiblichen Farn, wobei jener Farn männlich ist, der im Vergleich zu seiner Partnerin größere und weniger fein ziselierte Blätter hat. Natürlich haben diese Unterscheidungsmerkmale nichts mit der Sexualität des Farnes zu tun, der sich – wie wir wissen – durch Sporen vermehrt, aus denen ein *Prothallium* entsteht, auf dem sich beide Geschlechter befinden. Es gibt also genaugenommen weder einen männlichen noch einen weiblichen Farn. Andererseits hat man kürzlich erst entdeckt, daß ein oral verabreichter Tropfen des aus dem »männlichen« Farn gewonnenen Saftes, der in der Medizin schon lange als wurmabtreibendes Mittel verwendet wird, bei männlichen Mäusen und Ratten zu einer enormen Vergrößerung des Penis führt. Haben unsere Vorfahren diese seltsame Wirkung schon gekannt? Man weiß es nicht. Fest steht nur, daß der Saft dieses Farnes die Potenz der Nagetiere erhöht. Vielleicht wird er schon morgen ein echtes Aphrodisiakum der Menschen sein?

Wie wir gesehen haben, war die Sexualität der Pflanzen nicht wie die der Menschen jahrhundertelang für tabu erklärt. Ihre Sexualität, die sich im verborgenen und im stillen abspielt, galt als rein und harmlos. Kurz, eine Sexualität, die für Kinderbücher geeignet war! Die Befruchtung der Tulpen oder Hyazinthen ist doch so wenig kompromittierend – und das leise Verstreuen der Samen ein so schönes Beispiel für eine schmerzlose Geburt! Noch im achtzehnten Jahrhundert wurde die Botanik sittsam als »liebenswerte Wissenschaft« bezeichnet. Dabei wurde übrigens nur eine Tradition aus der Antike übernommen, nach der die Blüte das immerwährende Symbol für Reinheit und Jungfräulichkeit darstellt. In der heutigen Sprache kommt das noch im Wort *deflorieren* (wörtlich: verblühen) zum Ausdruck, eine »blumige« Umschreibung für entjungfern. Besonders reine Menschen wurden in den antiken Legenden in Blumen verwandelt, womit man ihre Jungfräulichkeit für immer zu erhalten glaubte, sei es, daß diese von ihnen selbst bedroht war – wie im Fall des Narziß, der sich in sein eigenes Spiegelbild verliebte –, sei es, daß die Götter selbst als Versucher auftraten. Auf diesem Gebiet tat sich natürlich Apoll besonders hervor: Die Nymphe Daphne verwandelte sich in einen Lorbeerbaum, um seinen Zudringlichkeiten zu entkommen, und der schöne Jüngling Hyazinth nahm mit Hilfe von Zephir, einem seiner Liebhaber, die Gestalt der Hyazinthe an, als der in Liebe entflammte Apoll ihn versehentlich mit der Diskusscheibe erschlug. So bevölkern Apollgeschädigte beiderlei Geschlechts in Form von Blumen die himmlischen Gärten.
Der französische Schriftsteller Marc Oraison erfaßt den Kernpunkt der Sache, wenn er sagt:

> Es gibt kein Fest, keine Feier, keinen erhabenen Augenblick ohne Blumen. Der Austausch von Blumen sowie der Handel mit Blumen spielt eine bedeutende Rolle in den menschlichen Beziehungen. Vieles läßt sich besser »durch die Blume sagen«. Ob nun Dank, Huldigung, Entschuldigung, Ankunft oder Abschied, alles bekommt durch die Orchideen der Reichen oder die Veilchen der Armen ein anderes Gesicht.
>
> Die Blumen sprechen eine für Spezialisten stark nuancierte Sprache. Jede Art hat ihre eigene symbolische Bedeutung, und jedes Kind weiß, daß eine Lilie in der Hand einer Statue deren Reinheit symbolisiert.

Aber sind nicht die Blumen die Geschlechtsorgane der Pflanzen? Niemand käme auf die Idee, seinen Dank für einen geleisteten Dienst durch die Geschlechtsteile eines Stieres oder einer Katze auszudrücken.
Wir machen hier einen Unterschied, der trotz allem erstaunlich ist, obwohl er so sehr in der Natur der Dinge liegt, daß man ihn gar nicht mehr beachtet. Das, was bei den Pflanzen ostentativ gezeigt, kultiviert und zum Gegenstand einer wahrhaft exhibitionistischen Haltung gemacht wird (wie bei einer Blumenschau zum Beispiel), all das, was ihre Pracht und Herrlichkeit ausmacht, wird bei den Tieren verdrängt und verschwiegen. Man bewundert eine Dahlie mehr um ihrer Blüten als um ihrer Gestalt willen; aber man bewundert einen Rassehund um seiner Gestalt und seiner Eigenschaften und nicht um seiner Geschlechtsteile willen. Das geht so weit, daß manche Tiere »veredelt« werden, indem man sie kastriert . . .
(*Le Mystère de la Sexualité*, Paris 1968)

Diesen amüsanten Ausführungen möchte ich hinzufügen, daß der Exhibitionismus, der im Pflanzenreich vorherrscht, noch viel verbreiteter in der heutigen Gesellschaft ist: Die totale Veramerikanisierung der Mode mit ihren hautengen Jeans und den enganliegenden T-Shirts hat nicht zum Ziel, den Sex zu verbergen, sondern ganz im Gegenteil, ihn herauszustreichen . . . Die Mode ist nicht neutral. Sie betont den Sex bis an den Rand der Belästigung und reflektiert damit getreulich unsere zeitgenössischen »Werte« . . . Sex wird demonstriert und ins rechte Licht gerückt: Wenn das nicht eine weitere Annäherung des Menschen an die Blüte ist!
Aber jetzt, wo wir der Blüte ihren Zauber genommen und sie entblättert haben, wollen wir sie auch ganz entkleiden, um alle Einzelheiten ihrer Anatomie kennenzulernen. So werden wir am schnellsten lernen, wie sie funktioniert.

## *Durchleuchtung der Blüte*

Die Blüte wächst meist am äußersten Ende eines belaubten Zweiges. Es sieht so aus, als würden die grünen Blätter sich plötzlich nicht mehr regelmäßig um den Stiel anordnen, sondern dicht an-

einanderdrängen und ihre Größe und Farbe ändern, um ein komplexes Organ, nämlich die Blüte, zu entwickeln. Die Blüte ist den Blättern rangmäßig überlegen: Sie ist eine Gemeinschaft verkleinerter und in ihrer Form veränderter Blätter, die sich zu einem einzigen Organ zusammengeschlossen haben, das allein der Fortpflanzung dient. Die äußersten Blätter der Blüte sind winzig und haben ihre grüne Farbe behalten. Dies sind die Kelchblätter; sie bilden den Kelch, dessen Aufgabe es ist, die Blütenknospe zu schützen. Er ist der äußere Wall einer mächtigen Schutzeinrichtung, die die Natur nach dem Vorbild eines Kastells zur Sicherheit rund um die weibliche Zelle gebildet hat. Da die Blüte ein System ineinanderverschachtelter Hüllen ist, muß man, um zur weiblichen Zelle zu gelangen, eine Hülle nach der anderen lösen, die die pflanzlichen Zivilisationen in umgekehrter Reihenfolge geschaffen haben: In der geschlossenen Knospe liegt der Fruchtknoten und im Fruchtknoten die Samenanlage – als Erbe der Zivilisation der Nadelhölzer. Die Samenanlage selbst ist eine vielschichtige Kapsel, die die Zivilisation der Farne erfunden hat. Sie beherbergt die kostbare, weibliche Eizelle, ein Erbgut der Algenzivilisation. Nur allein diese Zelle ist fähig, wenn sie befruchtet wird, eine neue Pflanze hervorzubringen.
Hier drängt sich einem ein seltsamer Vergleich auf. Alle Botaniker sind sich darin einig, in der Entwicklung des Fortpflanzungsapparates der Pflanzen den entscheidenden Faktor für die Entwicklung der gesamten Pflanzenwelt zu sehen. Dieser Faktor ist zugleich auch der wichtigste Gesichtspunkt für das System der botanischen Klassifizierung. Parallel dazu sehen die Zoologen im allmählichen Aufbau des Gehirns den Höhepunkt in der Entwicklung der höheren Wirbeltiere. In beiden Entwicklungsprozessen spielt das Einkapseln und Umhüllen der Organe eine wesentliche Rolle. Oder ist unser Gehirn nicht das Ergebnis einer Überlagerung des Gehirns der Reptilien durch das Gehirn der Säugetiere und des Gehirns der Säugetiere durch die Hirnrinde des Menschen? Und liegt nicht wieder alles schützend eingebettet in der festen Hirnschale? Ist nicht das menschliche Gehirn auch ein System ineinanderverschachtelter Hüllen, deren Schichten die großen Tierzivilisationen im Laufe ihrer Geschichte aufgebaut haben? Die Höherentwicklung des Lebens erfolgt in beiden Fällen durch einen Additionsprozeß. Das Leben fügt hinzu,

wenn man so sagen will, jedoch nie bis zum Punkt der Übersättigung. Es weiß sich auch vom Überflüssigen zu befreien, wie wir später noch sehen werden!

Wenn die Blüte nach der Befruchtung zu welken beginnt, ist auch die Schutzfunktion des Kelches erfüllt: Da er keine Aufgabe mehr hat, löst er sich vom Stiel und fällt auf die Erde. Was der Natur nicht mehr von Nutzen ist, wird prompt beseitigt – oder wiederverwertet, denn die Natur kennt diese Technik seit langem, auf die sich die modernen Industrieländer erst besonnen haben, als Energien und Rohstoffe knapp wurden. Bei den höherentwickelten Blüten besteht dieses System der Wiederverwertung in der Entwicklung eines Apparates zur Verbreitung der Früchte. So ziert der Löwenzahn seine unzähligen, trockenen Früchtchen mit einer wunderhübschen flaumigen Haarkrone, die aus dem Kelch entsteht. Die Blüte, die keinen Schutz mehr für ihre Knospe braucht, verwandelt ihren Kelch in eine Art Fallschirm, der ihr die Verstreuung ihrer Früchte in alle Windrichtungen ermöglicht. Hier gehen Kelch und Frucht eine seltsame Verbindung ein, so als könnten sie sich gar nicht mehr voneinander trennen. Die Blasen- oder Judenkirsche (»Lampionblume«) macht es sogar noch geschickter: Die zusammengewachsenen Kelchblätter blähen sich auf und nehmen die Form eines fröhlichen orangefarbenen Lampions an, der die Frucht umgibt. Die Beere der Tollkirsche, die Tomate und der Apfel erhalten ihre Kelchblätter ebenfalls, ohne sie jedoch in eine so ausgefallene Form zu verwandeln.

Die inneren Blätter schmücken sich mit den lebhaftesten Farben und werden die Blütenblätter, deren Aufgabe es ist, Insekten zur Befruchtung anzulocken. Alle Blütenblätter zusammen bilden die Blütenkrone, ein Lockmittel aus Licht und Farbe, dessen unwiderstehlichem Charme sich sogar der Mensch nicht entziehen konnte. Selbstgefällig wie er war, glaubte der Mensch jahrhundertelang, daß diese verführerische Anmut der Natur ihm allein galt. Die Blumen sind jedoch schon seit hundert Millionen von Jahren auf der Erde, wo sie ihre Blütenkronen von der Sonne vergolden lassen, während der Mensch erst seit höchstens drei oder vier Millionen Jahren auf der Erde weilt.

Die Blüte scheut keine Mühe, um sich in das günstigste Licht zu setzen: Nichts kann schön genug sein, um Bienen und Schmetterlinge zu verführen. Denn es gilt, das Insekt zu verführen; ihm wird der Pollen anvertraut und die Aufgabe erteilt, ihn zu einem Fruchtknoten zu bringen.

Jede Blütenkrone hat ihre ganz besondere Architektur. Manchmal sind die Blütenblätter nicht aneinander festgewachsen und lösen sich – wie beim Kirsch- oder Apfelbaum – eines nach dem anderen, um gegen Ende des Frühjahrs den Boden unter dem Baum in eine schneeweiße Decke zu verwandeln. Ein anderes Mal sind sie wieder wie zusammengeschweißt und bilden eine Blütenkrone, die in diesem Fall besser geeignet ist, den Nektar aufzunehmen. Das ist der kostbare Zuckersaft, den die Blüten abscheiden, um die Insekten anzulocken und gleichzeitig zu ernähren. Die Form der Blütenkronen variiert endlos und tendiert mit zunehmender Entwicklung der Blumen zu immer tieferen bauchigeren Hohlräumen und Trichtern. Da gibt es zum Beispiel den zartblauen, vollkommen flachen, fünffach gezackten Stern des Borretsch (Gurkenkraut); den schalenförmigen Blütenkelch der Butterblume; die kleine trichterförmige Blüte der einfachen Ackerwinde; die wunderschön gefärbten Trichter der Trichterwinde und die großen, trompetenförmigen Trichter des giftigen Stechapfels, dem man magische Kräfte zuschreibt; die schönen blauen bis zart violetten Glocken der Glockenblume und die zarten weißen Glocken des Maiglöckchens; die tiefen Röhrenblüten des Fingerhutes, der als Schutzengel der Herzkranken in der Medizin größte Bedeutung hat; die langen schlauchförmigen Blüten der tropischen Blumen mit ihren leuchtenden Farben wie die des Wilden Tabaks zum Beispiel; die urnenförmigen fast geschlossenen Blüten der Heidelbeere, aus denen nur mehr die Spitze des Stempels hervorschaut; die zylindrischen, nach oben hin geöffneten Blüten des Blauen Gebirgsenzians, der Wilden Geranie und des hübschen Seidelbastes; die lange, enge Blütenröhre der Weißen Narzisse mit ihrer rotgeränderten Nebenkrone.

Der Aufbau der Blütenkrone kann jedoch noch vielschichtiger sein – wie zum Beispiel bei der Weißen Brennessel, bei der die Blüten ringförmig angelegt sind und an ein Brautkrönchen erinnern. Beim Löwenmaul hat die Blütenkrone das Aussehen eines weit aufgesperrten Mäulchens. Beim Leinkraut wiederholt sich die Struktur der Blütenkrone wie beim Löwenmaul – mit dem Unterschied, daß hier ein langer Sporn hinzukommt, in dem sich der Nektar sammeln kann. Die Blüten der wohlriechenden Erbse entfalten sich wie ein Schmetterling, und die Blüten des Judasbaumes, die direkt am Stamm wachsen, haben die Form eines Schiffskieles. Und das Flammende (oder Tränende) Herz, das aus den traditionellen Pfarrgärten nicht wegzudenken ist, läßt seine rosaroten und herzförmigen Blütenkronen, in denen sich die lebenswichtigen Organe der Blume befinden, in Trauben herunterhängen.

Die Schönheit jedoch ist nur von kurzer Dauer, und manche Blume lebt nur einen Morgen ... Nach der Befruchtung welken die Blütenblätter und fallen ab, ihre Aufgabe ist erfüllt. Nur bei einigen wenigen Arten – wie beim Heidekraut – sind die Blüten ausdauernd und blühen lange Zeit.

Die Blütenkrone umgibt die eigentlichen Geschlechtsorgane: die Staubfäden und die Stempel. Die Staubfäden ragen aus der Blüte heraus und tragen voluminöse Säckchen voller Pollenkörner, die männlichen Keimzellen der Samenpflanzen.

Wie bei den Tieren befinden sich die Staubfäden, die dem Hoden entsprechen, an äußerer, gut sichtbarer Stelle. Sie werden nicht besonders geschützt, denn der Pollen, den sie tragen, ist ja dazu bestimmt, in großen Mengen, ohne jeden Sinn für Sparsamkeit, verbreitet zu werden. Daher hängen die Pollensäckchen oft wie eine Fahne an einer Stange, die recht demonstrativ aus der Blütenkrone herausragt.

Es kann vorkommen, daß die Schamlosigkeit der Staubfäden in Exhibitionismus umschlägt: Sie beherrschen dann die Szene, und die Blüte verdankt ihnen allein ihren verführerischen Reiz. Das ist beim australischen Zylinderputzer oder Schönfaden *(Callistemon)* der Fall, der einen wunderhübschen Anblick bietet: Seine zahlreichen Blüten sind ährenförmig angeordnet und erinnern an eine Flaschen- oder Zylinderbürste, deren Borsten die karmesinroten Staubfäden sind. Übrigens stellt die gesamte Familie der Myrtengewächse, zu denen auch der Eukalyptusbaum gehört, ihre schönen buntfarbigen Staubblätter zur Schau, während die Blütenkrone in den Hintergrund tritt.

Die Mimose hat sich nach demselben Prinzip entwickelt. Ihre kleinen gelben Blütenkugeln verdanken ihren Charme den Staubfäden, die Blütenblätter sind sozusagen verschwunden. Mimose, Eukalyptus und Zylinderputzer sind fester Bestandteil der australischen Flora, sie haben sich jedoch auch in allen anderen warmen Regionen der Erde angesiedelt. In Afrika gibt es eine

Art der *Sparmannia* (aus der Gattung der Lindengewächse, zu der auch die bei uns sehr beliebte Zimmerlinde gehört), deren Staubfäden sich bei plötzlicher Berührung öffnen wie ein bunter reichverzierter Fächer.
Im Gegensatz zur Tierwelt erfolgt die Befruchtung bei den Pflanzen indirekt: Es gibt keine »Paarung« zwischen Staubfaden und Fruchtknoten. Die Spermatozoiden werden nicht durch das männliche Organ zum Ziel gebracht, auch führt sie kein besonderes Organ in den Fruchtknoten hinein. In dieser Hinsicht unterscheidet sich die Strategie der Pflanzen und Tiere auf das entscheidendste. Bei den Tieren ist das Geschlecht auf verschiedene Einzelwesen aufgeteilt, die dank ihrer Beweglichkeit aber wieder zusammenkommen können. Die Pflanzen dagegen vereinen meist ihre Geschlechter auf ein und derselben Blüte, wo sie regungslos verharren, ohne Kontakt miteinander zu finden, und auf die »künstliche« Befruchtung durch den Wind oder das Insekt angewiesen sind. Das geht natürlich auf Kosten der Rentabilität, denn die Reise auf dem Rücken eines Insektes oder das Sichtreibenlassen im Wind führt nicht allzuoft zum Ziel; viele Pollen gehen unterwegs verloren. Nur die riesigen Mengen der Pollen können das Transportrisiko wieder wettmachen. Die direkte Methode der Tiere ist sicherlich weitaus wirksamer. Nach dem Motto »Selbst ist der Mann« wenden sie sich ab vom Wind und vom Insekt, um die Zustellung in Eigenregie zu übernehmen.

## *Vom individuellen Bungalow zum Gemeinschaftshaus*

Der Fruchtknoten befindet sich zusammen mit den anderen Teilen des Stempels im Zentrum der Blüte. Wie die Kelchblätter bleibt er grün, da seine photosynthetische Funktion noch nicht abgeschlossen ist. Nach der Befruchtung nimmt er diese Funktion wieder auf und bildet die lebende Materie, die die Samenkörner und die Frucht wachsen läßt. Die Hauptaufgabe des Stempels ist es natürlich, die Pollenkörner aufzufangen: Zu diesem Zweck wächst aus ihm ein mehr oder weniger hoher Mast empor, der Griffel, der sich an seinem äußersten Ende wie eine Fernsehantenne entfaltet. Der Griffel fängt die Pollen ein, die der Wind oder das Insekt vorbeibringt. Und wenn wir den Griffel als Antenne verstehen, können wir den Pollen als das ankommende Fernsehprogramm bezeichnen: Es gibt so viele Programme, wie es Pollenkörner gibt. Jedes Korn enthält als elterliches Erbe sein »genetisches Programm«, das die Spermatozoiden im Fall der Befruchtung der weiblichen Zelle mitteilt. Der Stempel ist ein Fernsehgerät, das viele Programme empfangen kann, und die Natur geizt nicht mit ihren Programmen ... Obwohl die Fruchtknoten die unterschiedlichsten Strukturen aufweisen, enthalten sie immer eine oder einige wenige Samenanlagen, in denen sich die weibliche Geschlechtszelle befindet. Jede Pflanzenfamilie hat sich ihren eigenen Architekten ausgesucht, um ein Haus nach ihrem Geschmack bauen zu lassen. Und jeder Architekt hat diesem Haus, unter Berücksichtigung der zur Verfügung stehenden Fläche, seinen Stil aufgeprägt. Nun variiert diese Fläche von Blüte zu Blüte: Die ältesten Blüten ordnen ihre zahlreichen Fruchtknoten auf einer Art Bergspitze an, die aus der Mitte herausragt, wie das besonders gut bei der Magnolie zu sehen ist. Die Fruchtknoten, in denen sich jeweils eine Samenanlage befindet, drängen sich auf dieser Bergspitze so eng aneinander wie außergewöhnlich nahe beieinander stehende Bungalows. Doch nur die wenigsten Blüten verfügen über diese Möglichkeit der Anordnung, da in ihrer Mitte der Platz für den Stempel nur sehr beschränkt ist. Es ist genauso wie im Zentrum einer Stadt: Grundstücke werden rar und sind deshalb teuer. Die Konstruktion individueller Bungalows, das heißt unabhängiger Fruchtknoten, ist nicht mehr rentabel. Die Pflanze reagiert wie Städteplaner und amortisiert die Grundstückskosten, indem sie Mietshäuser baut. Die Fruchtknoten tun sich zusammen und bilden einen einzigen Fruchtstock, in dem viele Samenanlagen Platz haben. Oberhalb des Gebäudes wachsen die Griffel zusammen und bilden eine gemeinsame Narbe aus: Die Blüte erfindet hier das Prinzip der Gemeinschaftsantenne, über die alle Programme laufen und die alle Wohnungen versorgt. Gelegentlich macht sich eine gewisse Sehnsucht nach Unabhängigkeit bemerkbar, und zwar in der Tendenz von Griffel und Narbe, sich in mehrere Zweige zu teilen – wie beim Schwarzkümmel, beim Krokus und bei der Herbstzeitlosen. Das Innere des Fruchtknotens besteht entweder aus einem einzigen Raum oder aus mehreren Räumen, die durch Zwischenwände getrennt sind, wobei die Anordnung mit getrennten Zimmern überwiegt. Sie ist in der Blüte der Nieswurz angedeutet: Die drei Fruchtknoten, die jede zahlreiche Eizellen enthalten, sind unabhängig, stehen jedoch schon sehr eng nebeneinander. Bei der Lilie oder Tulpe sind die drei grundlegenden Fruchtknoten nicht mehr selbständig: Sie sind zu einem einzigen homogenen Organ zusammengewachsen. Das ist die perfekte Wohngemeinschaft mit ihren drei durch Zwischenwände getrennten Räumen. Die Zwischenwände gehen von der Mittelachse des Gebäudes aus. An dieser Achse setzen sich die Eizellen fest. Das Ganze wird von einem Griffel und einer Narbe überragt, die sich um das Auffangen der Pollenkörner und ihre Verteilung an alle Bewohner des Gebäudes kümmern.

Beim Klatschmohn übernimmt eine große schildförmige Narbe das Auffangen der Pollenkörner. Die zahlreichen Einzelzimmer öffnen sich auf einen Innenhof in der Mitte des Fruchtknotens. Die winzigen Eizellen sammeln sich alle dichtgedrängt an den Zwischenwänden, und die Mitte des Fruchtknotens bleibt leer. Im Stadium der Reife bildet der Fruchtknoten eine dicke Kapsel, durch deren porenartige Öffnungen die kleinen Samenkörner wie bei einem Salzstreuer austreten.

Beim Veilchen gibt es auch die Zwischenwände nicht mehr: Der Fruchtknoten bildet einen einzigen großen Raum, den die Eizellen von seinen Ecken aus in langen Streifen tapezieren.

In einigen Fällen, wie bei der Nelke zum Beispiel, befinden sich die Eizellen im einzigen Raum auf einer Erhebung, die keulenförmig aus der Mitte des Fruchtknotenbodens aufsteigt. Die unzähligen Eizellen gruppieren sich darum herum wie Trauben buntschillernder Luftballons um einen Jahrmarktsverkäufer. Wie man sieht, sind die Eizellen niemals aufs Geratewohl im Fruchtknoten angeordnet. Ganz im Gegenteil. In diesem Haus herrscht peinlichste Ordnung: Wie auch immer der Bauplan ist, den die Blüte angenommen hat, die genaue Plazierung der Eizellen vermittelt stets den Eindruck eines erstaunlich sinnvollen Ordnungsprinzips. Dieses Ordnungsprinzip setzt sich in der Frucht fort, in der sich die Eizellen nach der Befruchtung zu Samenkörnern ausbilden und ihre schöne Anordnung beibehalten.

Die so aufgebaute Blüte stellt das vielseitigste Organ im Pflanzenreich dar. In der Blüte erreichen Phantasie und Organisationstalent der Pflanze ihre höchste Vollendung. Das geht sogar so weit, daß die Blüte es fertigbringt, eine tierische Gestalt vorzutäuschen, wie wir gesehen haben. Durch die Blüte entsteht auch die intensive Beziehung zwischen Pflanze und Tier, was den Transport der Pollen betrifft. Dabei handelt es sich um einen Kontakt von gegenseitigem Nutzen und nicht um den üblichen Kontakt zwischen Pflanze und Tier, der meistens damit endet, daß das Tier die Pflanze auffrißt. Durch Farbe, Nektar, Duft und Formenvielfalt macht die Blüte die Tiere auf sich aufmerksam, und um noch verführerischer für Insekt und Vogel zu sein, ahmt sie deren Gestalt nach. Das ist bei den Blüten der Paradiesvogelblume *(Strelitzia reginae)* der Fall, die die graziöse Anmut eines Vogels angenommen haben, und bei den schon erwähnten mimetischen Orchideen, die die Ähnlichkeit mit den Tieren auf die Spitze treiben.

Während die Blätter sich meist möglichst gleichmäßig verteilen und in alle Richtungen verbreiten, um den Raum, in dem sie Kohlendioxyd und Sonnenlicht aufnehmen, möglichst groß zu halten, wölbt sich die Blüte nach innen, um in ihrem Inneren den Stempel, Träger der Eizellen, zu schützen. Dieses Innere füllt sich mit nahrhaften Substanzen, dank der Energie, die aus dem Licht der Sonne gewonnen wird, und den Mineralsalzen, die aus dem Dunkel der Erde stammen. Nach der Befruchtung dienen diese Substanzen dem Aufbau der Samenkörner und Früchte. Die Blüte ist also gleichzeitig Geschlechts- und Verdauungsorgan der Pflanze. Aber während hier diese Organe oberhalb der Blätter und Zweige liegen, befinden sie sich bei den Säugetieren unterhalb der entsprechenden Teile. Denn die Funktion der Blätter und Zweige hat bei den Säugetieren die Lunge: ein Baum, der gewissermaßen im Brustkorb eingesperrt ist und dessen Äste die Bronchien sind; ein Baum, der mit jedem Atemzug dem Blut Kohlendioxyd entnimmt und Sauerstoff zuführt und damit die Verbrennung von Nahrungsmitteln zur Energie- und Wärmegewinnung ermöglicht. Das Blut ist für die Bronchien das, was die Luft für die Zweige ist. Die Lunge der Tiere ist das umgekehrte und verinnerlichte Spiegelbild des Baumes, der der Luft, die ihn umgibt, ebenfalls Kohlendioxyd entnimmt und Sauerstoff zuführt, um die Nahrung herzustellen, die dem Tier zugute kommt.

Das ist ein seltsames Wechselspiel zwischen der grünen Pflanze, die mit Hilfe des Chlorophylls die lebende Materie aufbaut, und dem Tier, das sie im roten Blut mit Hilfe des Hämoglobins, eines mit dem Chlorophyll nahverwandten Moleküls, verbraucht. Die Pflanze bildet die lebende Materie, sie unterbricht nie ihr Wachstum und baut ununterbrochen organische Substanzen auf. Sie produziert die Nahrung, die Tiere wie Menschen brauchen und verzehren. Im Gegensatz zur Pflanze begnügt sich der erwachsene Mensch damit, seinen Körper zu erhalten und im besten Fall die nicht mehr für das Wachstum benötigte Energie in geistige Kraft umzuwandeln.

Ist es nicht merkwürdig, daß die Pflanzen nie aufhören, organische Substanzen aufzubauen und an Größe und Umfang zuzunehmen? Die Bäume wachsen, bis sie sterben, und an ihrer Größe kann man ihr Alter ablesen. Nichts Derartiges geschieht bei den Tieren. Sie erreichen, von Ausnahmen abgesehen, bereits nach einigen Jahren ihre körperliche Reife. Von diesem Stadium an wachsen sie nicht mehr und begnügen sich damit, den erreichten Stand beizubehalten. Sie sind erwachsen geworden, und man fragt sich, welchen Zweck hat ihr Leben von da an?

Beim Menschen könnte man zumindest eine Antwort riskieren oder eine bescheidene Hypothese formulieren: Wird die nach dem beendeten Wachstum freigewordene Energie nicht in andere Aufgaben oder andere Richtungen gelenkt? Und könnte diese Energie nicht gerade das sein, was die Besonderheit und den Ruhm des Menschen ausmacht, nämlich der Geist?

So scheinen es andere Zivilisationen, andere Kulturen jedenfalls, verstanden zu haben, bloß die unsere nicht, die alle Hände voll damit zu tun hat, immer mehr Güter für die Genüsse und den Komfort des Menschen zu produzieren. Die Folge dieses immer höheren Komforts und der tausend möglichen Arten der Bedürfnisweckung und -deckung ist der total übersättigte Mensch. Ist das unser Fehler? Ohne jeden Zweifel!

Denn die Gattung Mensch hat nur dann eine Zukunft, wenn sie sich über sich selbst und die Zwänge der materiellen Welt erhebt, die sie einengt und zum Sklaven macht. Jeder Mensch hat nur ein einziges Programm, nämlich sich in dem zu vervollkommnen, was ihn einzigartig und wesentlich macht, ohne daß dabei die Qualität und Wahrhaftigkeit der mitmenschlichen Beziehungen Schaden nimmt. Man muß wieder an die Liebe glauben, an alle Arten von Liebe, in dieser tragischen Zeit der Lieblosigkeit. Man sage nicht, das sei eine Utopie. Kann man denn von Wohlstand und Glück sprechen – bei einem Reichtum, der den Armen gestohlen wurde, bei flüchtigen Begegnungen und kurzen Liebesabenteuern, die genauso vergänglich sind wie der Tag, der auf die Nacht folgt, bei den Lügen und Aggressionen, die in so vielen menschlichen Beziehungen vorherrschen? Ein seltsames Glück, das sich in nichtigen, aber lauthals geführten Gesprächen äußert – über den letzten Schrei der Automobilindustrie sowie die allerneuesten Neuigkeiten aus der Clique. Um wieviel würdevoller waren doch unsere Vorfahren, wenn sie von der Mutter Erde und dem Wetter sprachen!

Die Tierwelt, die im Menschen ihren Höhepunkt erreicht hat, zögert noch mit ihrem Programm. Ist ihre Zukunft die Ungewißheit, vielleicht sogar das Chaos oder die ewige Nacht?

Die grüne Welt kennt keine derartigen Probleme. Was hat es mit dem Rot und dem Grün, diesen respektiven Symbolen für das Tier und die Pflanze, auf sich? Es sind Welten, bei denen die eine aufbaut und die andere verbraucht; bei denen die eine ernährt und die andere tötet. Das Rot ist die Farbe vergossenen Blutes, die Farbe des Feuers als Symbol für Leidenschaft und Zerstörung, aber auch die Farbe der Verkehrsampeln, die zum Halten auffordert und ein Verbot ausspricht. Rot ist der Totenkopf auf gefährlichen Medikamenten, rot sind zuweilen giftige Insekten, bei denen die Vögel durch die Farbe zurückgeschreckt werden sollen. Es gibt aber auch erfinderische Insekten, die sich unter einem roten Mantel verstecken, obwohl sie gar nicht giftig sind, nur um die gefräßigen Vögel von sich fernzuhalten. Zu erwähnen sind auch jene roten Blumen, die für Insekten unsichtbar bleiben, weil diese das Rot nicht wahrnehmen können. Das Rot in den Nachtklubs soll die Sexualität stimulieren: Rot ist das Symbol für Zwang, Verwundung und Tod. Grün symbolisiert dagegen die Hoffnung, den freien Durchgang, den offenen Weg. Grün beruhigt und besänftigt.

Die Blüte widmet sich ganz und gar der Aufgabe der Fortpflanzung sowie der Heranbildung des Embryos, der im Samen und in der Frucht geschützt liegt. Die Blüte hat keine anderen Sorgen als die, sich so gut wie möglich an die Art der Bestäubung anzupassen, das heißt so effektiv wie möglich die Pollen ihrer Art einzufangen. Man beachte, wie uninteressiert sie an den anderen Problemen ist, die die Pflanze haben könnte, auf der sie sitzt. Sie kümmert sich nicht um die Umwelt oder um das Wasser, das der Pflanze vielleicht fehlt. Sich damit auseinanderzusetzen ist Aufgabe von Wurzel, Sproß und Blättern. Soll doch die Wurzel ihren Umfang vergrößern, um das Wasser aus dem Boden besser aufnehmen zu können, soll der Sproß Reserven speichern oder die Oberfläche der Blätter verkleinern, um die Wasserverdunstung zu verringern. Wie dies zum Beispiel Kaktus und Wolfsmilch gemacht haben, die ihre Blätter zu Stacheln verkümmern ließen. Die Blüte interessiert sich nicht für diese Anpassungen, die sie nichts angehen, da sie selbst kaum Wasser braucht. Genau wie sich der Geschlechtsakt nicht grundsätzlich verändert, wenn sich die Arbeits- oder Lebensbedingungen des Menschen ändern: Die Familie zieht um, paßt sich an die neue Umgebung an, und das wär's.

Einzig und allein Veränderungen bei der Bestäubungsart beeinflussen das Leben der Blüte und zwingen sie, sich anzupassen. Diese Veränderungen geschehen jedoch nur über äußerst lange Zeiträume. Deshalb kann man auch verstehen, warum die Botaniker es vorgezogen haben, die Pflanzen nach der Struktur ihrer Blüten zu klassifizieren. Diese Struktur ist viel stabiler als die der Blätter, die je nach den Lebensbedingungen gewaltig schwankt, was sogar so weit geht, daß die Blätter in Wüstenregionen völlig verschwinden.

Auf den ersten Blick sehen sich der Säulenkaktus und die Kanarische Wolfsmilch ziemlich ähnlich. Ein unüberlegter Beobachter würde dazu neigen, sie in dieselbe botanische Familie einzureihen. Beide Pflanzen haben tatsächlich dieselbe List angewandt, um sich an die Trockenheit ihrer Umwelt anzupassen. Dies ist ihnen gelungen, weil sie während der feuchten Jahreszeit unglaubliche Mengen Wasser speichern können und gleichzeitig die Wasserverdunstung reduzieren, indem sie die Blätter durch Stacheln ersetzt haben. Aber zur Blütezeit bringen Kaktus und Wolfsmilch vollkommen verschiedene Blüten hervor, und man erkennt sofort, daß sie ganz und gar nicht derselben Familie angehören. Ihre typische Blütenstruktur haben sie von Vorfahren übernommen, die lange vor ihrer Anpassung an das Leben in der

Trockenheit existierten: Es sind dies die großen, farbenfrohen Blüten der Kakteen und die winzigen, raffiniert geformten Blütenstände der Wolfsmilchgewächse. Der Blütenaufbau blieb bis heute unverändert – trotz der veränderten Lebensbedingungen dieser Pflanzen. Außerdem produziert die Wolfsmilch einen weißen Milchsaft, was der Kaktus niemals macht. Durch einen kleinen Einschnitt am runden und elastischen Körper der Wolfsmilch wird der Unterschied deutlich: Die Wolfsmilch scheidet einen milchigen Saft ab, der Kaktus nicht.

## *Ähnlichkeit in der Familie ...*

An diesem Beispiel sieht man, daß Pflanzen von sehr ähnlicher äußerer Erscheinung, die sie sich durch übereinstimmende Umwelt- und Lebensbedingungen angeeignet haben, ganz verschiedene Blüten hervorbringen können. Man ordnet sie immer der botanischen Familie zu, mit der ihre Blütenstruktur übereinstimmt. Sehr verschiedene Pflanzen, die ganz unterschiedliche Lebensbedingungen haben, können zu einer Familie gehören, wenn sie Blüten tragen, die charakteristisch für diese Familie sind. Was gibt es Unähnlicheres als eine Rose, eine Erdbeerpflanze und einen Pflaumenbaum? Und dennoch werden diese drei Pflanzen einer Familie, nämlich der Familie der rosenartigen Gewächse, zugeordnet, da sich ihre Blüten sehr stark gleichen. Die Familie ist der Hauptbegriff; in ihr werden natürliche Gruppen von Pflanzen mit sehr ähnlichen Blüten gruppiert. Die Botaniker haben schon vor langer Zeit entdeckt, daß manche Pflanzen fast identische Blüten haben, was sie dazu führte, die ersten Pflanzenfamilien festzulegen. So führten sie zum Beispiel ein: die Familie der Kreuzblütler mit ihren kreuzförmigen Blüten – wie beim Senf oder beim Raps –, die Familie der Schmetterlingsblütler mit ihren schmetterlingsförmigen Blüten – wie bei der Erbse oder Bohne –, die Familie der Lippenblütler mit ihren Blüten in Form geöffneter Lippen – wie bei der Weißen Brennessel –, schließlich die Familie der Orchideen mit ihren einmaligen und unnachahmlichen Blütenstrukturen, zu der zum Beispiel auch die Ragwurz *(Ophrys)* gehört. Die Blüten dieser Familien sind auf den ersten Blick zu identifizieren. In gewisser Weise sind sie Prototypen, die durch ihren Bauplan sofort auf die Familie schließen lassen, der sie angehören. Manchmal ist auch die Art der Blütenanordnung besonders charakteristisch – wie bei den Doldenblütlern, deren Prototyp die Wilde Möhre ist. Jede Blüte sitzt hier am äußersten Ende eines Doldenstrahls, und das Ganze sieht wie ein kleiner Sonnenschirm aus. Oder wie bei den Margeriten, dem Prototyp der Korbblütler. Die Margerite ist ein kunstvolles Gebilde aus winzigen gelben Blütchen, die wie in einem dichtgewirkten Teppich in der Mitte stehen, und einem Kranz meist weißer Zungenblüten. Alle diese Familien sind praktisch an ihrem »Gesicht« zu erkennen, für das ein Prototyp Modell steht. Sobald sich der Prototyp durchgesetzt hat, wird er viele hundert oder tausend Male reproduziert; denn die Natur liebt es, wie ein Musiker endlos viele Variationen über ein Thema zu schaffen. In der Familie der Orchideen gibt es an die zwanzigtausend Arten, die alle von einem Grundmodell ausgehen und oft nur kleine Unterschiede untereinander aufweisen. Sie sind alle dem Atelier ein und desselben Schöpfers entsprungen, der in ihrem Fall mit Phantasie nicht gespart hat.

In anderen Fällen erinnern diese Familien, die auf einen einzigen floralen Prototyp zurückgehen, an jene phantasielosen oder übermäßig geschäftstüchtigen Architekten, die ihren Klienten immer wieder denselben Bungalow verkaufen – nur mit ein paar winzigen Veränderungen, die dem künftigen Bewohner freigestellt werden. Er kann seine Persönlichkeit nur noch in den Details zum Ausdruck bringen, weil er das Haus seiner Träume nicht mehr selbst entwerfen kann. Ihm bleibt allerdings die Möglichkeit, seine Einrichtung und seinen Garten nach seinem Geschmack zu gestalten. Hobby- und Gartenarbeiten sind die letzten Bastionen der individuellen Phantasie in unseren Industriegesellschaften, die sich so gut darauf verstehen, zu reglementieren, die Tätigkeiten des Menschen bis in die kleinsten Details – wie bei der Fließbandarbeit – zu organisieren und den Standard der Wohnungen ein für allemal vorzuschreiben. Daher die Verbreitung großer Wohnkomplexe oder großer Reihenhaussiedlungen, die ebenso monoton sind wie eine große Fläche voller Korbblütler, bei denen derselbe Blütentyp ohne die geringste Originalität endlos oft wiederholt wird.

Ganz anders die Familien, deren Blüten verschiedenen Typen angehören, aber durch eine gemeinsame Evolutionsgeschichte miteinander verbunden sind. Diese Familien wirken auf den ersten Blick weit weniger homogen und lassen sich auch nicht auf einen Prototyp zurückführen. Eine Familie vereint oft die unterschiedlichsten Blütenarten in sich. So gehören zum Beispiel zu der Familie der Hahnenfußgewächse so verschiedene Blüten wie die des Löwenzahns, die die Wiesen mit ihrem gelben Schmuck sprenkeln; die blauen Blütentrauben des Eisenhutes, die an römische Helme erinnern; die zarten Blüten der Akelei mit ihren ein wenig altmodischen, aber doch graziösen Formen; und die prachtvollen grünlichweißen Blüten der überschwenglich wuchernden Waldrebe *(Clematis)*, die Hecken und Büsche umschlingt und deren trockene und behaarte Früchte im Winter kleine wollige Büschel auf den nackten Stengeln bilden. Alle diese Blüten haben trotz ihres verschiedenartigen Äußeren eine große Anzahl gemeinsamer Eigenschaften, die ihre Einordnung in diese Familie rechtfertigt. Die Natur leistet hier eine große schöpferische Arbeit. Es ist so, als würde ein Architekt herumprobieren, verschiedene Prototypen entwickeln, sie wieder verwerfen und neue schaffen. Ihm fallen dann immer wieder andere Blütenformen ein, die er ausprobiert, umgestaltet und perfektioniert. Schließlich läßt er eine größere Zahl von Prototypen bestehen, in gewisser Hinsicht als überzeugenden Beweis seiner Versuche und seiner weitreichenden Kreativität. Und doch bewahren diese so unterschiedlichen Baupläne charakteristische Eigenschaften – gemäß dem Prinzip der Einheit in der Vielfalt.

Die Familien mit einer einzigen floralen Struktur repräsentieren ein Ende, eine »Sackgasse« der Evolution. Man sieht, daß sich die Natur den Kopf zerbricht, wie sie den einmal ausgearbeiteten Prototyp im Detail noch weiter vollenden und perfektionieren kann, dabei aber nur noch unerhebliche Veränderungen hervorbringt. Blütentypen und Pflanzenarten vermehren sich, ohne ihre Ähnlichkeit untereinander zu verlieren, was uns ermöglicht, sie auf den ersten Blick zu erkennen. Anders ist es bei den Familien mit zahlreichen floralen Strukturen, bei denen die Evolution auf vollen Touren weiterläuft und die Natur immer wieder neue Prototypen erfindet – im Hinblick auf deren beste Anpassungsfähigkeit an die gegebenen Umweltbedingungen. Das Resultat davon sind oft ganz unterschiedliche Strukturen. Dieser Entwicklungsprozeß orientiert sich mehr an der Arbeit des Handwerkers als an der industriellen Produktion. Wenn man bei diesem Bild bleiben will, funktionieren die einheitlichen Familien wie eine Fabrik, in der die Prototypen in Serienproduktion immer wieder hergestellt werden, während die uneinheitlichen Familien an die persönliche Kreativität des Künstlers und Kunsthandwerkers erinnern.

Alle Blütenpflanzen zusammengenommen stellen eine Sammlung von nahezu 250 000 Arten dar. Das ist eine schwindelerregende Zahl, wenn man bedenkt, daß von den Farnen nur mehr zehntausend und von den Nadelhölzern sechshundert Arten übriggeblieben sind. Und täglich kommen neue Blütenarten hinzu, die auf Expeditionen in fernen Ländern entdeckt werden. Sie bereichern dann die Sammlungen der großen Museen und bestätigen den unanfechtbaren Sieg der blühenden Pflanzen, der letzten großen Bastion des Pflanzenreiches.

7. Kapitel

# Die Liebe der Blumen

## *Allgemeine, aber fruchtbare Prostitution . . .*

Das Thema der pflanzlichen Liebe, so provozierend es auch sein mag, hat die großen Vorgänger der heutigen Botanik nicht schockiert. Charles Bonnet (1720 bis 1793) stellte in seinem Buch *L'amour vegetal ou les noces des plantes* (»Die pflanzliche Liebe oder Die Hochzeit der Pflanzen«) köstliche Betrachtungen darüber an. Die Staubfäden werden bei ihm zu Liebhabern oder Schäfern und die Stempel zu Nymphen oder Schäferinnen.

### *Dialog zwischen Schäfer und Schäferin*

Schäfer und Schäferin spielen fröhlich miteinander, je nachdem, wie es dem Autor gefällt oder wie es der Architektur der Pflanze entspricht, die er besonders bewundert. Wenn die Blüte Trägerin beider Geschlechter ist, teilen Schäfer und Schäferin das Brautbett, vor das die Blütenblätter einen Vorhang ziehen. Bei den Pflanzenarten, bei denen die Geschlechter auf zwei verschiedene Organe derselben Pflanze verteilt sind – wie dies bei den Nadelhölzern und den kätzchentragenden Büschen und Bäumen der Fall ist –, haben Schäfer und Schäferin getrennte Schlafzimmer. Wenn jede Pflanze jedoch nur Blüten eines Geschlechts trägt, sind die Liebenden dazu verurteilt, voneinander getrennt zu leben wie in der sittenstrengen Stadt Sparta, wo sich die Jungverheirateten nur zu flüchtigen Begegnungen sehen konnten . . .

An dieser Art von Sprache erkennt man den Stil des achtzehnten Jahrhunderts, der von den aufsehenerregenden Veröffentlichungen von Linné geprägt wurde. Carl Linné (1707 bis 1778) hatte sich seit frühester Jugend brennend für die Sexualität der Pflanzen interessiert, auf die er durch die Lektüre von Vaillant gestoßen war. Im Jahre 1735, als er gerade achtundzwanzig Jahre alt war, hat er sein berühmtes Werk *Systema Naturae* veröffentlicht, in dem er die Staubfäden als Gatten und die Stempel als Gattinnen bezeichnet. Aber es gibt nicht nur legitime Ehen, es kann auch passieren, daß die Eheleute in Konkurrenz mit Liebhabern oder Hausfreunden treten, wobei Linné für jeden Fall das entsprechende lateinische Wort parat hatte. Hingerissen von seinem eigenen stark anthropozentrischen Stil, nannte er doch tatsächlich seine eigene Frau »meine monogame Lilie«, doppeltes Symbol für Reinheit und Treue. Hier erkennt man die Moral des Theologen, der er hatte werden wollen, ehe ihn die botanische Leidenschaft erfaßte. Mit wahrhaft theologischem Scharfsinn verlegte er sich auf strenge Klassifikationen, die mit dem Leben manchmal recht wenig zu tun haben, und machte es sich zur Aufgabe, die Pflanzen je nach Anzahl und Gestalt ihrer Staubfäden in Kategorien einzuteilen. Dieser Vorrang, den er den Staubfäden einräumte, würde ihm heute eine Einstufung als »Phallokrat« einbringen, damals hielt man ihn eher für einen gefährlichen Erotomanen. Seine Schriften erregten jedoch großes Aufsehen, und er gilt seitdem als einer der Entdecker der pflanzlichen Sexualität. Er verwahrte sich gegen die Kritik seiner Zeitgenossen und wies auf seine Vorläufer – wie Camerarius – hin, andererseits litt er stark unter den Anfeindungen und starb verbittert. Man hatte ihm zu oft mit der Strafe Gottes gedroht für seine peinlich genauen Einblicke in das Sexualleben der Pflanzen in einer Zeit, in der man noch nicht einmal dessen Existenz zur Kenntnis nehmen wollte.
Ein Jahrhundert später würde Charles Darwin ähnliche Beschuldigungen zu erdulden haben, weil er es wagte, den Menschen vom Affen abstammen zu lassen. Und die Genauigkeit, mit der er die Bestäubung der Blüten durch die Insekten beobachtete, führte dazu, daß ihn einige prüde Geister seiner Zeit als Voyeur abstempelten. Das waren die Jahrhunderte der großen Wortgefechte, in denen man sich – in Ermangelung technologischer Aufgaben und Herausforderungen – den verbalen Mutproben

und Geniestreichen hingab. Die Menschen jener Zeit machten sich nichts daraus, die Grenzen ihres Metiers kühn zu überspringen. Naturwissenschaftler zögerten nicht, sich auf ungewisses Gebiet zu begeben, was in unserem rationellen Jahrhundert ganz und gar verpönt ist. Diese Forscher wußten durch unerwartete und kühne Vergleiche ihren Ausführungen einen Schwung und eine Würze zu verleihen, die man in den wissenschaftlichen Veröffentlichungen unserer Zeit vergeblich sucht, und ihren Streitgesprächen fehlte es nicht an Mut und Brisanz. Goethe zum Beispiel bekundete eine starke Aversion gegen die Sexualität der Pflanzen, und er verabscheute diese »fortwährenden Ehegeschichten«. Einer seiner Bewunderer, Velenoski, wandte sich mit allem Nachdruck dagegen, die Pflanzen als »Mechanismen ohne Seele, die zu nichts anderem als zur Kopulation gut sind«, anzusehen. Angesichts solcher soliden Referenzen wollen wir fortfahren, einige Leute aus ihrem intellektuellen Frieden sowie andere aus ihrem eindimensionalen Denken aufzustören.

In den meisten menschlichen Gemeinschaften sind Suche und Auswahl der Ehefrau das Privileg des Mannes. Entweder ist es der Familienvater, der seine Wahl trifft und mit der zukünftigen Schwagerfamilie über die Ehebedingungen verhandelt, oder es ist der künftige Gatte selbst, der seine Eheabsichten gegenüber den Eltern seiner Braut bekundet. Seit der Lockerung der Sitten und der Herabsetzung der Volljährigkeit gingen den Eltern einige dieser Vorrechte verloren. Der junge Mann handelt seitdem auf eigene Initiative und kennt nur mehr einen einzigen Gesprächspartner, seine künftige Freundin oder Frau.

Wenn man früher zum Ball ging, war es ebenfalls der junge Mann, der das Mädchen zum Tanz aufforderte. Wer keinen Interessenten fand, blieb sitzen und spielte Mauerblümchen, wie es so schön heißt. Am heutigen Punkt der Entwicklung, wo die langsamen und gefühlvollen Tänze hektischen Rhythmen weichen mußten, bei denen kaum noch ein physischer Kontakt zustande kommt, wird die intime Beziehung bei anderen Gelegenheiten vorbereitet, aber immer noch liegt die Initiative gewöhnlich beim Mann. Der Ablauf ist immer derselbe: Der Mann wagt sich vor oder macht eine Liebeserklärung, die Frau lockt und wartet. Erst der gesellschaftliche Umbruch unserer Zeit hat dieses uralte Gesetz, nicht zuletzt durch die kühne Initiative militanter Feministinnen, etwas ins Wanken gebracht.

In der Tierwelt variieren die Strategien je nach Art. Bei der afrikanischen Fledermaus zum Beispiel wird dem Weibchen die Wahl des Gatten überlassen. Im allgemeinen ist es aber das Männchen, das die Initiative ergreift und das lernen muß, dabei so vorzugehen, daß es vom Weibchen akzeptiert wird. Mit einem Wort, die Männchen müssen es den Weibchen recht machen. Allerdings zeigen zum Beispiel bei den Ziegen und Schafen die Weibchen ausgeprägte Präferenzen, wenn sie in Gegenwart mehrerer Männchen sind. Auch wenn das Männchen die Initiative ergreift, die Launen der Damen bleiben ein nicht zu berechnender Faktor.
Auch bei den Pflanzen obliegt die Initiative zum ersten Schritt dem männlichen Element. Bloß daß die männliche Pflanze sich nicht selbst auf den Weg machen kann. Nur die Pollen, Träger der Spermatozoiden, begeben sich zum Rendezvous mit dem weiblichen Element, der Eizelle. Letztere ist unbeweglich: Von der Pflanzenmutter wohlbehütet, bleibt sie brav zu Hause und wartet. Auf der Mutterpflanze findet auch die Hochzeitsnacht statt – nach dem klassischen Motto: »Sei leise, die Eltern schlafen schon!«

## *Das männliche Element, erst schüchtern und gehemmt . . .*

Damit das Treffen überhaupt stattfinden kann, müssen sich die Pollen erst einmal auf die Wanderschaft begeben; und genau an diesem Punkt liegt einer der Hauptunterschiede zwischen Pflanze und Tier: Die Pflanze führt keinen physischen Kontakt zwischen den Geschlechtern herbei, sondern sorgt nur für den Transport des männlichen Elements zum weiblichen. Dazu braucht sie einen Zwischenträger oder Heiratsvermittler. Diese Rolle übernehmen Vogel, Fledermaus, Insekt, Wasser und Wind, manchmal auch Eichhörnchen, Schnecke oder Mensch.
Der Pollen, der befruchtende männliche Blütenstaub, scheint auf den ersten Blick mit angeborener Schüchternheit geschlagen zu sein und erweist sich als unfähig, den Kontakt mit dem weiblichen Partner direkt herzustellen. Man könnte ihn mit einem Jüngling vergleichen, der es nicht wagt, sich einem jungen Mädchen zu nähern, das ihm nicht vorgestellt worden ist, oder mit ei-

nem Gymnasiasten, der sich, um an das Mädchen seiner Träume heranzukommen, mit ihrem Bruder anfreundet. Das ist eine indirekte Strategie des Angreifens und Einnehmens, die ihn dazu verpflichtet, sich zuerst dem teuren Kameraden, mit dem er sich verbinden und die Operation zum guten Ende führen will, sympathisch zu machen.

Die Pflanzen entwickeln im Hinblick auf ihre aktiven und dynamischen Träger, nämlich Vogel und Insekt, vergleichbare Strategien. Die Pollen wollen ja von ihnen mitgenommen und in Kontakt mit dem weiblichen Organ gebracht werden. Diese Pollenübertragung oder Bestäubung geht der Befruchtung voraus, das heißt dem Zusammentreffen und Verschmelzen des männlichen und weiblichen Elements und der Bildung eines Eies. Zweck des ganzen Aufwandes ist die Verwandlung des Eies in einen Embryo beziehungsweise in ein Samenkorn. Samen und Embryo nehmen Gestalt an dank der Nahrungsmittel, die die Mutterpflanze ihrer Nachkommenschaft mitgibt.

Um die Versorgung und Pflege des Kleinen kümmert sich die Mutter – wie bei uns. Es kommt vor, daß sie ihm sogar Milch gibt – wie bei der Kokosnuß zum Beispiel. Der Kleine, der Embryo, trennt sich erst dann von der Mutterpflanze, wenn eine Reihe von Vorsichtsmaßnahmen getroffen worden ist: Der Embryo muß eine vernünftige Größe erreicht und sich in seinem Heim, dem Samenkorn, gut zum Winterschlaf gebettet haben. Das Samenkorn spielt die Rolle des Beschützers und Ernährers. Es bewahrt den Embryo vor Angriffen von außen (Kälte, Schnee, Trockenheit), und zwar dank seiner undurchdringlichen und festen Hüllen, und es speichert den Nahrungsvorrat, für den die Mutterpflanze gesorgt hat und der dazu bestimmt ist, seine Ernährung von der Wiederaufnahme des Wachstums an zu gewährleisten, das heißt von dem Augenblick an, in dem unter günstigen Umweltbedingungen die Keimung beginnt. Es ist eine überaus wichtige Rolle, die die Natur der Pflanzenmutter zugedacht hat.

Der Vater spielt dagegen nicht die geringste Rolle bei der Erziehung. Wenn die Befruchtung durchgeführt ist, hat er seine Schuldigkeit getan: Die Staubfäden welken, die männlichen Kätzchen fallen von den Bäumen und bedecken zum Beispiel zeitig im Frühjahr den Boden unter Pappeln und Haselnußsträuchern. Kurz, die Pflanzenwelt ist letztlich doch matriarchalisch eingerichtet. Wie bei einer Anzahl von Tieren verschwindet das Männchen, sobald die Befruchtung durchgeführt ist. Die Blüte bedient sich des Pollens, um ihre Kinder zu kriegen und neue Keimlinge in die Welt zu setzen. Aber sie zieht sie alleine auf. Es gibt keinen gemeinsamen Hausstand, keinen Treueschwur und keine dauerhafte Liebe. Die Liebe der Pflanzen ist die Liebe in ihrer primitivsten Form: eine flüchtige Anziehungskraft im Dienste der Fortpflanzung. Das ist nicht die eheliche Liebe, auch nicht die romantische Liebe der Dichter und Schlagersänger, von der man nur zu gut weiß, daß sie oft nur ein Strohfeuer ist.

Die Natur verfuhr strenger mit den Menschen als mit manchen Vogelarten – wie dem Storch und der Graugans zum Beispiel. Diese Vögel haben das unwahrscheinliche Privileg, die Dauerhaftigkeit einer einmal eingegangenen Verbindung bis zu ihrem Tod zu erleben, entsprechend den Gesetzen ihrer Gattung, von denen es nur in ganz seltenen Fällen eine Ausnahme gibt. Hier findet man die wahre, immerwährende Liebe, nach der sich der Mensch von Anfang an gesehnt hat. Es scheint, daß unter den Säugetieren nur einige Lemurenarten die Liebe fürs Leben kennen, während wir, die späten Nachkommen dieser kleinwüchsigen Halbaffen, die verschiedenartigsten sexuellen Sitten und Verhaltensweisen praktizieren.

In diesem Zusammenhang können wir feststellen, daß der Mensch die einzige Gattung zu sein scheint, innerhalb derer es eine solche extreme Vielfalt an Sitten und Gebräuchen gibt. In der Tierwelt hat jede Gattung eine artspezifische Verhaltensweise, an die jedes einzelne Tier gebunden ist. Auf diesem Gebiet hat der Mensch etwas gänzlich Neues erfunden: das komplexe Reich der Kultur.

Eine der zahllosen menschlichen Kulturen, nämlich unsere eigene heutige Kultur, die der hochentwickelten Industriegesellschaften, unterscheidet sich grundsätzlich von allen bisherigen: Sie verändert laufend die Verhaltensweisen der Menschen. Sie ist gekennzeichnet durch die Vermischung sozialer Schichten, den Kontakt und die Verschmelzung mit anderen Kulturen, den Bruch zwischen den Generationen aufgrund vollkommen verschiedener Erfahrungen sowie durch die rapide Entwicklung der Familien- und Sozialstrukturen. Alle diese Faktoren tragen dazu bei, eine unglaubliche Vielfalt des individuell möglichen Verhaltens hervorzubringen.

Man wird dadurch in der Geschichte des Lebens mit einer vollkommen neuen Realität konfrontiert, und zwar mit dem Fehlen eines gemeinsamen Sitten- und Verhaltenskodex zwischen den Individuen einer gleichen Bevölkerung. Das macht für uns, wie jeder einsehen wird, die Dinge nicht gerade leichter, und es hat zu einer unglaublichen Verwirrung in der Entwicklung der Sitten und zu verheerenden Schäden geführt, trotz Einrichtung von Rehabilitations- und Therapiezentren und einer ins Riesenhafte gestiegenen Zahl von Sozialarbeitern, Erziehern und Psychologen.

Die Pflanzen kennen alle diese Probleme nicht. Jede Art hat ihr ureigenes Verhalten, und alle folgen sie einem ähnlichen Grundprinzip: der festen Einrichtung einer Art allgemeiner Prostitution. Die Blüte lockt das Insekt, das ihr Pollenträger werden soll, wie eine Prostituierte. Nach beendetem Akt fliegt das Insekt sofort wieder weg. Die Blüte wählt nicht aus, sie läßt sich von jedem x-beliebigen Kinder machen. Die Liebe ist kurz, es geht dabei nur um einen flüchtigen Flirt und das »Abstauben«. Der Zufall regelt das Zusammentreffen, und dennoch kommt die Natur voll auf ihre Kosten, wovon die erstaunliche Formenvielfalt der pflanzlichen Welt Zeugnis ablegt. Allerdings spart die Natur auch nicht an Blüten: Ein Pflaumenbaum im Frühjahr trägt zehntausend gleichzeitig verliebte Blüten, die scheinbar ohne Eifersucht oder Drängelei ganz friedlich miteinander auskommen. Wer könnte schon sagen, wieviel Lust sie empfinden? Man müßte Pflanze sein, um das beantworten zu können.

Allerdings übt hier das weibliche Geschlecht noch nicht die geringste Anziehungskraft auf das männliche aus. Kein Signal, keine Wahrnehmung ist zwischen männlichem und weiblichem Element zu entdecken; die männlichen Zellen brauchen ja einen Träger, um zu den weiblichen zu gelangen. Die Bestäubung ist eine vollkommen passive Angelegenheit, zu der die Spermatozoiden wie von einem Postservice befördert werden. Wenn man vom Transport der Pollen spricht, dann nur im ureigentlichen Sinn des Wortes: Es handelt sich nicht um eine Beförderung von Liebenden, wie man es im achtzehnten Jahrhundert geglaubt hatte!

Der Jagdinstinkt des männlichen Elementes scheint erst zu erwachen, wenn die Reise vollendet und der Kontakt mit dem Stempel hergestellt ist. Das Pollenkorn entwickelt plötzlich einen virilen und unternehmerischen Instinkt. Es bildet einen langen Schlauch, der zuerst in den Fruchtknoten und dann in die Samenanlage, die darin enthalten ist, eindringt. So wird das Spermatozoid bis zur weiblichen Zelle befördert, mit der es verschmilzt. Das alles hat verblüffende Ähnlichkeit mit den Vorgängen bei der Befruchtung im Tierreich. Das Ei aus dieser Befruchtung ist der Ausgangspunkt der künftigen Pflanze.

Die blühenden Pflanzen offenbaren in dieser Phase eine sonderbare Eigenart: Jedes Pollenkorn trägt auf seinem Pollenschlauch zwei Spermatozoiden, die zwei Befruchtungen vornehmen: die klassische Befruchtung der Eizelle und eine weitere Befruchtung, an der drei Zellen beteiligt sind. Zwei Zellen des weiblichen Gewebes verbinden sich mit dem zweiten Spermatozoid; dies führt zur Bildung von Nährgewebe, das den Embryo versorgt.

Die befruchtete Eizelle liefert den Embryo. Bei den blühenden Pflanzen, den am höchsten entwickelten Wesen des Pflanzenreiches, ist daher eine plötzliche Asymmetrie zwischen den Geschlechtern zugunsten des weiblichen festzustellen.

Zu der klassischen Sexualität, die sich vor zwei Milliarden Jahren entwickelt hat und bei der eine neue Zelle durch Verschmelzung von zwei Geschlechtszellen entsteht, gesellt sich eine zweite Art, die vor hundert Millionen Jahren entstanden ist und bei der sich eine weitere männliche Zelle mit zwei weiblichen paart, um einen Embryo zu bilden. Wir sind noch weit vom Mittelalter entfernt, als man annahm, daß das männliche Geschlecht das einzig aktive ist und daß das weibliche nichts als eine Zelle dazu beiträgt. Hier fügt die Frau zu jeder Befruchtung drei Zellen bei, der Mann nur zwei. Diese merkwürdige Bigamie gibt es nur bei den blühenden Pflanzen. Die Verbindung des sekundären Endospermkerns mit dem späteren Spermatozoid führt zur Bildung von Nährgewebe und ist bereits ein großer Schritt in Richtung Mitwirkung des Vaters bei der Ernährung des Keimlings. Indem er ein Spermatozoid dazu beiträgt, ein »Nährei« zu bilden, erkennt der Vater schließlich seine Aufgabe als Ernährer an und spielt zum ersten Mal eine, wenn auch bescheidene, Rolle in der Beschaffung der Kinderernährung.

Ob es sich nun um die eine oder die andere Befruchtung handelt, der sexuelle Instinkt, wenn man so sagen darf, äußert sich nur auf dem Niveau der Pollenzellen. Die pollenproduzierende Pflanze als solche kennt kein sexuelles Verhalten. Manche Pollen sind besonders schnell zur Liebe entflammt, andere brauchen länger. Man muß sie dann stimulieren: Bei der Chrysantheme zum Beispiel dauert die Bildung des Pollenschlauches sehr lange. Man kann sein Wachstum aber mit Hilfe von Testosteron, einem männlichen Hormon aus dem Tierreich, beschleunigen. Hier stimuliert also ein männliches tierisches Hormon ein männliches Element der Pflanzen. Das ist eine seltsame und erstaunliche Annäherung zwischen zwei Welten, deren chemischer Aufbau ansonsten so verschieden ist! Andererseits produzieren auch Dattelkerne weibliche Hormone in großer Menge. Verwechselt die Natur selbst das Pflanzen- und das Tierreich, oder spielt sie bloß mit ihren Möglichkeiten? Es ist und bleibt ein Geheimnis . . .

Die Geschwindigkeit, mit der der Pollen seinen Pollenschlauch ausbildet, ist bei den einzelnen Klassen der Pflanzen sehr verschieden: Der Pollenschlauch der Blütenpflanzen entwickelt sich 1500- bis 2000mal schneller als der der Nadelhölzer. Es sieht so aus, als wäre bei den Nadelhölzern diese Art der Fortpflanzung noch nicht so recht ausgebildet. Ihre Vorfahren, die Palmfarne zum Beispiel, gehen überhaupt anders vor: Sie bilden keinen Pollenschlauch aus, sondern lassen schwimmende Spermatozoiden direkt in die Samenanlage gelangen, wo sie aus eigener Kraft die weiblichen Zellen zur Befruchtung erreichen müssen. Die Nadelhölzer stehen also immer noch unter dem Einfluß ihrer Vorfahren, von deren Erbe sie sich nicht ganz haben lösen können und bei denen das Wasser ein wesentlicher Faktor für die Befruchtung war. Es macht ihnen soviel Mühe, ihren Pollenschlauch zu bilden, eben weil sie sich noch nicht ganz an seine Funktion gewöhnt haben. Er ist noch nicht voll spezialisiert und kann sich, unter bestimmten Umständen, teilen und Dauergewebe bilden. Bei den blühenden Pflanzen wäre das kaum möglich, da ihre Pollen immer zu einem Pollenschlauch auswachsen: Sie sind ganz auf die Fortpflanzung ausgerichtet und besitzen im Vergleich zu den Pollen der Nadelhölzer eine wesentlich größere männliche Potenz.

Die Pollen der Tabakpflanze besitzen sogar die erstaunliche Fähigkeit, durch einfache Keimung ohne Befruchtung einen Embryo hervorzubringen, der in der Lage ist, eine neue Pflanze zu bil-

bryo hervorzubringen, der in der Lage ist, eine neue Pflanze zu bilden. Dieses außerordentliche Phänomen, das sich auch bei einigen anderen Arten findet – wie zum Beispiel beim Spargel, bei der Rübe und bei der Birke –, erinnert uns daran, daß jede Zelle, sofern es eine Geschlechtszelle ist, in ihrem Kern das gesamte Programm der Pflanzenart, zu der sie gehört, enthält und daß zumindest theoretisch jede einzelne Zelle in der Lage ist, ohne Sexualität ein neues Lebewesen zu gebären. Wird man eines Tages Babys aus einer Zelle des großen Zehs oder aus nichtbefruchteten Spermatozoen machen können? Noch ist es eine Science-fiction-Hypothese, aber vielleicht wird sie einmal wahr. Das wäre allerdings das Ende der Liebe, die Rückkehr zum Ausgangspunkt vor drei Milliarden Jahren, als sich das Leben durch Zellteilung fortgepflanzt hat und die Sexualität noch nicht erfunden war. Es ist eine Möglichkeit, die wir bei der Fortpflanzungsart der Orchideen, die sich durch Zellteilung vermehren können, bereits angesprochen haben.
Es gibt jedoch noch Seltsameres: Die winterharten Hyazinthen bringen zuweilen einen abartigen Pollen hervor, der eine befruchtbare weibliche Zelle produziert. Hier irrt sich der Pollen im Geschlecht und verstößt gegen alle seine Pflichten. Er zeigt aber, daß die Transsexualität nicht nur eine Verwirrung der menschlichen Natur ist, sondern bereits im Bereich der Zelle existiert. Ist das eine weitere Grille, ein weiterer launischer Einfall der Natur?

## *Die Liebe und der Zufall*

Wenn die weibliche Zelle einer Pflanze mit einem Spermatozoid ihrer Art zusammentrifft, kommt es automatisch zur Befruchtung. Liebeskummer gibt es nicht in dieser wichtigen Phase, in der die Geschlechtszellen miteinander verschmelzen, und Untreue spielt hier keine Rolle. Das trifft natürlich auch auf das Tier- und Menschenreich zu, wo es nicht die Zellen, sondern die Einzelwesen sind, die sich lieben. Die einzelnen Menschen suchen sich aus und nicht ihre Geschlechtszellen, die sich nach einem Liebesakt genauso zufällig treffen wie die Zellen im Pflanzenreich. Der Zufall lauert am Pulsschlag des Lebens und vereitelt jede Art von Vorberechnung. Er teilt allen, die an der großen

Lotterie des Lebens teilnehmen, im Augenblick der Empfängnis ihren Anteil an guten und schlechten Chancen zu.
Bei den Pflanzen scheint der Zufall vom Anfang bis zum Ende des Fortpflanzungsprozesses Herr des Spieles zu sein. Das Rendezvous der Zellen ist ebenso vom Zufall gesteuert wie die Übermittlung der Pollen. Auf dieser Ebene gibt es keine Anziehung zwischen den Geschlechtern und keine unerwiderte Liebe. Und wenn mehrere Pollenkörner auf die Narbe fallen, spielt der Zufall weiter mit und bestimmt den Sieger bei der Bildung des Pollenschlauches, das heißt jenes Pollenkorn, das die Befruchtung mit seinen Spermatozoiden vermittelt. Die anderen Pollenkörner verkümmern frühzeitig. Nur in ganz seltenen Ausnahmefällen praktiziert die Natur die Befruchtung einer Zelle durch die Spermatozoiden mehrerer Pollenkörner, und zwar ausgerechnet bei der Wunderblume.
Aber ist das alles wirklich Zufall? Diese Begebenheiten sind vielleicht weniger zufällig, als es den Anschein hat. Aus der Nähe betrachtet, findet man hinter diesen »Zufällen« subtile Strategien der Verführung und der Annäherung – mit all den Erfolgschancen, die von sexuellen Phänomenen, selbst auf dem Niveau der Zellen, nicht zu trennen sind.
Man kann gewiß das Niederfallen eines Pollenkornes auf der Narbe einer Blüte der richtigen Pflanzenart als das Ergebnis eines glücklichen Zufalls bezeichnen. Denn die Chancen, daneben zu fallen, sind, wie wir später noch sehen werden, soviel größer, daß der genaue Treffer ins Ziel immer wieder ein Ereignis ist. Nur in ganz seltenen Fällen – wie bei den mimetischen Orchideen – ist das pollenübertragende Insekt ein ausgezeichneter Schütze: Es trifft jedesmal ins Ziel – das Ziel ist ja auch so verlockend!
Etwas anders steht es mit dem Zufall bei den Pollenschläuchen, die die weiblichen Zellen erreichen wollen. Denn es ist nicht immer der erste Pollenschlauch, der sich auf den Weg macht, der das Herz der Schönen gewinnt. Während der Keimungs- und Schlauchbildung des Pollens scheidet der Fruchtknoten feine Hormonsekrete ab, die das Wachstum des einen Pollenschlauches im Gegensatz zu einem anderen beschleunigen können. Es ist wie bei einem Pferderennen, bei dem man den Namen des Gewinners erst in allerletzter Minute erfährt. Die weibliche Zelle empfängt nämlich nur jenes Männchen, das sie sich auf dem sub-

tilen Wege des hormonellen Vorspiels ausgesucht hat. In dieser Phase gibt es noch so etwas wie freie Partnerwahl, und ein solches Vorspiel des Sich-näher-Kennenlernens, bei dem man sich angezogen oder abgestoßen fühlt, scheint unzertrennbar mit jeder Paarbildung verbunden zu sein. Der Verlierer ist für gewöhnlich ein Pollen derselben Blüte oder Pflanze, was wiederum zeigt, daß die Natur den Inzest mißbilligt.

Was auf den ersten Blick wie ein Zufall aussieht, unterliegt also häufig einem strengen Ausleseverfahren, und eine Begebenheit sollte nicht nur deshalb ein Zufall genannt werden, weil man nicht gleich die passende Erklärung dafür findet. Wenn die befruchteten Blüten keinen Liebeskummer kennen, so könnte das jedoch bei den Pollen der Fall sein, wenn der Annäherungsversuch der Spermatozoiden, die auf den Pollenschläuchen sitzen, durch die »chemische« Ablehnung der Dame vereitelt wird.

Aber die Narben erleiden genauso viele Mißerfolge wie die Pollen. Viele von ihnen bleiben Jungfrau, und unzählige Eizellen bleiben unbefruchtet, weil sie nie ein Pollen besucht. Wie ein junges Mädchen, das nicht rechtzeitig unter die Haube gebracht wurde, sind sie zur Unfruchtbarkeit verurteilt. Die Eizellen verkümmern, ohne jemals zu einem Samenkorn heranzuwachsen, und der Fruchtknoten, in dem sie enthalten sind, bildet nie Früchte aus. Außer sie haben das Glück, zu den seltenen Arten zu gehören, die durch hormonelle Beeinflussung mit natürlichen oder künstlichen Mitteln Früchte auf dem Wege der Jungfernzeugung *(Parthenogenese)* bilden können. Die Ananas, die Banane, die Apfelsine und die Gurke können sich auf diese Weise ohne Pollen und ohne Befruchtung fortpflanzen, weshalb sie keine Kerne brauchen und einen höheren Konsumwert für den Menschen besitzen.

## *Wo die Frau den Spielplan bestimmt*

Wenn man das Verhalten des Pollens untersucht, muß man also zwei aufeinanderfolgende Phasen unterscheiden. In der ersten Phase verhält er sich vollkommen neutral und ist den Elementen ausgeliefert, die zufälligerweise seine Verstreuung vornehmen. Das nennen wir die Phase der Bestäubung. In der zweiten Phase, wenn er auf der Narbe einer Blüte seiner Art landet, offenbart sich sein männlicher Charakter durch einen Hormonimpuls aus dem Fruchtknoten, der seine Sexualität weckt. Das Erwachen der männlichen Potenz ist also von der unmittelbaren Anwesenheit des weiblichen Elementes abhängig. Durch den physischen Kontakt mit dem Fruchtknoten wird der Pollen sexuell erregt und bildet seinen Schlauch aus. Man muß hier schon von einem echten Verführungsversuch sprechen, denn erst von dieser Phase an beginnt der Pollen zu keimen, wächst der Schlauch aus und kann die Befruchtung stattfinden – ganz im Gegensatz zur menschlichen Sexualität, bei der das Reifen der weiblichen Zelle erst durch den Kontakt mit dem Spermatozoid ausgelöst wird. Wieder ein Beispiel dafür, daß in der grünen Welt manches umgekehrt verläuft.

Bei den Pflanzen erwacht also das männliche Element aus seinem Dornröschenschlaf erst durch den physischen Kontakt mit dem weiblichen Element. Nicht die Pflanze selbst, sondern nur die Fortpflanzungszellen haben hier den Sexualinstinkt ... In diesem Bereich besteht ein großer Unterschied zur Tierwelt. Die sexuellen Impulse der Tiere gehen vom Gehirn aus und werden von Hormonzyklen und Brunstphasen gesteuert, die die sexuellen Riten und Rhythmen genau festlegen. Im Tierreich ist es allein der Mensch, der diesem Gesetz nicht zu unterliegen scheint: Bei diesem hochentwickelten Tier, das seine natürlichen Instinkte verloren hat, ist das Erwachen sexueller Erregung nicht mehr von Zyklen, sondern von der Gegenwart des Partners abhängig. Die psychische Vorstellungskraft und die Rolle des Gehirns werden zu bestimmenden Faktoren. Den Pflanzen, die kein Gehirn haben, fehlt diese Vorstellungskraft. Sie haben weder Gefühle noch Wunschbilder noch unzüchtige Gedanken, und sie verhalten sich meist eher passiv. Diese Passivität besteht allerdings noch nicht in der Phase der Bestäubung, in der sich die Blüte anstrengen muß, um einen der unentbehrlichen Pollenüberträger – wie Wind, Vogel oder Insekt – zu verführen. Das Ziel bleibt allerdings bei jedem Überträger dasselbe. Es gilt, den Pollen auf die Narbe des Griffels zu bringen und damit die Befruchtung zu ermöglichen.

Die Pollenübertragung könnte man mit einer Heiratsvermittlung durch eine Zeitungsanzeige vergleichen: Man setzt eine Annonce in die Zeitung und wartet ab, was zurückkommt. Je größer die Anzahl der Antworten, desto größer sind die Erfolgschancen. Der verlockende Wortlaut der Annonce ist die Blüte – ihre klebrige Narbe, ihre attraktiven Blütenblätter, ihr Duft und ihr Nektar. Und die Antworten? Das sind die Blütenstaubwolken oder die Insektenschwärme, die sich auf der Blüte niederlassen. Am Ende, nach einem erfolgreichen Abschluß der Vermittlung, wird das Ganze von einem Liebesakt oder sogar von einer Ehe gekrönt.

Die Chancen der Narben, Blütenstaub zu empfangen, stehen also nicht schlecht. Viel wichtiger für sie ist zu wissen, woher er kommt: Kommt er von derselben Blüte oder von einer Blüte derselben Pflanze? Oder kommt er von einer anderen Pflanze der gleichen Art oder überhaupt von einer Pflanze anderer Art? Denn der Wind, falls er der Überträger ist, trifft keine Auswahl und verstreut die Pollen, wohin es ihm gefällt. Wie soll sich nur die Blüte in diesem Durcheinander auskennen? Die Narbe ist es, die aussortiert wie das Preiskomitee bei einem Wettbewerb. Größe und Form der Pollenkörner müssen mit den Papillen der Blütennarbe übereinstimmen. Dadurch werden von vornherein die Pollen aller fremden Pflanzenarten ausgeschieden, die sogleich absterben, ohne zu keimen. Wie ein Schlüsselloch nur die zu ihm passenden Schlüssel »erkennt« und einläßt, so »erkennt« die Narbe den richtigen Pollen. Außerdem begünstigen die mehr oder weniger süßen Sekrete der Narbe nur die Keimung ganz bestimmter und besonders erwünschter Pollen. Nur sie können am Wettspiel der Schlauchausbildung teilnehmen, nur sie allein haben eine Chance, zu gewinnen.

Das Verfahren der Pollenauswahl nimmt zuweilen unerwartete Formen an. Dies ist zum Beispiel bei den vorwiegend aus Amerika stammenden Gauklerblumen der Fall *(Mimulus cardinalis* mit roten Blüten, *Mimulus guttatus* mit gelben Blüten – beides Braunwurzgewächse), die ziemlich nahe mit unserem Löwenmaul verwandt sind. Diese Blüten öffnen ihre Narben in zwei Lappen, die dünnen Lippen täuschend ähnlich sehen. Die geringste Erschütterung einer dieser Lippen bewirkt ein sofortiges Schließen der Öffnung, das in Sekundenschnelle erfolgt. Das ist ein spektakuläres Beispiel für das, was man mit einem botanischen Fachwort eine *Nastie* nennt. Die Nastien sind Bewegungen der Pflanzen, die ohne Beziehung zur Richtung des auslösenden Reizes erfolgen. Sie verlaufen immer in derselben Richtung und können die verschiedensten Organe betreffen. In unserem Beispiel ist es eine,

wenn auch sehr schwache, Erschütterung, die die Schließung der Narbenlippen bewirkt. Ein typischer Fall von *Seismonastie*, bei dem eine Bewegung durch eine Erschütterung oder einen Stoß ausgelöst wird.
Es genügt, daß ein Pollenkorn auf die geöffnete Narbe fällt, um ihre sofortige Schließung herbeizuführen. Jetzt beginnt die genaue Prüfung des Bewerbers. Wenn ein artfremder Pollen auf die Narbe fällt, nimmt sie in ungefähr einer viertel Stunde wieder ihre ursprüngliche Stellung des Abwartens und der Empfängnisbereitschaft ein. Ist der Pollen jedoch nicht artfremd, bleibt die Narbe für Stunden fest verschlossen. Sie öffnet sich erst wieder, wenn der Pollen bereits mit der Bildung seines Schlauches begonnen hat. Hier könnte man fast sagen: Die Blüte »verschlingt« ihren Pollen, dann erwacht ihr Appetit aufs neue, und sie begibt sich wieder in Wartestellung.

## *Das Inzesttabu*

Im einfachsten Fall kommt es zu einer Selbstbestäubung, das heißt, der Pollen einer Blüte fällt auf die Narbe derselben Blüte und führt die Befruchtung herbei. Das Prinzip der Selbstbefruchtung ist gewiß einfach und wirksam, kann aber fatale Folgen haben, da es sich um Inzest handelt. Sogar das Grundgesetz hat dagegen Vorsorge getroffen und verbietet die Ehe zwischen Bruder und Schwester oder zwischen Onkel und Nichte. Das kanonische Recht ist noch strenger und verbietet auch die Ehe zwischen Geschwisterkindern, also zwischen Vetter und Base. Das uralte Tabu des menschlichen Inzestes basiert auf denselben biologischen Grundlagen wie das der Pflanzen.
Der Inzest bei den Pflanzen geht noch einen Schritt weiter als bei den höheren Tieren. Wenn der Pollen auf die Narbe der eigenen Blüte fällt, ist es so, als ginge man eine Ehe mit sich selbst ein: ein Akt der Selbstbefruchtung, bei dem man sowohl von Masturbation wie von Inzest sprechen könnte, obwohl weder das eine noch das andere die Sache genau trifft. Denn zu den einhäusigen Pflanzen gibt es keine Entsprechung bei den höheren Tieren.
Die Blutsverwandtschaft der Eltern setzt den Embryo großen Risiken aus, da in seinem Erbgut die Fehler zweier Chromosomen

vom Vater und von der Mutter zusammentreffen und sich gegenseitig verstärken. In einem solchen Fall kann es sein, daß die Nachkommen mehr oder weniger schwere Anomalien aufweisen, die zu einer lebenslangen Krankheit oder zum frühen Tod führen können.

Die berühmte Geschichte von der Bluterkrankheit am spanischen Hof illustriert deutlich die Risiken, die die Eltern ihren Nachkommen durch die Inzucht auferlegen. Allgemein bekannt ist auch der schlechte Gesundheitszustand abgelegener Dörfer, in denen seit Generationen die Heirat zwischen Cousin und Cousine üblich ist, ebenso wie die Dekadenz der Adelsfamilien aus dem vorigen Jahrhundert, die immer wieder untereinander heirateten, um ihr Familienerbgut zu erhalten oder zu vermehren, und damit ihr genetisches Erbgut verspielten. Wie gut, daß der Zufall einem derartigen Aristokraten zuweilen eine verirrte Bauernmagd über den Weg laufen ließ, mit der er dann einen kräftigen Bastard zeugte, der das müde Blut wieder auffrischte.

Im allgemeinen bevorzugt die Natur, fremde Gene miteinander zu vermischen. Sie sucht nur selten, und dann nur, wenn es unbedingt nötig ist, Zuflucht bei der Selbstbefruchtung – oder aber dann, wenn eine Fremdbefruchtung gescheitert ist. Der Schwarzkümmel ist ein gutes Beispiel dafür. Diese dekorative Blume, die so häufig in Gärten angepflanzt wird, war offensichtlich zuerst für die Fremdbestäubung durch ein Insekt vorgesehen, da das obere Ende des Stempels, der die Pollen auffängt, weit über die Staubfäden hinausragt. Der reife Pollen kann daher gar nicht direkt auf den Stempel derselben Blüte fallen. Dieses Problem verschwindet jedoch bei betagten Blüten, denen es noch nicht gelungen ist, bestäubt zu werden. In diesem Fall wölbt sich das obere Ende des Stempels rückwärts und holt sich die Pollenkörner aus den offenen Staubfäden, die ihn dann befruchten. Wie bei den Tieren wird hier ein direkter physischer Kontakt zwischen den Geschlechtern hergestellt, nur mit etwas anders verteilten Rollen, da es das weibliche Organ ist, das den Pollen in seinem Domizil aufsucht. In der grünen Welt sind eben viele Dinge auf den Kopf gestellt! Die Glockenblume macht es im Notfall wie der Schwarzkümmel: Sie rollt ihre drei Stempel so weit zurück, bis sie den Pollen berühren. Gewisse Lichtnelken, Hornkraut- und Sternmierenarten verhalten sich ebenso *(Lychnis alpina, Cerastium arvense* und *Stellaria graminea).* Die

*Morina longifolia*, eine Pflanze aus dem Mittleren Orient, hat sich eine ähnliche Technik zur Gewohnheit gemacht. All diese Blüten ziehen offenbar das Risiko, mißgestaltete Nachkommen in die Welt zu setzen, dem Zölibat und der Unfruchtbarkeit vor. Im großen und ganzen scheint aber die Selbstbefruchtung nur eine Art Reserverad zu sein, die letzte Zuflucht, wenn keine Fremdbefruchtung stattgefunden hat.

Wir haben dieses Phänomen bereits bei der Bienenragwurz *(Ophrys apifera)* gesehen, bei der sich die gesamte alt und schwach gewordene Pollenmasse auf dem empfängnisbereiten Teil der Narbe niederläßt, wenn das für die Bestäubung zuständige Insekt nicht erscheint.

Der *Hermaphroditismus*, das gleichzeitige Erscheinen beider Geschlechter in ein und demselben Individuum, findet sich in jeweils anderer Form auch bei den Schnecken und Menschen. Die Schnecke befruchtet sich allerdings nicht selbst, sondern paart sich wie die Regenwürmer, die ebenfalls »Zwitterwesen« sind. Die Selbstbefruchtung ist selten, selbst bei den Zwittern, ob Pflanze oder Tier. Nur einige wenige Würmer – darunter der Bandwurm –, die keine andere Wahl haben, sowie einige Weichtiere praktizieren die Liebe im Alleingang und befruchten sich selbst. Die Schnecke liebt die Zweisamkeit und nimmt sich sehr viel Zeit dafür. Ihr Liebesakt kann Stunden dauern und nicht nur Sekunden – wie beim eingebildeten Hahn, der noch stolz darauf ist, ihn in so schneller Zeit hinter sich zu bringen. Doch wenn er es auch nicht versteht, die Freuden zu genießen, so ist er wenigstens nicht sadistisch veranlagt. Schnecken sind sadistisch, sie paaren sich erst, nachdem sie sich gegenseitig mit einem Organ heftig gestochen haben, das man »Liebesstachel« nennen könnte.

Es kann auch passieren, daß es gar keine Alternative zur Selbstbefruchtung gibt. Das ist bei den Blüten der Fall, die im Zustand der Knospe verharren und sich niemals öffnen. Bei ihnen findet die Befruchtung ohne Kontakt zur Außenwelt statt. Die Veilchen tragen im Sommer solche geschlossenen Blüten, nachdem sie zur Freude von Spaziergängern und honigsammelnden Bienen zahlreiche und voll aufgeblühte Frühlingsblüten zustande gebracht haben. Ihre Frühlingsblüten üben eine große Anziehungskraft auf die Insekten aus, die von ihrem Geruch, ihrer Farbe und ihrem herrlichen Sporn, der die Form eines Füllhornes hat und reich an süßem Nektar ist, angelockt werden. Es ist anzunehmen, daß die Sommerblüten der Veilchen dann nicht mehr genügend Kraft finden, sich zu öffnen, und fast larvenartig im geschlossenen Zustand einer Knospe verharren. In Australien gibt es sogar eine Orchidee *(Rhizanthella gardneri)*, die unter der Erde lebt, befruchtet wird und Früchte bildet, ohne jemals an die Oberfläche zu kommen. Wahrscheinlich muß auch sie, so eingeengt in der Erde, auf die Selbstbefruchtung zurückgreifen. Die Selbstbefruchtung kann in gewissen Fällen durchaus von Vorteil sein. Das ist zum Beispiel der Fall bei einsam blühenden Pflanzen, die weit und breit keinen Partner finden und nicht die geringste Aussicht auf Nachkommenschaft hätten, wenn sie nicht zur Selbsthilfe griffen. Die Pflanzen haben hier mit ihrem Hermaphroditismus einen entschiedenen Vorteil den Menschen oder den höherentwickelten Tieren gegenüber, für die das einsame Vergnügen nie zu irgendwelcher Nachkommenschaft führt.

Tatsächlich tritt das Phänomen der Selbstbestäubung häufiger auf, als man früher angenommen hat. Man weiß zum Beispiel, daß Gerste und Weizen, im Unterschied zum Roggen, ihre Blüten gar nicht so weit öffnen, daß die Staubfäden ihre Pollen an den Wind abgeben können, wie es der Großteil der wildwachsenden Gräser macht. Hier wird die Selbstbestäubung zur Regel, was zur Folge hat, daß es der Gerste beispielsweise Generation um Generation gelingt, genetisch rein zu bleiben, das heißt, sich mit keinem artfremden Pollen zu vermischen. Dies ist bei vielen Kulturpflanzen der Fall, selbst bei Schmetterlingsblütlern – wie Bohne, Erbse oder Erdnuß –, deren Blüten doch offensichtlich so konstruiert sind, als würden sie von Insekten bestäubt.

Es gibt sogar Fälle, bei denen sich die Natur scheinbar bemüht, die Selbstbestäubung zu unterstützen: Die Berberitze, die heute zu wunderschönen Hecken gepflanzt wird, besitzt kleine gelbe Blüten, deren Staubblätter sich neugierig mit zwei Klappen öffnen. In weit geöffneter Stellung sieht das aus, als hätte der Staubbeutel zwei Ohren. Es genügt, daß ein Insekt das untere Ende eines solchen Staubblattes berührt, damit dieses sich zur Narbe verneigt: wieder ein Fall von *Seismonastie.* Allerdings kommt der Pollen auch durch diese plötzlichen Bewegungen nicht immer bis zum fruchtbaren Teil der Narbe.

Die Mahonie, dieser schöne Zierstrauch, der mit der Berberitze nah verwandt und wie die Stechpalme immer grün ist, hat den Mechanismus der Bewegung mit besonderer Sorgfalt eingeübt.

Die sechs Staubfäden der kleinen gelben Blüten sind normalerweise in einem Kranz vereint, der die Blütenkrone überragt. Diese Blüten, die sich schon zeitig im Frühjahr öffnen, werden von den Bienen oft und gerne besucht. Sie laben sich am Nektar und sammeln die Pollen ein. Sobald eine Biene das untere Ende der Staubfäden berührt, erfolgt eine blitzartige Bewegung der Staubfäden zur Mitte der Blüte hin, bei der sich der Rüssel des Tieres mit Blütenstaub überzieht. Den Blütenstaub drehen die Bienen dann zu kleinen Kugeln oder legen ihn wie »Pumphosen« um ihre Beinchen. Die Bewegungen der Staubfäden geschehen mit der bewundernswerten Schnelligkeit von nicht einmal einer zehntel Sekunde.
Dies stellt zweifelsohne einen Rekord an Beweglichkeit in der Pflanzenwelt dar, die man zu Unrecht als unbeweglich ansieht. Am deutlichsten wird das, wenn man das Öffnen einer Blüte oder das Aufkeimen eines Samenkornes in einer Zeitrafferaufnahme betrachtet. Bei der Mahonienblüte brauchen wir allerdings keinerlei technische Hilfsmittel, um zu wissen, daß sich die Pflanzen bewegen. Ihre Staubfäden beugen sich bei der geringsten Berührung, und sei es nur durch ein Haar. Die Staubfäden der Raute vollführen einen noch seltsameren, wenn auch langsameren Tanz. Wenn ein Staubfaden ausreift, beugt er sich zur Mitte der Blüte, dann folgt ein anderer mit der gleichen Bewegung nach. Er lehnt sich vornüber und stößt dabei den ersten an, wodurch sich dieser wieder aufrichtet. Es ist ein Zeremoniell, das sich fortsetzt, bis jeder Staubfaden auf diese Weise der Blüte seine Reverenz erwiesen hat.
Noch kann sich niemand den Mechanismus dieser plötzlichen Bewegungen erklären, von denen man nur weiß, daß sie meistens durch einen oder mehrere Kontakte mit besonderen Zellen ausgelöst werden. Die Membranen dieser Zellen weisen unter dem Mikroskop deutlich sichtbare Erhebungen und kleine Papillen, sogenannte Tastorgane, auf. Die Art, in der sich ein punktförmiger Reiz auf das ganze Organ überträgt, um eine Bewegung auszulösen, bleibt eines der großen Mysterien der pflanzlichen Biologie. Immerhin kann man – wie auch A. Tronchet, ein bekannter Fachmann in dieser Frage, feststellt – vorläufig davon ausgehen, daß das Serotonin oder das Noradrenalin (chemische Stoffe, die auch im tierischen Nervensystem vorkommen) für diese Bewegungen mitverantwortlich sind. Diese Stoffe wurden

im pflanzlichen Gewebe gefunden, und zwar in höherer Konzentration in den Organen, die Bewegungen nach einem mechanischen Reiz auslösen. Es stellt sich die Frage: Welcher physiologische Mechanismus, welches Reizübertragungssystem kann dieses Phänomen der Informationsübermittlung erklären? Sind chemische Stoffe wie Serotonin oder Noradrenalin wirklich daran beteiligt, fragt man sich, oder besitzen Pflanzen irgendein feines Kommunikationssystem, von dem wir noch gar nichts wissen?
Damit kommen wir auf die berühmte Geschichte von den sensiblen Pflanzen, die diese oder jene Musik und diese oder jene Person vorziehen, und auf die Experimente von Backster, durch die er sich bis auf einige wenige Personen, die – wie der Autor – das Traumhafte lieben, den Großteil der Wissenschaftler zu Feinden gemacht hat. Man muß sich erst mit dem Gedanken anfreunden, daß die Pflanzen unsere Gedanken lesen können, daß sie genauso leiden wie wir und das Bedürfnis haben, geliebt zu werden, oder daß sie Angst vor Feuer und zu nahe stehenden Lampen haben. (Vergleiche dazu das im Anhang genannte allgemeinverständliche, allerdings nicht streng wissenschaftliche Werk von Peter Tompkins und Christopher Bird.)
Für gewisse Tatsachen gibt es einfach keine Erklärung: Warum regt Ultraschall das Wachstum von Pflanzen an, und warum übersteht ein anästhesierter Baum eine Verpflanzung besser? Hier sind Wissenschaft und Dichtung kaum noch zu trennen, doch man sollte nicht vergessen, daß auch Jules Verne als Phantast belächelt wurde, und doch sind viele seiner Träume Wirklichkeit geworden. Nur sorgfältige Experimente werden es uns gestatten, Antworten auf diese interessanten Fragen zu finden.

## *»Unverblümte« Promiskuität*

Wenn Selbstbestäubung und Selbstbefruchtung auch durchaus nicht selten bei den Pflanzen sind, haben sich doch zahlreiche Blüten geschickte Kriegslisten ausgedacht, um sie nicht nur unwahrscheinlich, sondern auch unmöglich zu machen. Darwin war fasziniert von ihrem Reichtum an Phantasie, der beweist, daß »die Natur vor der Selbstbefruchtung zurückschreckt«, weil diese eine Verminderung von Kraft und Fruchtbarkeit nach sich zieht. In der Tat hat die Natur mehr als nur einen Trick, um die Selbstbefruchtung zu verhindern oder ihr entgegenzuwirken.

Die sicherste Methode ist natürlich die Trennung der Geschlechter. Diese strikte Trennung in männliche und weibliche Geschöpfe, die bei den blühenden Pflanzen selten vorkommt, stellt bereits einen großen Fortschritt in der Entwicklung dar: Die Fremdbefruchtung ist dabei obligatorisch. Dies war bei den Tieren schon sehr früh in ihrer Evolutionsgeschichte der Fall. Lange vor den Wirbeltieren haben sie bereits männliches und weibliches Geschlecht auf verschiedene Individuen verteilt. In der Pflanzenwelt scheint die Evolution diese Richtung nicht eingeschlagen zu haben. Die Pflanzen mit getrennten Geschlechtern bilden weniger als zehn Prozent der gesamten Flora und sind hauptsächlich bei primitiven und isoliert wachsenden Arten zu finden, zum Beispiel bei der Eibe, dem Dattelbaum, der Weide, der Pappel, der Brennessel, dem Hopfen, der Papaya und dem Spargel. Das sind Pflanzenarten, bei denen man zwischen einer männlichen und einer weiblichen Pflanze unterscheiden kann. Es scheint, daß diese Pflanzen aus zwittrigen Vorfahren hervorgegangen sind, die im Laufe ihrer Geschichte ein Geschlecht verloren haben; denn es finden sich auf den Blüten dieser Pflanzen oft Spuren des zweiten Geschlechtes. Es ist ein recht geglückter Weg, den diese wenigen, aber »intelligenten« Pflanzen parallel zu den Tieren gewählt haben. Die meisten Arten, auch wenn sie noch so hoch entwickelt waren, sind hermaphroditisch geblieben. Bei ihnen ist das enge Nebeneinander der Geschlechter die Regel, was ihrer ungeheuren Verbreitung allerdings nicht geschadet hat. Kann es sein, daß diese »unverblümte« Promiskuität auch einen Vorteil mit sich bringt, der das Risiko der Selbstbefruchtung kompensiert? Wenn man darüber nachdenkt, ist dieser Vorteil einleuchtend: Bei den Arten mit getrennten Geschlechtern ist die Rolle der männlichen Pflanze, sobald die Befruchtung abgeschlossen ist, zu Ende. Sie stellen eine große Verschwendung an Material, Energie und Raum dar. Auf gleich großer Fläche hätten die Hermaphroditen bei sonst gleichen Bedingungen doppelt so viele Nachkommen wie die Eingeschlechtigen hervorgebracht, bei denen die Hälfte aller Exemplare, nämlich die männlichen, kinderlos bleiben.
Die Eingeschlechtigkeit erweist sich erst bei den höherentwickelten Tieren als vorteilhaft, bei denen die Natur jedem Geschlecht eine bestimmte Rolle überträgt, so vor allem bei der Aufzucht der Jungen. Daß man im Gegensatz dazu in unserer modernen

überentwickelten Gesellschaft versucht, diese Rollen nach Belieben aufzuheben oder neu zu verteilen, wird sich früher oder später als Fehler erweisen.

Eine männliche Pflanze hat also eine sehr beschränkte Funktion. Wenn ihre Pollen verstreut sind, hat sie keine Aufgabe mehr und wird für die Natur zum nutzlosen Konsumenten. Da ist es schon viel besser, die Hermaphroditen zu unterstützen, was die Natur sich auch nicht nehmen läßt, indem sie gleichzeitig mit allen möglichen Listen und mit einem unvorstellbaren Reichtum an Phantasie die Selbstbefruchtung zu verhindern sucht.

Die wirksamste Methode ist es, die Blüte »selbststeril« zu machen; der Löwenzahn, der Thymian und der Lavendel zum Beispiel greifen zu diesem Verhütungsmittel: Der Pollen einer Blüte ist dabei nicht in der Lage, die Stempel derselben Blüte zu befruchten, und die Fremdbefruchtung wird somit obligatorisch. Bei den zahlreichen Arten, die selbststeril sind, wird die Keimung des Pollens unterbunden, sobald er den Stempel derselben Blüte oder einer Blüte derselben Pflanze, was genetisch gesehen das gleiche ist, zu befruchten sucht. Es scheint, daß Pollen und Stempel, die auf demselben Stiel wachsen, über eine bestimmte Eiweißsubstanz verfügen, die die Selbstbefruchtung verhindert. Sobald deren Moleküle sich »erkennen«, wird die Keimung des Pollens blockiert. Es gibt eine Reihe von Sorten unter den Apfel-, Birn- und Aprikosenbäumen, die sich nicht selbst befruchten können und die von den Pollen einer anderen Sorte abhängig sind. Es ist auch nicht ratsam, einen Obstgarten nur mit jungen Bäumen von derselben Mutterpflanze anzulegen, durch Stecklinge zum Beispiel, da die Nachkommen miteinander identisch wären. Die Folge wäre ein steriler Obstgarten.

Durch den Mechanismus der Selbststerilität zwingt die Natur die Pflanzen zur Fremdbefruchtung, deren Nachkommen laut Darwin die »Lebenskraft des Bastards« aufweisen. Die Zusammensetzung des Erbgutes aus den Erbanlagen zweier verschiedener Individuen, die nicht miteinander verwandt sind, führt – wie unzählige Beispiele ergeben haben – für gewöhnlich zu gesünderen und stärkeren Individuen. Deshalb begünstigt die Natur mit ihren Tricks diese Fremdbefruchtung.

*Vorteile eines frühzeitigen Samenergusses*

Eine erste Schutzvorrichtung besteht in einer zeitlichen Trennung der Geschlechtsreife: Auf ein und derselben Blüte reift das eine Geschlecht früher als das andere. Die große Familie der Korbblütler gibt dafür ein gutes Beispiel ab, da ihre Staubfäden vor dem Stempel reifen. Die Perfektion dieses Systems verdient es, daß man sich ein bißchen länger damit beschäftigt. Die Blüten der Korbblütler bestehen aus eng aneinandergerückten Organen, die den Eindruck einer ganz einfachen Blüte erwecken, die »Köpfchen« genannt wird: Der Löwenzahn, die Margerite und die Wegwarte gehören in diese Kategorie. Jede Blüte dieses »Köpfchens« besitzt fünf Staubfäden, die zu einer Art Zylinder zusammengeschweißt sind. Wenn sich der obere Teil des Stempels während seines Reifeprozesses verlängert, durchstößt er diesen Zylinder und wischt mit seinen Härchen wie ein Flaschenputzer die reifen Pollenkörner von den Staubfäden. Erst wenn er den Zylinder ganz durchstoßen hat und oben herausschaut, teilt er sich in zwei Lappen, die zur Pollenaufnahme fähig sind. Diese beiden Lappen entfalten sich und können dann nicht mehr vom Pollen derselben Blüte bestäubt werden, weil dieser unterhalb auf den feinen Härchen des Stempels hängengeblieben ist. Die Selbstbefruchtung ist unmöglich geworden.

Die Kornblumen verfeinern sogar noch das System: Um eine perfekte Pollenverteilung auf den Stempelhärchen zu garantieren, reagiert der Zylinder der fünf Staubfäden äußerst sensibel auf jede Erschütterung, die ein Insekt auf der Suche nach Nektar verursacht. Wenn dies eintritt, verkürzen sich die Staubfäden, der Zylinder zieht sich zusammen und wird enger. Bei dieser Bewegung werden die Pollenkörner an den Stempelhaaren abgestreift. Hier hat also der Pollen gleich zwei Gelegenheiten, auf den Stempel zu gelangen: erstens bei der Öffnung der Staubfäden, wenn sich diese durch eine Erschütterung zusammenziehen, und zweitens, wenn der Stempel nach oben quer durch den Zylinder wächst.

Aber selbst dieses ausgeklügelte Verfahren der Kornblumen – wie auch das der anderen Blumen in der Familie der Korbblütler – verfehlt sein Ziel. Sicher, es macht die Selbstbefruchtung einer einzelnen Blüte unmöglich. Es zeigt sich jedoch, daß nicht alle Blüten des »Köpfchens« zur gleichen Zeit reifen: Die äußeren blühen vor den inneren auf. Diese sind noch geschlossene gelbe Blütenröhren und sehen aus, als hätten sie eine Kapuze auf, während die Randblüten bereits geöffnete Röhren haben, auf denen man die empfängnisbereite Narbe sieht, die sich wie ein Krummstab mit zwei symmetrisch angeordneten Griffen entfaltet hat. Die Altersverschiebung der Blüten kompensiert die Verschiebung der Reifeperiode ihrer Organe und annulliert den erwarteten Effekt, so daß die Selbstbefruchtung zwischen verschieden alten Blüten des gleichen »Köpfchens« ohne Schwierigkeit durchgeführt werden kann. Eine trippelnde kleine Biene genügt, um den Blütenstaub von Blüte zu Blüte zu tragen und die Befruchtung zu veranlassen. Wie man sieht, erreicht die Natur hier ihr Ziel nicht: Der Versuch ist interessant, aber erfolglos. Er reiht sich ein in die lange Liste der Fehlschläge und Sackgassen, die zur Geschichte des Lebens gehört. Die Skabiose hat allerdings erreicht, was den Korbblütlern mißlungen ist. Auch diese Pflanze hat ihre kleinen violetten Blüten zu einem Blütenstand angeordnet, die aber alle zur gleichen Zeit reifen, so daß der Blütenstand zuerst ausschließlich männlich und dann ausschließlich weiblich ist. Das Ziel ist erreicht: Die Biene sorgt für die Fremdbefruchtung, indem sie von einem Blütenstand zum anderen fliegt.

Bei den Bäumen müssen natürlich alle Blüten gleichzeitig dasselbe Stadium erreichen, um eine Befruchtung zwischen zwei Blüten desselben Baumes unmöglich zu machen. Dies ist bei dem Avocado-, dem Litschi- und einem wilden Brustbeerbaum *(Zizipus spinachristi)* in Palästina der Fall, dem nachgesagt wird, daß die Dornen aus der Dornenkrone Christi von ihm stammen. Diese Bäume treten in zwei verschiedenen Arten auf: Die frühreifen öffnen ihre Blüten am Morgen, geben ihre Pollen frei, aber lassen den Stempel erst am Abend reifen. Die anderen öffnen ihre Blüten am Abend, der Pollen wird frei, aber der Stempel erreicht seine Geschlechtsreife erst am nächsten Morgen. Durch diese zeitliche Überlappung kann der Pollen eines Baumes nur die Stempel eines anderen Baumes befruchten – natürlich nur dann, wenn die Insekten fleißig hin und her fliegen. Deshalb müssen bei Avocadopflanzungen zum Beispiel Bäume beiderlei Art angepflanzt werden, da es sonst weder Bestäubung noch Samen noch Früchte gäbe.

Hier sehen wir den von den Korbblütlern im Ansatz begonnenen und gescheiterten Entwicklungsversuch von Erfolg gekrönt. Das sind die Kosten des Fortschritts: Eine unglaubliche Menge fehlgeschlagener Versuche führt schließlich doch zu einer geglückten Erfindung.

Eine ähnliche Schutzvorrichtung findet man auch beim Weidenröschen und bei der Rübe, bei denen sich ebenfalls die Staubfäden vor den Stempeln öffnen. Eine entgegengesetzt funktionierende Schutzvorrichtung findet man bei den Blüten der Wiesenraute, der Hainsimse und der Knotigen Braunwurz, bei denen sich das zeitliche Überlappen mit umgekehrtem Vorzeichen abspielt: Bei ihnen reifen die Stempel vor den Staubfäden.

Diese Fälle sind jedoch weitaus seltener, was man leicht verstehen kann. Es genügt zu beobachten, wie eine Blüte aufgeht: Die Kelchblätter öffnen sich, anschließend die Blütenblätter, dann stellen sich die Staubblätter auf, und schließlich erscheint der Stempel in der Mitte. Kurz, die Blüte öffnet sich und läßt ihre Organe vom Rand zur Mitte oder von außen nach innen reifen, wobei die Staubfäden ihre Reife vor den Stempeln erreichen. Wie bei den Menschen ist das männliche Geschlecht eher zum Samenerguß bereit als das weibliche zur Aufnahme der Samen. Der frühzeitige Samenerguß geschieht häufig in der Natur, die mit der Sexualität das Spiel zu zweit aber auch gleichzeitig die Asymmetrie in jeder Form erfunden hat – in diesem Fall Asymmetrie im zeitlichen Sinne.

Um das System der chronologischen Verschiebung zugunsten der Fremdbefruchtung effektiver zu machen, schöpfen gewisse Pflanzen ihre Möglichkeiten voll aus und praktizieren sogar die Selbstkastration:

Der Fetthennen-Steinbrech *(Saxifraga aizoïdes)* entledigt sich nach Ausstreuung der Pollen seiner Staubfäden, und erst wenn die in der Blüte verbliebenen Pollenkörner ihre Keimfähigkeit verloren haben, wird der Stempel empfängnisbereit, womit die Selbstbefruchtung absolut unmöglich gemacht wird.

Alle Mühe wäre allerdings umsonst, wenn nun keine Fremdbefruchtung stattfände. Um derartigen Risiken aus dem Wege zu gehen, hat die Raute Vorkehrungen getroffen: Sie streut ihre Pollen lange vor der Geschlechtsreife der Narbe aus. Wenn sie dann doch nicht bestäubt wurde, richten sich einige inzwischen schlaff gewordene Staubfäden noch einmal auf, berühren die Narbe und führen eine Selbstbefruchtung aus.

Während die Natur bei den einen Pflanzen die zeitliche Verschiebung der Geschlechtsreife organisiert hat, hat sie bei anderen die räumliche Trennung vorgesehen. Sie versucht dann eine unüberwindliche Barriere zwischen Pollen und Stempel einer Blüte aufzustellen, ein physisches Hindernis statt eines chronologischen. Dies ist bei den Orchideen der Fall, bei denen die Vermittlung eines Insektes absolut notwendig ist, damit der Pollen vom hinteren Teil der Blüte, wo er aufbewahrt wird, nach vorne gebracht werden kann, wo sich die Narbe befindet. Die Barriere zwischen Narbe und Staubfäden wird durch eine Zunge gebildet, die jede Selbstbefruchtung verhindert.

Die *Calotropis* – eine wunderschöne Pflanze mit großen blaugrünen Blättern, die von der Sahara aus bis nach Indien verbreitet ist – hat eine ähnliche Vorrichtung wie die Orchidee. Die Holzbohrfliege, die sie in der Gegend von Dakar befruchtet, muß komplizierte Verrenkungen vornehmen, um sich der Pollen bemächtigen zu können, die sie von Blüte zu Blüte trägt. Bei dieser Pflanzenart liegen die Pollen vollkommen vom Stempel isoliert, und eine Selbstbefruchtung ist faktisch unmöglich.

Auch die Primel und der Flachs haben eine äußerst erfinderische Schutzvorrichtung entwickelt, die besonders beim Flachs höchst wirksam ist. Bei der Primel kann man im Frühling zwei Arten von Blüten erkennen: Die einen haben einen Stempel, der von einer sehr langen Pollen-Empfangsantenne überragt wird, während ihre Staubfäden sehr kurz sind und unter dem Stempel, in der Tiefe der Blüte, sitzen. Bei diesen Blüten ist die Selbstbefruchtung durch einfaches Fallenlassen der Pollen unmöglich. Andere Blüten besitzen hingegen einen sehr kurzen Antennenstempel, der von den Staubfäden überragt wird, die den Pollen bis zum Rand der röhrenförmigen Blüte tragen. In diesem Fall könnte man theoretisch annehmen, daß die Selbstbefruchtung durch einfaches Fallenlassen der Pollen auf den Stempel möglich ist. Das Experiment zeigt aber, daß sich nur Blüten gegensätzlichen Typs bestäuben können; die Selbstbefruchtung unter Blüten gleicher Art erweist sich als absolut unmöglich, da die weibliche Zelle mit Hilfe ihrer Homonsekrete den Pollen nach ihrem Gutdünken aussucht. Schon Darwin hat diese Beobachtung gemacht: Wenn man »illegitime« Pollen auf den Stempel der Primel setzt, und zwar vierundzwanzig Stunden, ehe man »legitime« darauf plaziert, sind es immer die »legitimen«, also die später angekommenen, denen die Befruchtung gelingt. Die weibliche Zelle akzeptiert lediglich Pollen der jeweils anderen Art, und man fragt sich, wozu überhaupt die verschiedenen Formen der Blütenstempel dann da sind. Die *Armeria maritima*, eine an der Küste wachsende Grasnelkenart, macht sich jedenfalls diese Mühe nicht; sie bringt nur eine Blütenart hervor, differenziert jedoch Pollen und Narbe so sehr, daß sie sich – wie bei der Primel – nur fremdbefruchten läßt. Der Weiderich hingegen ist das Gegenteil und macht sich ein Vergnügen daraus, die Dinge zu komplizieren, indem er drei verschiedene Arten von Blüten und Pollen ausbildet. Trotz dieser Strategien, von denen die eine erfinderischer ist als die andere, bestehen Selbst- und Fremdbefruchtung in vielen Fällen nebeneinander. Während gewisse Pollenkörner die Blüte, aus der sie kommen, sowie Nachbarblüten derselben Pflanze befruchten, werden andere von den Insekten oder vom Wind weit fortgetragen und befruchten die Blüten anderer Pflanzen. Was Gefahr läuft, hier verlorenzugehen, wird woanders aufgefangen. Da die Pfanzen nicht alles auf eine Karte setzen und kein zu großes Risiko eingehen wollen, nehmen sie neben ihren vielen legitimen Ehen auch einige Inzestehen in Kauf.

## *Die vielfältigen Gesichter der Liebe*

Bei der Betrachtung der großen Vielfalt an Sonderfällen und originellen Erfindungen auf sexuellem Gebiet gewinnt man allgemein den Eindruck großer Unentschlossenheit. Es sieht so aus, als wäre die Natur noch nicht im reinen mit sich selbst. Jedenfalls lehnt sie die zu einfache Lösung ab und läßt sich stets ein Hintertürchen offen: Einerseits macht sie den Hermaphroditismus zur Regel, indem sie die Geschlechter nicht nur auf derselben Pflanze, sondern auch im selben Organ, nämlich der Blüte, eng aneinanderreiht. Andererseits zerbricht sie sich den Kopf, wie sie die normale Folge dieser Strategie, nämlich die Selbstbefruchtung, verhindern kann, die sie, allerdings nur halbherzig, zu verurteilen scheint. Zu Recht hütet sie sich vor einem strikten Verbot: Wie sollte sich die isoliert wachsende Pflanze vermehren?

Da sie fest angewachsen ist, wäre sie mitleidslos zum Zölibat verurteilt. Das enge Neben- und Miteinander der Geschlechter, das bei den Pflanzen die Regel ist, gleicht daher ihre Unfähigkeit aus, sich auf die Suche nach einem Partner zu machen, selbst wenn die Natur diese letzte Möglichkeit vorzuziehen scheint. Man hat jedoch hier das Gefühl, daß die Natur keine klare Entscheidung wie bei den höheren Tieren getroffen hat, bei denen die Geschlechter auf verschiedene Einzelwesen verteilt sind, die während der Brunstzeit wieder zusammenkommen. Durch diese Methode gewinnt zwar die genetische Qualität, aber das Leben selbst wird nicht erleichtert. Die Tiere verbrauchen beachtliche Energien beim Versuch, die verlorene Einheit wiederzuerlangen, durch die allein, für einen kurzen Augenblick, der Strom des Lebens fließt. Jede Tierart veranstaltet das Zusammentreffen der Geschlechter nach ihrer Weise; die Menschheit steht ihnen da in nichts nach. Zusätzlich dazu, daß bei ihr die sexuelle Lust nicht mehr von Phasen der Brunstzeit abhängig ist, kompliziert und verwickelt die reiche Vielfalt an religiösen und kulturellen Traditionen die zahlreichen Strategien der permanenten Suche nach dem Partner. Dieses heftige Verlangen, das sich in allen Formen von den niedrigsten und perversesten Arten der Sexualität bis zu den höchsten und edelsten Stufen der Liebe ausdrückt, beweist den unbewußten Wunsch, seine eigene Hälfte wiederzufinden, um in der verlorenen Einheit aufzugehen. Der durch die Trennung der Geschlechter in zwei Teile geschnittene Mensch wird nie aufhören, sein zweites Ich zu suchen, ohne es je zur Gänze finden zu können. Daher auch diese dem Menschen so eigene Sehnsucht, die darauf zurückzuführen ist, daß er auf ewig dazu verdammt ist, ohne Erfüllung seiner Träume und Hoffnungen leben zu müssen. »Der Mensch ist ein gefallener Engel, der sich an den Himmel erinnert«, sagt der Poet.

Natürlich werden Kritiker einwenden, daß – verglichen mit den Energien, die eingesetzt werden, um ein Territorium zu verteidigen oder Nahrung zu suchen – sich die Energien für die Fortpflanzung und die Suche nach der verlorenen Hälfte in annehmbaren Grenzen halten. Zugegeben, aber was die Freuden des Herzens, die große Liebe, betrifft: Was wäre die Menschheit ohne diese Höhepunkte, nach denen jeder einzelne sein ganzes Leben lang strebt? Der Mensch von heute gibt zwar vor, nicht mehr danach zu streben und nicht mehr an die Liebe zu glauben – eine Einstellung, die sich wie eine ansteckende Krankheit ausbreitet. Und doch gibt es irgend etwas in ihm, ganz tief in seinem

Herzen, das daran glaubt und das die verlorene Einheit aus den uralten Zeiten der primitiven Weltmeere, vor der Trennung von Pflanze und Tier, vor der Trennung von männlich und weiblich, wiederfinden will. Es bedurfte des Sündenfalls, damit das erste Menschenpaar entdeckte, daß es nackt war – wir sind es heute noch! Wenn wir menschliche Wärme suchen, wenn wir lachen, wenn wir weinen, wenden wir uns dem Partner zu. Unsere Sexualität ist das Zeichen unseres seelischen Widerspruches, den wir immer in uns tragen – bei Freude und Schmerz, in guten wie in schlechten Tagen. Sie zurückzuweisen bedeutet den Tod. Sie zu mißbrauchen heißt, sich selbst zu zerstören; denn Luzifer kennt die List und die Schönheit der Engel der Nacht. Die Sexualität in der gemeinsamen Liebe erleben bedeutet die Erfüllung unseres menschlichen Seins schlechthin.
Die Blüten hingegen brauchen nicht unbedingt eine andere Blüte, um sich fortzupflanzen. Sie sind sich in den meisten Fällen selbst genüge. Ist das die perfekte Liebe? Wohl nicht, denn sie trägt das Risiko der Inzucht in sich – etwas, das die Natur auf die verschiedenste Weise zu verhindern sucht, ohne es wirklich schaffen zu können.
Nichts ist perfekt auf dieser Welt, und was perfekt zu sein scheint, erweist sich, aus der Nähe betrachtet, ebenfalls als unvollkommen. Die Vielfalt der sexuellen Verhaltensweisen von Blüten vermittelt schließlich den Eindruck, daß sie auf diesem Gebiet zahllose Versuche gemacht und immer neue Wege beschritten haben. Es ist ein Charakteristikum der Blütenwelt, daß sie sich in die verschiedensten Richtungen entwickelt und die verschiedensten Lösungen gefunden hat, ohne jemals einen Weg breit auszuwalzen oder für eine Chance alles riskiert zu haben. Daher auch die Schwierigkeiten der Botaniker, wenn sie versuchen, ein wenig Ordnung in das dichte Gewirr der botanischen Familien zu bringen, die wie ein Blumenkohl in alle Richtungen sprießen, ohne daß sich eine dominante Achse erkennen ließe. Gewiß konnten einige allgemeine Gesetze aufgestellt werden, auf die wir uns bei unseren Betrachtungen im großen und ganzen stützen. Aber von der vertikalen Einordnung aller Wirbeltiere dieser Welt, deren stammesgeschichtliche Entwicklung genau dargestellt werden kann und deren Versteinerungen uns gestatten, mit einer relativen Präzision ihre Geschichte zu rekonstruieren, sind wir bei den Pflanzen noch weit entfernt. Sie ver-

mitteln einen viel verschwommeneren Eindruck, weil sie größere Risiken auf sich nehmen, gefährlichere Wege einschlagen und sich an Entwicklungsversuche wagen, von denen viele sich als Holzwege erweisen.

Was bedeutet es schon für die Überlebenden, wenn innerhalb einer Pflanzengesellschaft unglückliche Kreuzungen zu schwächlichen oder mißgebildeten Individuen führen? Das Leben macht es sich zur Aufgabe, diese sofort zu eliminieren, und zwar durch das Spiel der natürlichen Auslese. Denn es kommt ihm weder auf eine Pflanze noch auf eine Spezies an – und auch nicht darauf, das, was es geschaffen hat, wieder zu zerstören. Das ist das Gesetz von Yin und Yang, der ewige Kampf zwischen Vishnu, dem Erhalter, und Shiva, dem Zerstörer. Die schwächeren Exemplare werden im unerbittlichen Konkurrenzkampf mit den gesunden beseitigt, denn es ist ein Kampf, den sie nicht gewinnen können und den nur die Stärksten überleben. Auf diese Weise merzt die Natur ständig ihre eigenen Fehler aus, und zwar mit einer Strenge und Konsequenz, die zugleich beängstigt und tröstet.

Der menschlichen Gesellschaft bleibt übrigens dieses erbarmungslose Gesetz nicht erspart, auch wenn sie eifrigst versucht, ihm zu entkommen. Die Erfahrungen des täglichen Lebens zeigen, wie schwierig es ist, diese biologischen Unfälle, die als Mißgeburten, Monstrositäten und kriminell Veranlagte auftauchen, unterhalb einer bestimmten Schwelle einfach fallenzulassen. Jede natürliche Bevölkerung verfügt über diesen dunklen Rand an erbärmlichen und unglückseligen Individuen, denn es gibt kein Leben ohne Risiko, also auch kein Leben ohne Makel.

Mit eigentümlicher Beharrlichkeit glaubt der Mensch, über dieses eherne Gesetz hinauswachsen zu können, indem er die Schwachen beschützt und den Unterlegenen beisteht. Die Wirklichkeit sieht etwas anders aus. In jedem von uns steckt noch »das Tier«, wachsam und voller Angriffslust, denn die Menschheit befindet sich ja erst am Anfang ihrer Geschichte. Im Kampf ums Überleben gewinnt der Stärkere. Auch wenn der Starke den Schwachen schont: Könnte man es sich vorstellen, er ließe es zu, daß dieser seinen Platz einnimmt? Förderung und Auswahl erfolgen immer und ausschließlich zugunsten des Stärkeren, ob sich diese Stärke nun Geld, Intelligenz, Verschlagenheit, Geschäftssinn oder selbst Moral nennt. Nur die Heiligen halten sich nicht an das biologische Gleichgewicht, weil sie alles einem höheren Ziel opfern: Vielleicht sind sie das Modell des vollkommenen Menschen, dieses »transbiologischen« Wesens, das manche in einer fernen Zukunft oder am Ende aller Tage verwirklicht sehen.

Doch für den Augenblick steht die riesige Masse der Menschheit, ohne sich dessen wirklich bewußt zu sein, noch unter der grausamen Zwangsherrschaft biologischer Gesetze, die durch die Erfahrung und die mühevolle Arbeit vorangegangener Generationen kaum gemildert werden konnte. Der vollkommene Mensch liegt noch weit vor uns. Und niemand weiß, ob es ihm jemals gelingen wird, auf dieser Erde Fuß zu fassen.

8. Kapitel

# Der lange Marsch der Pollen

## *Ein abenteuerlicher, aber wirksamer Postservice*

Die Pflanzen teilen mit den Tieren den starken Trieb, sich fortzupflanzen und ihre Art fortleben zu lassen. Nur der Mensch in den am höchsten entwickelten Gesellschaften bricht mit diesem kategorischen Imperativ des Lebens und schreitet in Anbetracht der Überbevölkerung zur Geburtenregelung. Allerdings praktiziert er diese nicht dort, wo sie wirklich notwendig wäre, sondern hauptsächlich in den reichsten Ländern, die sehr wohl imstande wären, ihre Bevölkerung zu ernähren. Das ist der seltsame Widerspruch, das ewige Janusgesicht des Fortschrittes, ein wahrhaft zweischneidiges Schwert.

Die Pflanzen haben diese Sorgen nicht, alle ihre Anstrengungen konzentrieren sich nur auf ein Ziel, nämlich die erfolgreiche Befruchtung. Der Pollen als Träger der männlichen Zellen muß auf den Stempel, das weibliche Organ, gelangen, das ist eine notwendige, aber noch nicht ausreichende Voraussetzung für den Erfolg. Um den Transport des Pollens sicherzustellen, betreibt die Pflanze einen unwahrscheinlichen Aufwand an Mitteln. Ihre Architektur, ihre Gestalt und ihre Funktionen sind einzig und allein auf dieses lebenswichtige Ziel ausgerichtet: das Zustandekommen der Bestäubung und Befruchtung und damit den Fortbestand ihrer Art.

Der pflanzliche Pollen ist für die Reise, die er unternehmen muß, bestens ausgerüstet. Seine Aufgabe ist lange verkannt worden. Der ausgezeichnete Botaniker J.-P. de Tournefort glaubte noch im siebzehnten Jahrhundert, daß der Pollen eine träge und unnütze Substanz sei, nur dazu bestimmt, von den Staubfäden, die er für Ausscheidungsorgane hielt, abgesondert zu werden. Er hielt den Pollen also für den Kot der Pflanze!

## *Der Postdienst der Pollen*

Nun ist der Pollen das Allerheiligste des Lebens. Er besteht aus einer einzigen Zelle, die auf der Narbe des Stempels zu einem Schlauch auskeimt, auf der sich zwei Spermatozoiden befinden. Er gemahnt an den einzelligen Ursprung der Pflanzen im Meer und entspricht den Sporen der Algen, der Moose und der Farne. Die Pollenzelle ist stark entwässert – wie ein Samenkorn –, damit sie während der Reise das verborgene Leben in sich bewahren kann, bis der Zeitpunkt zum Keimen gekommen ist. Sie ist durch eine dichte Zellwand geschützt, die mit Leisten, Stacheln oder Falten ausgestattet sein kann, deren dekorative Schönheit im elektronischen Mikroskop sichtbar wird. Jede Pflanzenart besitzt einen typischen Pollen, anhand dessen man sie identifizieren kann. In den strukturellen Abweichungen, durch die sich die Pollen der verschiedenen Arten voneinander unterscheiden, läßt die Natur ihre Phantasie nach Herzenslust schweifen. Es ist kaum zu glauben, daß tatsächlich jede Art ihren eigenen Pollen hervorbringt, wenn man bedenkt, daß es über 250 000 verschiedene Blütenpflanzen gibt und jeder Pollen nur aus einer einzigen Zelle besteht . . . Das sind 250 000 Abwandlungen in der Architektur eines einzelligen Wesens – eine gewaltige Leistung!
Wie wir sehen werden, entwickelt die Blüte eine nicht weniger erstaunliche Phantasie, um den Transport des Pollens, eine der größten öffentlichen Dienstleistungen in der Pflanzenwelt, zu garantieren. Dieser Postdienst befördert unglaubliche Mengen an Post, ohne Angabe von Adressen. Die Pflanze vertraut dem Beförderer und dem Zufall: Irgend etwas wird schon am Bestimmungsort ankommen, vorausgesetzt, daß man sehr viel abschickt. Es macht also nichts aus, wenn ganze Säcke – Pollensäkke natürlich – nicht ausgeliefert werden und nie am Bestimmungsort ankommen. Beim Pollentransport ist die Natur nicht kleinlich, sie überläßt das meiste dem Zufall oder verschwendet es sorglos.

Jedes andere öffentliche Dienstleistungsunternehmen hätte unter diesen Umständen längst Konkurs gemacht. Und dennoch, ein Teil der Post kommt an, die Narben werden bestäubt, das Leben geht weiter ... Alles ist eine Frage der Menge: Selbst wenn alles schiefgeht, erreichen bei mehreren Millionen abgesandter Briefe doch einige tausend zu guter Letzt ihren Empfänger. Die Postboten haben doch eine gewisse Berufsehre ...

Die erste Art von Postbote ist bei weitem der unsicherste und unfachmännischste von allen. Es ist der Wind. Die Liebeshändel von Zephir und Flora waren bereits in der griechischen Mythologie berühmt, obgleich sie nicht unbedingt etwas mit der Pollenübertragung zu tun hatten.

Sobald die Blüte die Übertragung des Pollens dem Wind anvertraut, bricht sie den Bund, den ihre Vorfahren mit den Insekten eingegangen sind. Es gibt dann keine Hochzeit mehr zwischen Insekt und Blüte, kein weißes Kleid und kein festlich geschmücktes Gewand. Die Blüte, die nun auf Blütenblätter verzichten kann, bietet den traurigen Anblick ihrer Nacktheit. Da sie keine Insekten mehr zu verführen hat, braucht sie die großen Strategien ihrer Verführungsmittel – wie Nektar, Farben und Düfte – nicht mehr. Sie braucht sich auch nicht mehr nach den Annäherungsversuchen, den Verhaltensweisen, den Angriffs- und Eroberungstaktiken der Insekten zu richten. Auch findet keine Anpassung in Form und Gestalt an die Anatomie und Sitten der Insekten statt. Daher auch die große Einfachheit der Windblütler, die weitaus weniger kompliziert sind als die Blüten, die durch Insekten bestäubt werden. Diese Blüten haben keine Verbindung mehr mit den Tieren – und brauchen sich nicht mehr als Tiere zu verstellen, um zu verführen. Sie haben es nicht mehr nötig, sich mit glänzenden Roben zu schmücken, zu parfümieren und zu schminken. Es reicht aus, wenn sie sich der sanften Brise oder dem stürmischen Wind überlassen, was natürlich keiner großen Phantasieentwicklung bedarf. Es ist die Methode der Bequemen, die jede Anstrengung scheuen, um die Insekten zur Bestäubung anzulocken. Das ist auch der Grund ihres betont schlichten Auftretens und Gebarens.

Was soll man aber machen, wenn kein Wind weht? Die Brennessel scheint sich diese Frage gestellt und auf ihre Weise beantwortet zu haben: Die Staubfäden sind in ihren Knospen wie Federn gespannt. Das Aufbrechen der Knospe bringt ein plötzliches

Nachlassen der Spannung mit sich und löst eine Explosion aus, in der alle Pollenkörner ins Freie ausgestoßen werden. Die Kanonierblume aus der Familie der Brennessel *(Pilea muscosa)* macht es ebenso: Der bei der geringsten Berührung erfolgende plötzliche Ausstoß ihres Pollens hat ihr den bezeichnenden Namen eingebracht, so spektakulär ist die Explosion ihrer Staubfäden. Das einjährige Bingelkraut geht noch einen Schritt weiter. Es stößt seine männlichen Blüten in einem Bogen von bis zu zwanzig oder dreißig Zentimetern von sich. Sie öffnen sich während des Fluges und befreien kleine Pollenwölkchen. Die spitzfindige Methode der Brennessel und des Bingelkrautes hat dennoch keine Nacheiferer gefunden. Die Pflanzen ziehen es vor, sich passiv den Liebkosungen des Windes hinzugeben und dem Gesetz des geringsten Widerstandes zu folgen.

## *Vom Winde verweht*

Dem Wind die Sorge für die Übertragung der Pollen von einer zur anderen Blüte zu überlassen heißt, sich dem Zufall anzuvertrauen und mit einer enormen Verschwendung einverstanden zu sein. Denn die Wahrscheinlichkeit, daß ein Pollenkorn sicher im Flughafen landet, das heißt auf der Narbe einer Blüte derselben Art, ist sehr gering. Die Natur kompensiert aber dieses Handikap, indem sie Unmengen von Pollen produziert und sie in alle Winde verstreut. Man hat berechnet, daß ein Rohrkolben jedes Jahr 175 Millionen und ein Haselnußstrauch jedes Jahr fünfhundert Millionen Pollenkörner verstreut. Ein einziges männliches Kätzchen der Birke enthält sogar über fünf Millionen Körner! Welche Verschwendung! Da, wo die Natur nur ein Pollenkorn braucht, produziert sie gleich eine Million davon!
Bei den vom Wind bestäubten Arten scheint die Pflanze den eingeschlechtigen Zustand vorzuziehen, was ihr gestattet, viel mehr männliche als weibliche Blüten zu produzieren. Das ist der Fall bei allen Kätzchenblütlern. Die Natur folgt hier, wie man sieht, ihrer eigenen Logik. Sie kümmert sich dabei nicht um Rentabilität, ein Begriff, der ihr vollkommen fremd ist, wie er den Menschen früher auch fremd war und heute noch in ländlichen Gebieten der Dritten Welt unbekannt ist, wo die Menschen noch friedlich nach dem Rhythmus der Jahreszeiten und der Erde le-

ben. Die Rentabilität ist eine neue und junge Erkenntnis. Sie stützt sich auf Kurzzeitanalysen und strebt mit dem geringsten Aufwand den höchsten Nutzen an. Doch dieser angeblich geringe Aufwand macht zum Beispiel bei Fließbandproduktion die Arbeit für den Menschen zur Qual. Auch die Natur kann sich effizient zeigen: Sie kann sich mit einer unwahrscheinlichen Präzision im Detail anpassen. Bei den männlichen Samen allerdings spart sie nie. Und weil der Großteil der Pollen den Insekten als Nahrung dient, produziert sie so viel, um einerseits den Nahrungsbedarf der Insekten zu decken und andererseits den Erfordernissen der Befruchtung gerecht zu werden.

Um eine optimale Streuung der Pollen zu garantieren, nimmt die Pflanze die für den Wind günstigste Form und Stellung an. Sie vernachlässigt alle unnützen Organe – wie Blütenblätter und Nektardrüsen – und fördert alles, was den Ausstoß der Pollen ins Freie und deren Landung auf den Narben erleichtert.

Bei der Mehrheit der einheimischen Bäume ordnen sich die Blüten in Form von Kätzchen an: Sie pressen sich an eine winzige, gemeinsame, hängende Achse an, die vom Wind nach allen Seiten geschüttelt wird. Auf diese Weise stoßen die gelben Kätzchen des Haselnußstrauches bei der geringsten Erschütterung eine Staubwolke von Pollen von sich, die sich rasch in der Luft ausbreitet. Genauso geschieht es bei der Pappel, der Erle, der Birke und dem Nußbaum. Bei der Esche verstreuen die dichtgedrängten Blütentrauben bei der geringsten Erschütterung eine dicke, leuchtend gelbe Pollenwolke. Sobald sie ihre Pollen verstreut hat, wird die Blütentraube steril und nimmt die dunkle Farbe der Trauer an.

In anderen Fällen – wie bei vielen Gräsern – verlängert sich der lange und dünne Faden der Staubblätter, so daß er aus den Ähren heraushängt und beim geringsten Windhauch erzittert. Eine kaum wahrnehmbare Brise bewirkt bereits ein intensives Zittern dieses Staubfadens, wodurch sich der Staubbeutel öffnet und die Pollenkörner ins Freie gelangen. Auch die langen Halme der Graspflanzen sind nicht starr, sondern bewegen sich sanft im Wind. Diese sanfte wellenförmige Hin-und-Herbewegung der Ähren durch den Wind trägt erfolgreich zur Streuung der Pollen bei. Beim Wegerich hingegen ist der Stiel, der die Ähre und die Fäden der Staubgefäße trägt, starr. Nur der Staubbeutel bewegt sich wie eine Fahne, die am Ende einer Stange im Winde flattert.

Die Erfolgschancen der Bestäubung erhöhen sich, wenn sehr viele Blüten derselben Art auf kleinstem Raum vertreten sind. Das ist auch der Grund, warum die Windbestäubung die übliche Befruchtungsmethode der in Gemeinschaft lebenden Pflanzenarten ist, also jener, von denen wir eben gesprochen haben: Süßgräser und Getreidegräser oder die Bäume unserer Wälder. In beiden Fällen ist die Anzahl der Arten begrenzt, aber jede Art vermehrt die Anzahl ihrer Einzelpflanzen, was die Begegnungschancen natürlich erhöht. Es ist viel einfacher, den Partner für eine Nacht oder für das Leben in einem Klub oder auf einem Ball zu finden als auf der Straße. Denn in diesen Fällen wird bereits durch die kleinen Gruppen eine Vorauswahl getroffen, die die Chancen einer Begegnung erhöht.
Ein noch grünes Roggenfeld, das eine riesige Gruppe von Einzelpflanzen derselben Art enthält und im leichten Winde wogt, befindet sich im hellen Taumel der Bestäubung. Millionen Pollenkörner lösen sich von den Staubfäden und breiten sich auf horizontaler Ebene aus. Sie werden später Millionen von Roggenkörnern ergeben. Nicht die geringste Schranke behindert die Ausbreitung dieses fruchtbaren Blütenstaubes, denn die Getreidehalme tragen die Ähren weit oberhalb der Blätter, so daß diese für die Verstreuung der Pollen kein Hindernis darstellen. Das ist genauso wie bei den Kätzchenbäumen unserer Wälder, die ihre Blütenkätzchen fast immer vor der Blattknospung bilden. Auch hier kann sich der Blütenstaub ungehindert verteilen, so daß die Bestäubung zu Ende ist, wenn sich die ersten Blattknospen entfalten. Das frische Frühlingslaub der Bäume läßt nun den Waldboden allmählich schattig werden. Das macht jedoch den Gräsern nichts aus, die dort wachsen. Denn auch sie haben sich wie die Kätzchen mit der Blüte beeilt, um das helle Frühlingslicht, das durch die nackten Zweige der Bäume fällt, auszunutzen. Primeln und Anemonen haben teil am Frühlingserwachen und tauchen den Waldboden in eine weiße und gelbe Farbenpracht, während sich die Buchen und Eichen über ihnen ganz der Befruchtung widmen. Bald darauf läßt jeder auf seine Art im gedämpften Licht des Laubwerkes seine Früchte und Samen reifen.
Um den Prozentsatz erfolgreicher Befruchtungen zu erhöhen, ist es wichtig, daß jedes Pollenkorn seine Chancen voll wahrnehmen kann. Deshalb ist der Pollen absolut glatt und besitzt nicht die klebrige Umhüllung des Pollens insektenblütiger Arten. Au-

ßerdem verfügt er nicht über die schönen reliefartigen Dekorationen und Ornamente, durch die die Pollenkörner anderer Arten aneinander haften. Die Chance einer geglückten Befruchtung steht im direkten Verhältnis zur Streuung der Körner. Die Narbe einer Blüte derselben Art in der unendlichen Vielfalt der Flora zu finden ist ebenso schwierig, wie ein Kind zu finden, das sich im Wald verirrt hat. Wenn die Suchaktion erst einmal organisiert ist, hängt der Erfolg fast nur noch von der Anzahl eingesetzter Männer sowie von der Größe der zu durchkämmenden Fläche ab.

Eine andere Form der Pollenanpassung ist die Verringerung seiner Größe und seines Gewichts, damit Wind den Pollen wirksamer verstreuen, länger in der Luft halten und weiter wegtragen kann. Den Nadelhölzern ist es gelungen, ihre Pollen vorzüglich an diese Art des Transportes anzupassen, die einzige übrigens, die ihnen eingefallen ist. Bei der Kiefer löst sich die äußere Schicht des Pollenkornes und bildet zwei luftgefüllte Ballons, in denen der Pollen wie in einem lenkbaren Luftschiff davonfliegt. Leicht wie sie sind, werden die Pollen von aufsteigenden Winden in oft beachtliche Höhen getragen (über fünftausend Meter), was allerdings nicht ganz gefahrlos ist, da die ultraviolette Strahlung in dieser Höhe so stark ist, daß sie die Keimfähigkeit der Pollen abtöten kann. Wenn die Bedingungen günstig sind, können die Pollen mehrere hundert Kilometer an einem Tag zurücklegen. Die Luft ist im Frühjahr wie gespickt mit mikroskopisch feinem Blütenstaub. Der Botaniker Firbas hat ausgerechnet, daß sich in Europa in einem durchschnittlichen Vegetationsgebiet jährlich an die 27 000 Pollenkörner der verschiedensten Arten auf einem Quadratzentimeter Erde niederlassen. Nur weil die Pollen in so unglaublichem Übermaß schwärmen, ist die archaische Windbestäubung überhaupt biologisch machbar. Der Pollen fällt auf alles und jedes, auf Blüten seiner Art, auf Blüten anderer Art oder daneben. Nur im ersten Fall besteht die Chance einer Befruchtung. Und auch dann nur, wenn er auf eine reife und empfängnisbereite Narbe fällt.

Schwefelgelbe Pollenwolken steigen aus den Nadelwäldern im Frühjahr hoch. Es regnet Blütenstaub, ein Regen, dessen Pollenkörner, nachdem sie lange Strecken zurückgelegt und sogar die Alpen und den Mittelmeerraum überflogen haben, mit einer Geschwindigkeit von drei Zentimetern in der Sekunde herniederfal-

len. Der Wind kennt keine Grenzen, und der Pollenpostdienst ist international.
Dann, im Sommer, übernehmen die Gräser die Pollentätigkeit der Bäume. So verändert sich die Zusammensetzung des Blütenstaubes in der Luft Tag für Tag und Jahreszeit auf Jahreszeit in demselben Maße, wie das Grünen in der Pflanzenwelt zunimmt. Man könnte, wenn man täglich den Pollengehalt der Luft untersucht, einen richtigen Pollenkalender aufstellen, der zum Beispiel auch helfen würde, die Pollenarten ausfindig zu machen, die für zahlreiche Allergien und für den Heuschnupfen verantwortlich sind. Mit einem Extrakt dieser Pollen könnte man wiederum diese Krankheiten bekämpfen.

## *Die Chronik des Pollens*

Es ist eine seltsame Posse der Natur, daß der Pollen den Menschen zu Niesanfällen reizt und ihm die Tränen in die Augen treibt, während die weibliche Blüte im wahrsten Sinne des Wortes austrocknet, wenn derselbe Pollen nicht bis zu ihr gelangt. Den Bienen wiederum dient der Pollen zur Ernährung, und zwar ist er ihre einzige stickstoffhaltige Nahrungsquelle. Nur wenn Spuren von ihm im Honig und Gelée royale nachweisbar sind, ist deren pflanzlicher Ursprung garantiert sicher, ja, anhand des Pollens ist es sogar möglich, festzustellen, von welchen Pflanzen der Honig stammt. Dies ist eindeutig zu ermitteln, weil jede Pflanze ihren ureigenen Pollen hervorbringt, der sich in Form, Volumen und Struktur von den Pollen jeder anderen Pflanze unterscheidet.
Eine richtige Pollenwissenschaft, die Palynologie, hat sich in jüngster Zeit entwickelt und bereit die unerwartetsten Entdekkungen gemacht. Man konnte Verbrecher anhand der auf ihrer Kleidung festsitzenden Pollen identifizieren, wenn die Pollen mit den Pflanzen am Tatort übereinstimmten. Es sind wertvolle Indizien, besonders wenn die Pollen seltenen Pflanzen angehören oder solchen, die weit entfernt beheimatet sind. Die Forschungsarbeiten über den Ursprung des Turiner Grabtuches sind durch den Beitrag der Palynologie wesentlich erleichtert worden. Auf diesem wertvollen Relikt konnten nämlich Pollen festgestellt werden, die für jene Vegetationsgebiete charakteristisch sind,

von denen man wußte, daß dieses Tuch dort einmal ausgestellt worden war: Ile-de-France, die Türkei, aber auch Palästina. Das heißt, die Pollenanalyse spricht für die historische Echtheit des Turiner Grabtuches.

Sie ermöglicht es nicht nur, die Pflanzen von heute, sondern auch jene von gestern zu identifizieren. Die außergewöhnliche Widerstandsfähigkeit der Pollenmembrane begünstigt die Versteinerung der Pollen, die man in den unterschiedlichsten geologischen Ablagerungen finden kann. Wenn man diese Pollen mit den heutigen vergleicht, ist es einfach, sich die Vegetation jener Epochen, aus denen die Ablagerungen stammen, vorzustellen. Auf diese Weise konnte man ganz präzise die Geschichte der europäischen Vegetation in den gemäßigten Klimazonen vom Ende der letzten Eiszeit vor ungefähr zehn- bis zwölftausend Jahren bis heute verfolgen, wobei man mit Hilfe der C-14-Methode das genaue Alter der in den verschiedenen Ablagerungsschichten feststellte. Vor zehntausend Jahren folgte dem Rückzug des Gletschereises eine Invasion von Birken. Die Birke ist eine Pionierpflanze, die sich auch unter den schwierigsten Lebensbedingungen in Gebieten, wo sich sonst kein anderer Baum halten würde, ansiedelt. Ihre große Unempfindlichkeit gegen Kälte macht sie wie geschaffen für den Norden der sibirischen Taiga, wo ihr weißer Stamm sich harmonisch in die verschneite Landschaft einfügt. Die Birke kann auch auf äußerst kargem Boden gedeihen und vermehrt sich mit erschreckender Geschwindigkeit. Um sich einen Begriff von ihrem kolonisatorischen Ehrgeiz in der Nacheiszeit zu machen, genügt es, in die norddeutsche Heide zu fahren und zu sehen, mit welchem Eifer die Birke dort das Heidekraut zu verdrängen sucht. Die jungen Birken wachsen so schnell, daß sie schon längst das Heidekraut vertrieben hätten, würde man ihre Ausbreitung nicht systematisch verhindern.

Pioniere fallen aber oft den Arten zum Opfer, für die sie das Nest bereiten, indem sie das Terrain verbessern und gastlicher gestalten. So wurde zum Beispiel die Ginster- und Stechginsterheide durch die Wälder verdrängt. Aber erst als die Heide den Boden mit Stickstoff angereichert hatte, konnten die Bäume Wurzel fassen und genügend Nahrung finden. Als sich das Klima vor siebentausend Jahren wieder veränderte und noch wärmer wurde, kam die Kiefer auf und verdrängte die Birke. Bald folgte ihr der Haselstrauch, der sich ebenfalls rasch ausbreitete. Vor fünftausend Jahren gesellten sich Eiche, Ulme, Erle und Linde hinzu und sehr spät, vor 2500 Jahren erst, auch Weiß- und Rotbuche. Um diese Zeit etwa schaltete der Mensch sich in die Entwicklungsgeschichte des Waldes ein.

Er suchte sich die besten und ergiebigsten Hölzer – wie Eiche und Buche – für die Bewirtschaftung aus; gleichzeitig rodete er den Wald und bestellte das Land. Das ist der Grund für das plötzliche vermehrte Auftreten von Graspollen zu Beginn unseres Zeitalters.

Hinzuzufügen wäre noch, daß diese Bäume alle vom Wind bestäubt wurden und in dieser Ära auch keine andere Möglichkeit gehabt hätten, da die Insektenvölker durch die langen Winterperioden stark dezimiert waren.

Je mehr sich die Gletscher zurückzogen, um so weiter wanderten auch die Bäume nach Norden. So folgten zuerst die Birken, dann die Kiefern und zuletzt die Haselsträucher der Kälte in sukzessiven Wellen quer durch ganz Europa. Die Pflanzenwanderungen von damals sind noch heute in der Pflanzenverteilung von Norden nach Süden sichtbar. In den strengsten klimatischen Bedingungen beherrscht die Birke den Wald. Sie vermischt sich dann rasch mit den Kiefern, die schließlich die Birke verdrängen. Dann taucht der Laubwald auf, der bereits für die weniger kalten Gebiete kennzeichnend ist.

Diese Vegetationswellen, die sich über den ganzen Kontinent erstreckten, erinnern an die Völkerwanderungen in Europa und an die Wellen großer Invasionen. Die Pflanzen, die dank ihrer Samen und Pollen beweglich sind, konnten sich ausbreiten, weite Gebiete besiedeln, sich wieder zurückziehen und ganz verschwinden. Auf diese Weise greifen sie den Eroberungen und Invasionen vor, die die Kriegskunst lange nach ihnen entwickelt hat, und den Kolonialreichen, die ebenso Zeiten der Ausdehnung und Zeiten des Rückgangs gekannt haben. Jede Epoche der Geschichte hinterläßt ihre Spuren in Stein, in Bauten und Fossilien. Bei den Pflanzen sind es die versteinerten Pollenkörner: stumme, aber eindeutige Zeugen ihrer Vergangenheit und Geschichte. Dank der Pollenanalyse war es zum Beispiel möglich, die sukzessiven Phasen der Saharaaustrocknung, der Entwaldung und der Ausdehnung der Kulturen seit prähistorischen Zeiten mit großer Präzision zu rekonstruieren.

Der Phantasie, die die männlichen Organe entwickeln, um ihre Pollen dem Wind zu übergeben, entspricht die nicht weniger beachtliche Anstrengung der weiblichen Organe, eben diese Pollen wieder einzufangen. Die Narbe vergrößert ihre Fläche so weit wie möglich – ähnlich der Spinne, die ihr Netz ausspannt, um ihre Beute zu fangen. Diese Tatsache ist besonders auffallend bei der Bibernelle, deren Narbe einen hübschen, roten Federbusch bildet, der dazu bestimmt ist, die Pollen in der Luft aufzufangen. Wenn ein Pollenkorn in diesem feuchten Haarschopf hängen bleibt, kann er sich mit Wasser anfüllen, was seine Keimung begünstigt. Beim Mais ist die Narbe noch einfallsreicher: Sie bildet hier einen dichten Bart, der aus der weiblichen Blüte hervorquillt. Dieser große Haarbüschel sammelt den Blütenstaub ein, wie es die Hausfrau mit dem Staub macht, wenn sie mit dem Staubwedel darüberwischt. Es ist das gleiche Prinzip mit der gleichen Wirkung. Es erscheint logisch, daß sich die windblütige Pflanze nicht mit zu vielen Eizellen belastet, da sie die Befruchtung all dieser Eizellen nicht garantieren könnte. Die Chancen, einen Pollen ihrer Art aus der Luft einzufangen, sind zu gering, da ja ein Großteil dieser Pollen während der Reise verlorengeht. Es gibt deshalb bei den Gräsern, der Brennessel, dem Rhabarber und dem Gänsefuß nur eine einzige Eizelle. Die Kätzchenblütler haben manchmal mehrere, von denen jedoch immer nur eine die Geschlechtsreife erreicht.

Der Kontrast zwischen der ungeheuren Anzahl von verstreuten Pollenkörnern und der fast knauserigen Produktion an Eizellen ist beeindruckend. Es gehört zu einem der ewigen Gesetze der Natur, daß der männliche Samen in einem verschwenderischen Übermaß, die weibliche Eizelle aber höchst sparsam produziert wird. Dies gilt zumindest von einem bestimmten Evolutionsstadium an – und im besonderen für die Pflanzen und Tiere auf dem Festland.

Auch der Mensch unterliegt diesem Gesetz und erzeugt ein gewaltiges Übermaß an männlichen Zellen. Es gibt überhaupt keinen Vergleich zwischen der unwahrscheinlich großen Anzahl von Spermatozoen, die ein normaler Mann im Laufe seines Lebens produziert (mehrere hundert Milliarden), und der Anzahl von Eizellen, die eine Frau im Laufe ihres Lebens hervorbringt (einige hunderttausend, von denen höchstens drei- bis vierhundert befruchtbar sind). Nur bei den Pilzen gibt es ähnliche Zahlen: Ein Schirmpilz kann trotz seiner sehr kurzen Lebenszeit einige Milliarden von Sporen hervorbringen – und ein großer Ständerpilz, der auf einem Baumstumpf wächst, Dutzende von Milliarden. Die Windbestäubung erinnert an die Fortpflanzungsart der Seeigel, der Muscheln und der Fische, die in Bänken und Schwärmen leben. Ihre Milliarden von Eizellen und ihre noch größere Anzahl von Spermatozoen ergießen sich in das Meer, wo sie der Fürsorge der Strömung überlassen werden. Die Effektivität der Befruchtung ist hier um so größer, je dichter die Formationen sind, in denen die Tierarten leben. Sie stellen das Äquivalent zu den Getreidepflanzen und den Kätzchenbäumen in unseren Wäldern dar.

Strömung oder Wind können also die Beförderung des Pollens übernehmen. Dieser Ausübung der Sexualität »auf Distanz« entspricht beim Menschen die künstliche Samenübertragung. Die Bibel ist allerdings streng dagegen, daß der männliche Samen von seinem eigentlichen Ziel abgelenkt wird. Onan ist von Gott verdammt worden, weil er gegen diese Regel verstoßen und seinen Samen auf der Erde verstreut hatte. Daher auch das uralte Tabu der Masturbation, die bei jungen Menschen in der Pubertät das erste Stadium der erwachenden Sexualität bezeichnet. Es ist eine Sexualität, die sich noch in der Phase der Fische befindet und auf Wunschbildern basiert. Ihre Ausübung ist – wie bei den Fischen – nicht an den physischen Kontakt zu einem Partner gebunden.

Und doch solle man keine übereilten Verallgemeinerungen anstellen: Die Welt der Fische ist höchst abwechslungsreich, und auch ihre sexuellen Verhaltensweisen perfektionieren sich mit der Weiterentwicklung ihrer Lebensformen. Fische, die wie die Sardinen in Schwärmen leben, verstreuen zwar während der Laichzeit Eizellen und Spermatozoen in ihrer Umwelt. Die Beziehung untereinander bleibt auf diesem Niveau immer vollkommen unbedeutend. Ihre Liebe ist eine Liebe der Zellen, sie ist in demselben Stadium steckengeblieben, das auch die Pflanzen nie überschritten haben.

Doch andere höherentwickelte Fische – wie der Stichling und der Rochen – legen ein weitaus komplizierteres sexuelles Verhalten an den Tag, das bis zur Kopulation gehen kann. Von den

Zellen der Zellen gehen sie über zur Liebe zwischen zwei Einzeltieren, die allerdings hier noch höchst vergänglich und oberflächlich ist.

## *Der Respekt vor den Außenseitern*

Weil die Windbestäubung so wenig effektiv erscheint, ist man leicht dazu geneigt, sie als die primitivste anzusehen. Diese Meinung wird noch durch die Tatsache bestärkt, daß sie bevorzugt bei den weniger entwickelten Gruppen (Nadelhölzer) oder bei archaischen Blütenpflanzen wie den Kätzchenbäumen vorkommt. Es gibt allerdings seltsame Ausnahmen. Die Weide gilt, wenn man sie nach dem Datum ihrer ersten Versteinerungen beurteilt, als einer der ältesten unter den blühenden Bäumen. Die männlichen Kätzchen der Weide stehen jedoch aufrecht, und ihre starre Achse bietet dem Wind keinerlei Möglichkeit einzugreifen. Ihre hellgelben Staubfäden sowie ein nektarartiges Sekret üben jedoch auf die Bienen eine große Anziehungskraft aus, die die Blüten besuchen und die Pollen der männlichen Kätzchen auf die weiblichen übertragen. Dieselbe Anomalie finden wir bei der Edelkastanie, einem Baum, der zur Familie der Buchengewächse gehört, deren Arten sonst ausschließlich Windblütler sind.

Umgekehrt findet man in Familien, die ausschließlich Insektenblütler sind, hier und da eine Art, die sich durch Wind bestäuben läßt: Das ist der Fall beim Kleinen Wiesenknopf *(Poterium sanguisorba)*, einer rosenartigen Pflanze, die weder Blütenkrone noch Nektar besitzt und deren besonders lange Staubfäden bei der geringsten Brise in Bewegung geraten. Sie wirkt wie ein Fremdling in einer Familie, deren Sitten und Gebräuche sie nicht teilt. Selbst ihr älterer Bruder, der Große Wiesenknopf *(Sanguisorba officinalis)*, läßt sich von den Insekten bestäuben. Solche Außenseiter wie den Kleinen Wiesenknopf gibt es allerdings in zahlreichen Familien. Das ist zum Beispiel beim amerikanischen Eschenahorn *(Acer negundo)*, bei der Blumenesche und beim Beifuß der Fall. Der Beifuß sieht den anderen Arten in der Familie der Korbblütler wenig ähnlich, und es überrascht, daß er zu dieser Familie gehört. Sein unscheinbares kleines Köpfchen hat weder Farbe noch Nektar und sieht alles andere als verführerisch aus.

Aber die Natur ist tolerant und respektiert ihre Außenseiter, ohne ihnen ihre Eigenarten übelzunehmen. Es kann sogar vorkommen, daß sie in manchen Familien dieses Außenseitertum noch fördert. So werden in der Familie der Knöterichgewächse der Knöterich, der Schlangenknöterich und der Buchweizen von Insekten bestäubt, wogegen sich der Sauerampfer in dieser Familie mit dem Wind arrangiert hat. Der Gartensauerampfer *(Rumex acetosa)* hält sogar den Rekord aller Klassen in der Pollenproduktion: ein einziger seiner Blütenstände kann bis zu vierhundert Millionen Pollenkörner produzieren. Hier ist eine Rückkehr zur Windbestäubung in vollem Maße gelungen.
Diese Bestäubungsart wird in den nördlichen Breiten bevorzugt, wo die Winter lang und Insekten rar sind. Selbst wenn sie sich in diese Gegenden verirren, kommen sie für die Bestäubung zu spät, denn der kurze Sommer würde für ein Ausreifen der Samen nicht mehr reichen. Auch die Nadelhölzer, die sehr lange für die Reifung ihrer Samen brauchen, siedeln sich bevorzugt in Bergen oder kalten Klimazonen an. Obwohl sie älter als die blühenden Pflanzen sind, haben sie sich in ihrer Geschichte für die Befruchtung nie an die Insekten gewandt. Das gilt auch für die Kätzchenbäume in den Wäldern der gemäßigten Zonen, wobei man sich fragt, ob die Zahl der Insekten, die in diesen Wäldern heimisch sind, überhaupt für ihre Bestäubung ausreichen würde. Insgesamt sind zwanzig Prozent aller europäischen Bäume Windblütler. Diese Art der Bestäubung ist dagegen sehr selten in tropischen Zonen, wo es, durch die Milde des Klimas bedingt, Vögel und Insekten im Überfluß gibt und wo die riesige Mehrheit der blühenden Pflanzen in vollkommener Harmonie mit diesen Tieren lebt.
Das sind jedoch nur Annahmen und Folgerungen, die dem gesunden Menschenverstand entspringen; auch sie können nicht erklären, warum sich Weide und Edelkastanie in entgegengesetzter Richtung entwickelt haben.
Es bleibt ein Geheimnis, welches uns daran erinnert, daß sich die Evolution nicht immer rational erklären läßt. Es kann passieren, daß sie plötzlich einen ganz unerwarteten und scheinbar sinnlosen Weg einschlägt und uns zur Bescheidenheit zwingt in unserem Bestreben, eine vernünftige Antwort auf all die tausend Geheimnisse des Lebens zu finden. Das Leben hat seine Wunderlichkeiten, und seine Phantasie ist ein unsteter Gesell. Es drängt

uns seine Logik und seine Launen auf, seine unverständlichen Marschrouten, seine fatalen Rückfälle in frühere Stufen und schließlich doch die Unaufhaltsamkeit seines Fortschrittes. Es ruft mehr Verwunderung in uns hervor, als es eindeutige Erklärungen liefert, und sein tiefstes Geheimnis verbirgt es noch immer vor uns.

Und doch kann man heute eine Hypothese aussprechen, die durch viele Beobachtungen bestätigt wird: Die blühenden Pflanzen, die den Wind zum Träger ihrer Pollen bestimmt haben, markieren das Ende einer Evolution, die mit hochwüchsigen, im allgemeinen tropischen Blumen, die von Vögeln bestäubt werden, begonnen hat. Deren Blüten sind rot, eine Farbe, die auf Vögel besonders anziehend wirkt, die sich mehr von Aussehen als vom Duft der Blüten verleiten lassen. Dies ist der Fall beim Korallenstrauch, beim Magnolienbaum und bei der Strelitzie. Im Laufe der Jahrtausende verloren die Blüten an Größe und entwickelten sich zu neuen Arten, die sich mit den Insekten verbündeten. Durch dieses Phänomen der Reduzierung, der Miniaturisierung und der Vereinfachung, haben viele Pflanzen – besonders in kalten oder gemäßigten Zonen, die für das Gedeihen der Insekten nicht so förderlich sind – ihre Verführungskünste langsam eingebüßt, um sich zu guter Letzt nur mehr dem Wind zu überlassen. So kehrten sie zum sexuellen Verhalten der Nadelhölzer, ihrer uralten Vorfahren, zurück.

In diesem sehr allgemeinen und zum Teil noch umstrittenen Evolutionsschema erkennt man die Tendenz der Entwicklung, Organe zu verkleinern und zu miniaturisieren, um zu bescheideneren und einfacheren Anlagen zu kommen. Im Gegensatz dazu gibt es die Tendenz der industriellen Gesellschaften zum Gigantismus, der allen Grundgesetzen der Evolution, vor allem der gesellschaftlichen Evolution, widerspricht. Man wird sich später darauf besinnen – aber vielleicht ist es dann schon zu spät.

## *Pollenbesuch unter Wasser*

Für die Wasserpflanzen tritt die Strömung an die Stelle des Windes, und einige von ihnen vertrauen dem Wasser ihre Pollen an. Die Staubblätter öffnen sich unter Wasser, so daß die Pollenkörner von der Strömung weggeschwemmt werden. Ihre Chancen, geeignete Narben zu finden, sind allerdings schwach. Es erscheint nur logisch, daß sich die weiblichen Organe der Wasserpflanzen genauso entwickelt haben wie die weiblichen Organe der Windblütler. Ihre Narben vergrößerten sich stark, und die Anzahl ihrer Eizellen blieb auf ein striktes Minimum beschränkt (meist auf eine einzige). Das Seegras und andere blühende Laichkrautgewächse, die das einzigartige Privileg genießen, zusammen mit den Algen in Küstengebieten unter Wasser leben zu können, haben sogar einen besonders konstruierten Pollen erfunden, der perfekt unter Wasser navigieren kann. Der Pollen wird in Form einer flockenartigen Masse ausgeschieden, die sich in der Strömung verteilt. Jedes Pollenkorn bildet einen sehr dünnen, einen viertel Millimeter langen Faden aus, der sich an den haarigen Narben der weiblichen Blüten fängt und sie unter Wasser befruchtet.

Zahlreicher sind allerdings die Wasserpflanzen, die ihre Pollen auf der Wasseroberfläche verstreuen. Die Verteilung erfolgt nun nur noch in horizontaler Richtung und nicht mehr in einem dreidimensionalen Raum; das bedeutet Einsparung an Material, erhöhte Zielsicherheit und größere Effektivität.

Am besten ist das am seltsamen Verhalten der Wasserschraube *(Vallisneria)* zu erkennen, die mit der Wurzel im Schlamm unter Wasser wächst. Die männlichen Blütenknospen lösen sich bei Erreichen der Reife von der gemeinsamen Blütenachse und steigen dank luftgefüllter Bläschen an die Wasseroberfläche, wo sie sich öffnen. Dabei biegen sie ihre drei Kelchblätter nach unten, bilden eine Art Nachen und lassen sich von der Strömung und vom Wind forttreiben. Wenn sich die Staubfäden öffnen, bleibt der Pollenstaub in einem Klumpen auf der Blüte. Die weiblichen Blütenknospen wachsen ebenfalls unter Wasser auf einem eigenen spiralig gedrehten Stengel, der sich wie eine Feder ausdehnen und die Blüte an die Wasseroberfläche bringen kann, wo sie sich öffnet. Sobald eine weibliche mit einer männlichen Blüte auf der Wasseroberfläche zusammentrifft, bleibt der Pollenstaub auf den breiten Lappen der gefiederten Narbe hängen. Nach der Bestäubung zieht sich die Spirale des weiblichen Stengels wieder zusammen und taucht unter, um die Frucht unter Wasser zur Reife zu bringen.

Diese Bestäubungsart ist ziemlich selten, denn für gewöhnlich erinnern sich auch die blühenden Wasserpflanzen, wenn es um

die Bestäubung geht, daran, daß ihre Vorfahren auf dem Festland gelebt haben. Ihr Leben im Wasser ist die Folge einer sehr späten Stufe der Evolution, die ihr Sexualverhalten noch nicht beeinflußt hat: Die Blüten öffnen sich über der Wasseroberfläche, und die Bestäubung erfolgt wie bei allen anderen blühenden Pflanzen des Festlandes.
Die meisten Wasserpflanzen – wie Seerose, Lotos, Wasserranunkel und Wasserknöterich – haben so wunderschöne Blüten, daß eigentlich nur eine Insektenbestäubung in Frage kommt. Denn wenn das Wasser und der Wind auch wichtige Pollenübermittler sind, so ist das Insekt das königliche Transportgefährt, das sich die Blüten ausgesucht haben, um eine erfolgreiche und wirksame Bestäubung zu sichern.

**9. Kapitel**

# Die Ehen von Blüten, Vögeln und Insekten

## *Wenn das Leben zu zweit zur zweiten Natur wird*

Will man bei der Pflanze von Liebe reden, muß man versuchen, ihre zahlreichen Strategien zur Anlockung und Verführung ihrer Befruchter zu begreifen. Zwischen Vogel, Insekt und Blüte entwickeln sich großartige Verführungsmethoden, die in echte Hochzeitsnächte und Flitterwochen ausarten können. Infolge ihres seltsamen Zwitterwesens verführt die Blüte wie eine Frau, aber verschenkt ihre Samen wie ein Mann. Sie gibt und empfängt, in ihr vereinen sich Eros und Agape – diese beiden ewigen Doppelaspekte der Liebe – in ein und demselben Geschöpf, das die Natur zufällig mit zwei Geschlechtern ausgestattet hat.

Als vor ungefähr hundert Millionen Jahren diese neue Beziehung zwischen Blumen und Tieren entstand, begannen diese beiden Reiche der Pflanzen und der Tiere zum ersten Mal in ihrer Geschichte zusammenzuarbeiten. Für das Meeresplankton, Moose, Farne und Nadelhölzer hatten die Tiere keinen besonderen Nutzen. Die Tiere ernährten sich höchstens von ihnen, das war aber auch alles. Erst seit dem Auftauchen der Blüte begann sich eine Gemeinschaft zwischen Tier und Pflanze mit gegenseitigem Nutzen herauszukristallisieren.

Einen Vogel zu verführen muß relativ einfach sein, wenn man an die rudimentären Hilfsmittel denkt, die die Pflanze zu diesem Zweck ins Feld führt. Und doch üben sich nur die tropischen Pflanzen in dieser Kunst und versuchen ihr Glück bei diesen großen Pollenträgern, die einen verläßlichen Postservice garantieren, indem sie ihren Schnabel oder ihre Zunge in die Blüte hinabtauchen und zum Dank den Pollen mitnehmen. Der Vogel ist ein etwas groß geratener Partner, und nur kräftige Blüten haben es gewagt, sich mit Vögeln zu verbinden, allerdings nicht, ohne gewisse erforderliche Vorsichtsmaßnahmen zu treffen, zum Beispiel ihren Stempel ganz unten in der Blüte zu verstekken oder zumindest den Nektar, nach dem der Vogel so verrückt ist, vom Stempel getrennt anzubieten; denn der Appetit der Vögel ist unersättlich, und sie würden beim Schlürfen des Nektars vielleicht auch den Stempel zerpicken.

Die Passionsblume, deren Konstruktion so erstaunlich an die Umstände der Passion Christi gemahnt, der sie auch ihren Namen verdankt, ist ein gutes Beispiel für eine florale Architektur, die sich dem Vogel angepaßt hat. Man kann natürlich viel mehr in ihren Formen sehen: Die drei Griffel mit den dicken Narben sehen aus wie drei Nägel, der Fruchtknoten, der auf einem langen Stiel sitzt – was bei Blüten äußerst selten vorkommt –, erinnert an den essiggetränkten Schwamm auf der Rohrspitze, die fünf Staubfäden an die fünf Wunden und die oft rot gefleckte Blütenkrone an die Dornenkrone.

Man kann sich vorstellen, was die Signaturenlehre aus dieser außerordentlichen Blütenkonstruktion alles herausgelesen hat und wie dementsprechend die Passionsblume früher als Allheilmittel angepriesen wurde. Der Nektar dieser schönen tropischen Blüte befindet sich ganz unten im Kelch mit seiner wunderhübsch gefransten Halskrause – weit weg vom Fruchtknoten. Diese listige Anordnung verhindert, daß der Bestäuber den Stempel verletzt, wenn er sich über den Nektar hermacht. Die Furcht vor dem allesverschlingenden Appetit des Vogels hat gewisse Blüten dazu veranlaßt, die Vögel hereinzulegen und sie vom Fruchtknoten abzulenken, indem sie ihnen eine zumindest gleichwertige, wenn nicht wohlschmeckendere Nahrung anbieten: fleischige, saftige Deckblätter (so die *Freycinetia funicularis* unter den Schraubenpalmgewächsen) oder sterile Blüten in Form von Früchten (der *Boerlagiodendron* unter den Efeugewächsen), auf die sich der getäuschte Vogel stürzt und dabei die Bestäubung der anderen Blüten garantiert.

Im tropischen Regenwald befruchten die Vögel lediglich die Blüten der Bäume, nie die der Gräser, ein gutes Zeichen für die Anpassung der Blüten an ihre eifrigen, geflügelten Partner, die in den Baumkronen leben, ohne jemals auf die Erde hinunter zu kommen. Problematisch ist dabei, daß das Gewicht des Vogels in keinerlei Proportion zur Kraft der Blüte steht: Für gewöhnlich ist sie gar nicht in der Lage, ihm einen geeigneten Landeplatz zu bieten, sie würde unter seinem Gewicht zusammenbrechen. Der brasilianische Kolibri, als Bestäuber bei den Blüten sehr beliebt, läßt sich nie auf einer Blüte nieder, sondern hält sich durch rasches Flügelschlagen im Gleichgewicht, während sein langer, schlanker Schnabel auf die Suche nach Nektar und Blütenstaub geht. Auch seine Zunge ist dieser Funktion auf bewundernswerte Weise angepaßt: Sie ist gespalten, beide Hälften rollen sich aus und formen ein Rohr, durch das der Nektar aufgesaugt wird wie ein Erfrischungsgetränk durch einen Strohhalm. Der Kolibri ist tatsächlich zur Erfüllung seiner Aufgabe perfekt ausgerüstet.

Die Effektivität der Befruchtung durch den Vogel ist erstaunlich. Ein Vogel, der für jeden Blütenbesuch nur einige Sekunden benötigt, kann mehrere tausend Blüten am Tag bestäuben. Jetzt versteht man auch, warum zahlreiche tropische Pflanzen diese Bestäubungsmethode gewählt haben: In Brasilien sind zum Beispiel etwa zwanzig Prozent aller Blüten mit Vögeln »verheiratet«.

Natürlich muß zwischen Blüte und Vogel ein annäherndes Gleichgewicht der Kräfte herrschen, das heißt, beide müssen halbwegs gleich groß und gleich stark sein. Deshalb frequentiert der Vogel auch nur große Blüten. Die großen Hülsenfrüchtler, die zu den schönsten Bäumen der Welt zählen wie der »Flamboyant« aus Madagaskar, *Caesalpinia* (Brasilienholz) und *Bauhinia* sind echte Prototypen der Vogelblütler. Schon durch die Farben ihrer Blüten ziehen sie die Vögel an: Für gewöhnlich sind sie rot, rosa, orange oder gelb, die Lieblingsfarben der Vögel. Die Vögel sehen übrigens Farben ähnlich wie wir, während die Insekten eine ganz andere Farbwahrnehmung haben und zum Beispiel rotblind sind. Auch reines Blau ist bei Vögeln äußerst beliebt – wie das Blau der wunderschönen amerikanischen Ananasgewächse (*Bromelia, Puya, Tillandsia* und *Bilbhergia*). Wieder andere Blüten nehmen sich in ihrer Farbenpracht das Federkleid der Papageien zum Vorbild, die neben ihnen vor Neid eigentlich erblassen müßten. Man nimmt an, daß die Lieblingsfarbe eines jeden Vogels die seines Federkleides ist.

Bei der Nektarproduktion sekretieren die Vogelblütler allerdings keinerlei Geruchtsstoffe, denn der Vogel orientiert sich nach der Sicht und nicht nach dem Geruch. Kurz gesagt, die Vogelblütler schminken sich anders als die Insektenblütler und benutzen kein Parfüm. Sie üben nicht die geringste Anziehungskraft auf Insekten aus, als ob sie sich davor hüten würden, Insekt und Vogel in einen Konkurrenzkampf zu verwickeln. Wenn ihre Entscheidung einmal gefallen ist – in diesem Fall auf den Vogel –, bleiben sie ihm treu und tun alles, damit sich kein Insekt in ihre Angelegenheiten mischt, womit sie anderen Blüten, die sich für das Insekt entschieden haben, vielleicht sogar einen großen Dienst erweisen. Denn die Vogelblütler sekretieren erstaunliche Mengen an Nektar, an dem sich ihre gefiederten Gäste gütlich tun. Wenn sie darauf bedacht wären, auch Insekten durch ihre Farbe und ihr Parfüm anzulocken, kämen diese zweifellos, um sich an der reichhaltigen Quelle zu ergötzen, und die kleineren, weniger nahrhaften (weil an Nektar ärmeren) Blüten liefen Gefahr, verlassen zu werden. Das würde das Gleichgewicht der Natur, in der jeder einzelne zum Nutzen der Allgemeinheit seine Rolle an seinem Platz spielen sollte, erheblich stören. Im vorliegenden Fall bleiben also Vogel und Insekt sorgfältig in ihrem Jagdrevier, ohne sich widerrechtlich fremdes Territorium anzueignen.

Die Großzügigkeit der Vogelblütler ist bemerkenswert: Der amerikanische Korallenstrauch *(Erytrina cristagalli)* läßt den Nektar in solchem Überfluß aus seinem Blütenstand fließen, daß er von den Einheimischen »Weinendes Baby« genannt wird. Auch der Tulpenbaum aus Gabun, dessen große rote Blütenkelche wie ein Füllhorn mit Flüssigkeit gefüllt sind, ist sehr attraktiv für die Vögel, ebenso wie die herrliche Paradiesvogelblume *(Strelitzia reginae)* aus Ostafrika, die durch ihre Form den Eindruck eines sich in die Lüfte schwingenden Vogels erweckt. Die Blüten dieser Pflanze, die nach der Prinzessin von Mecklenburg-Strelitz, der Gattin von Georg III., König von England, benannt ist, sind von außerordentlich eleganter Architektur, in der das

warme Orange der Kelchblätter und das zarte Violett der Blütenblätter eine harmonische Einheit eingehen. Die *Nectarinia*, kleine Saugvögel, die diese Blüten bestäuben, haben genau die gleichen Farben. Die Blüten der *Strelitzia nicolai* sind größer, aber von blaßgrüner, hellblauer und veilchenblauer Farbe. Sie sind lange nicht so auffallend, produzieren jedoch enorme Mengen an schwach süßem Nektar: bis zu einem Teelöffel pro Blüte. Die Familie der Strelitzien ist übrigens ein großer Getränkelieferant nicht nur für den Vogel, sondern auch für den Menschen. Zu dieser Gruppe gehört nämlich auch der eigenartige Quellenbaum oder »Baum der Reisenden« *(Ravenala madagascariensis)* mit großen fächerförmigen Blättern, die dicht übereinander wachsen und aussehen wie ein kunstvoll geflochtener Zopf. Schlägt man ganz oben in den Stamm ein Loch, schießt ein Strahl von Flüssigkeit heraus, ein erquickendes Labsal. Wanderer, die unbedacht ihren Durst löschen wollen, riskieren unter Umständen, den Baum vollständig seines Saftes zu berauben, was seinen sicheren Tod zur Folge hätte. Aus der gleichen Familie stammt auch die Banane, eine riesige sukkulente Staude, die, wenn sie rote Blüten trägt, von Vögeln befruchtet wird – und von Fledermäusen, wenn ihre Blüten braun sind.
Die letzte Variante der Vogelblütler ist eine bürsten- oder pinselförmige Abart, deren zahlreiche und stark gefärbte Staubfäden kleine Quasten bilden und wie blühende Muffe auf den Zweigen sitzen. Mimosen- und Eukalyptusblüten, von deren Überfülle an Staubfäden wir bereits gesprochen haben, sind typische Beispiele dafür.

## *Geschmack und Gewohnheiten der Fledermäuse*

Wenn sich die Blüten nachts öffnen, nehmen Vampire und Fledermäuse die Stelle der Vögel ein. Die großen ornamentalen Blüten des Hibiskus werden tagsüber von Vögeln bestäubt, doch ihr Cousin, der große afrikanische Baobab oder Affenbrotbaum, bietet seine offenen Blüten den Fledermäusen dar. Wie beim Hibiskus sind seine Staubfäden, an die zweitausend in jeder Blüte, zu einer zentralen Säule zusammengeschweißt, die aus seiner enormen hängenden Blütenkrone herausragt. Die Fledermausblütler sorgen dafür, daß ihre Blüten sich deutlich vom Laub abheben, sei es, daß sie wie hier an langen Stielen hängen, sei es, daß sie direkt am Stamm sitzen. Blind, wie sie ist, läßt sich die Fledermaus von einer Art Radarsystem leiten, und das Laubwerk wäre ihr beim Anflug an die Blüte im Wege. Angezogen wird sie von dem ganz speziellen Schimmel- oder Modergeruch, den diese Blüten ausströmen und der dem der Fledermaus gleicht. Die Blüten sind weiß, denn die Fledermaus erkennt ja keine Farben, sie liefern jedoch zur Sättigung des unermeßlichen Appetits ihrer nächtlichen Gäste jede Menge Nektar und Blütenstaub. Bewundernswert sind Scharfsinn und Raffinesse der Anpassung, durch die auch bei nahverwandten Pflanzen – wie dem Hibiskus und dem Baobabbaum – eine ganze Reihe von Eigenschaften variieren können, um sich auf Geschmack und Gewohnheiten ihrer Bestäuber auszurichten.

Die Fledermäuse scheinen sich abgesprochen zu haben, ausschließlich originelle Bäume zu bestäuben. Nicht nur den großen Baobabbaum *(Adansonia)* aus den trockenen Tropenländern, König des Sahel und Symbol des afrikanischen Buschwaldes, mit seinen schlotternden Zweigen, sondern auch den Leberwurstbaum *(Kigelia)*, dessen Früchte aufgrund ihrer suggestiven Form als wirksames Aphrodisiakum gelten – getreu der Signaturenlehre, die besagt, daß jede Pflanze durch Gestalt oder Farbe ihre Eigenschaft signalisiert. Gemäß dieser Theorie bleiben bei der virilen Frucht der *Kigelia* natürlich keinerlei Zweifel an ihren therapeutischen Qualitäten. In diese Kollektion seltsamer Pflanzen, deren Liebespartner die Fledermaus ist, gehört auch der amerikanische Kalebassenbaum *(Crescentia)*, dessen riesige, kugelförmige Früchte, in zwei Teile geschnitten, eines der wichtigsten Küchengeräte der Tropen ergeben.

## *Vogel oder Insekt: Wen soll man wählen?*

Alle Pflanzen in den gemäßigten Klimazonen, die direkt mit den hier angeführten Arten verwandt sind, werden von Insekten bestäubt, auch Malve und Stockrose, die zur selben Familie gehören wie Baobab und Hibiskus, sowie alle unsere kleinen Hülsenfrüchtler, die direkt mit »Flamboyant«, *Caesalpinia* und *Bauhinia* verwandt sind. In dieser Familie nimmt die *Mucuna* einen gesonderten Platz ein, ihre Schmetterlingsblüten können von Vögeln, von Insekten und von Fledermäusen bestäubt werden. Im großen Hofstaat von Verehrern, der sich um diese Liane sammelt, ist der Mensch zum Glück überflüssig. Die *Mucuna pruriens* ist nämlich eine Pflanze, die man lieber nicht anfaßt, sie verursacht Schmerzen, mit denen verglichen die Berührung der Brennessel nur ein zärtliches Streicheln ist. Tatsächlich scheiden die winzigen giftigen Nädelchen dieser Pflanze, deren lange weiße Blütentrauben der Glyzinie ähneln, ein Gift aus, das Verbrennungen und unerträglichen Juckreiz hervorruft. Die *Mucuna pruriens* ist eine der aggressivsten Pflanzen, die es gibt. Aber sie macht es damit wieder gut, daß sie dem Menschen in ihren Samen einen für die Herstellung eines Medikamentes gegen die Parkinsonsche Krankheit unentbehrlichen Grundstoff liefert. Da wollen wir ihr den reizbaren Charakter nicht nachtragen.

Findet die Bestäubung dieser Blüten durch Vögel vor oder nach dem Besuch der Insekten statt? Eine delikate Frage, die einer differenzierten Antwort bedarf.

Verschiedene Argumente bestärken uns in dem Glauben, daß die Vögel schon vor den Insekten zum Zuge kommen, da sich unter anderem letztere in der Geschichte des Lebens auch erst später differenziert haben. Außerdem befruchten Vögel die großen tropischen Blütenpflanzen, die zu den ältesten Pflanzen der Erde zählen, gemäß dem allgemeinen Gesetz, auf das wir bereits hingewiesen haben, nach dem die Natur die Tendenz hat, alle pflanzlichen Formen im Laufe der Zeit zu miniaturisieren.

Wie wird ein Vogel zum Partner einer Blüte? Man kann sich vorstellen, daß ein Vogel, getrieben von seinem Hunger nach Früchten, auch unreife Früchte frißt und schließlich auch die Fruchtknoten der Blüte. Dadurch entdeckt er den Nektar und wird nach und nach zum »Stammkunden«. Oder er trinkt das Regenwasser von den Blättern oder aus der Blüte und entdeckt, daß das Wasser in der Blüte süßlich, nämlich nach Nektar schmeckt, und schon entschließt er sich, nur noch bei dieser Blüte einzukehren. Beide Hypothesen klingen ganz glaubwürdig, aber es ist auch gut möglich, daß die Befruchtung durch den Vogel anderen Ursprüngen zuzuschreiben ist. Wenn sie auch in den meisten Fällen vor der Insektenbefruchtung stattgefunden hat, ist es doch nicht ausgeschlossen, daß sie in anderen Fällen erst jüngeren Datums ist.

Beobachtungen haben ergeben, daß sie *Stanhopea graveolens*, eine große duftende Orchidee, die zu einer den Insekten angepaßten Familie gehört, es fertiggebracht hat, sich von einem Kolibri bestäuben zu lassen, der sich wiederum von den Fliegen und Spinnen ernährt, die dieselben Orchideenblüten besuchen. Offensichtlich haben die Kolibris auf der Jagd nach Insekten gelernt, diese nicht nur im Flug zu fangen, sondern auch auf der Blüte zu erbeuten. Als sie die Blüte berührten, kamen sie folglich auch an freiliegenden Nektar und wurden somit zum Partner der Pflanze und zum Konkurrenten der Insekten.

Es sind mehrere solche Beispiele von Konkurrenzkämpfen bekannt: Ein großer Schmetterling muß ununterbrochen Vögel von den Blüten der *Puya alpestris* verjagen, die er bestäubt und die ihn ernährt. Auch im umgekehrten Sinn sind Konkurrenzkämpfe zu beobachten: Eine Anzahl Kolibris verjagt Schmetterlingsschwärme von ihren Lieblingsblüten. Diese Konkurrenzkämpfe sind um so lebhafter, wenn der Gegner nur Beziehungen zu dieser einen Pflanzenart unterhält: Betrogene Treue schürt die Eifersucht – wie in allen längeren sexuellen Beziehungen zwischen denselben Partnern. Wenn es zu einem Konkurrenzkampf zwischen Insekt und Vogel kommt, hat letzterer natürlich durch seine Größe und seinen scharfen Schnabel die größeren Chancen. Es ist gar nicht so unlogisch, zu denken, daß eben durch diese Konkurrenzkämpfe bestimmte Blüten vom Insekt zum Vogel übergewechselt sind und sich eine neue Partnerschaft eingespielt hat.

Das Beispiel vom Bartfaden *(Penstemon)* aus der Familie der Rachenblütler ist besonders bezeichnend. Einhundertfünfzig Arten sind von dieser Pflanze bekannt, die alle in Nordamerika beheimatet sind. Zu den schönsten zählt der *Penstemon centranthifolius*, dessen karminrote Blüten den Kolibris einen engen und tiefen, an Nektar reichen Röhrenkelch bieten, in den sie ihren langen Schnabel versenken. Ganz anders der *Penstemon palmeri* mit seinen cremefarbenen, weit geöffneten Blüten, deren kräftiger Innenrand einen idealen Landeplatz für die zahlreichen ihn bestäubenden Bienen bietet. Eine dritte Art, der *Penstemon spectabilis*, hat lila Blüten und vereinigt die Eigenschaften der beiden anderen in sich, womöglich ist er eine Kreuzung zwischen ihnen. Er hält weder von der Biene etwas noch vom Kolibri; um seine Befruchtung kümmert sich eine Wespe, die viel kleiner ist als eine Biene. Sie kann in den Kelch der Blütenkrone hineinkriechen, der zu lang ist für den Schnabel eines Vogels und zu eng für eine Biene. Die Hybride hat sich für die Erhaltung der Art ihren eigenen Befruchter ausgesucht, der nur zu ihr kommt und jedwede Kreuzung mit den zwei Elternarten verhindert. Wenn Kolibris diese Hybride befruchteten, entstünde eine Kreuzung mit der ersten Art, den karminrot blühenden Pflanzen; wenn Bienen sie vornähmen, käme es zur Kreuzung mit den cremefarbenen Blüten. In beiden Fällen würde die Hybride mit den lila Blüten verschwinden. Hier wird die Treue des Befruchters zur Garantie für den Fortbestand der Art und die Reinerhaltung ihres genetischen Erbgutes, indem sie Sicherheit bietet gegen jede Kreuzung, die die Pflanze verändern könnte. Die Natur belohnt in diesem Fall die Treue, ja, sie macht sie zur Bedingung für das Überleben der Art.

## *Die Hochzeit der Insekten und der Blumen*

In den gemäßigten Zonen werden nur Insekten von den Pflanzen zum Transport ihrer Pollen berufen, die Vögel haben hier keinerlei Chance. Tatsächlich stammen die meisten dieser Pflanzen von tropischen Eltern ab und sind erst vor relativ kurzer Zeit in gemäßigtere Klimazonen gekommen. Die sie befruchtenden Vögel jedoch haben diese Wanderung nicht mitgemacht. Wie hätten sie auch den Winter mit seiner Unterbrechung alles Wachstum überleben sollen, wenn keine einzige Blüte mehr da ist, um sie zu ernähren? Die Trennung von Blüte und Vogel erleichterte die Ehe zwischen Blüte und Insekt, das den gefürchteten Rivalen endlich los war. Ihr Bund entwickelte sich reich an Initiativen und außerordentlicher Phantasie, ein Bund, wie er allerdings schon seit langem in den Tropen zugunsten kleinerer, von Vögeln vernachlässigter Blüten besteht.

Man kann sich, wenn man die Anatomie der Blüten und der sie befruchtenden Insekten miteinander vergleicht, die Schwierigkeiten vorstellen, mit denen sie zu kämpfen hatten, um sich aneinander anzupassen und eine Hochzeit überhaupt zu ermöglichen. Denn bis das Insekt ein adäquates Verhalten an den Tag legte und ein angepaßtes Organ entwickelt hatte – einen Rüssel zum Beispiel, um an den oft im Hintergrund der Blüte versteckten Nektar heranzukommen –, mußten Strukturen, Gesten und

Riten auf das penibelste geregelt werden, damit diese Paarung zur Befriedigung der Blüte, die Blütenstaub liefert und empfängt, und des Insektes, das den Nektar abholt und den Pollen hin und her trägt, überhaupt stattfinden konnte. Blüte und Insekt haben Tausende von Möglichkeiten gefunden, sich im Liebesakt zu vereinigen. Die detaillierte Liste der verschiedenen »Stellungen« steht dem reichen Repertoire der erotischen Literatur in nichts nach. Gemäß der Anatomie von Blüten und Insekten entdeckt man zahlreiche Kombinationen, die den Insektenblütlern ihren so charakteristischen Aufbau verleihen und sie in das Spiel der Verhaltensanpassung, das eigentlich für die Tierwelt spezifisch ist, einbinden.

Wie man weiß, ist das Verhalten ein wesentlicher Faktor der Evolution. Das Tier ist in der Lage zu lernen und speichert das Verhalten, zu dem es die Anpassung an seine Umwelt gezwungen hat, in seinem Erbgut. Diese Regel trifft für gewöhnlich nur auf das Tierreich zu, denn nur die Tiere sind in der Lage, ein eigenständiges Verhalten zu entwickeln. Aber bis zu einem gewissen Grad kann man sie auch auf die Blüte anwenden, die zweifellos den animalischsten Teil der Pflanze darstellt. Durch Intensität und Tiefe der Beziehungen, die sie zu dem Insekt unterhält, ist sie quasi gezwungen, ihre Gestalt seiner Anatomie und seinen Gewohnheiten anzupassen.

Die Übereinstimmung zwischen Blüte und Insekt wurde besonders im achtzehnten und neunzehnten Jahrhundert erforscht, als die Naturwissenschaftler ihre Begabung an genauesten Beobachtungen der Natur übten. Doch die Zersplitterung der Naturwissenschaften in zahllose engbegrenzte Spezialfächer hat zur Abwertung und schließlich zum Verschwinden des allumfassend gebildeten Menschen geführt. Unter dem Zwang, sich immer weiter zu spezialisieren und immer mehr Informationen über einen ständig engerwerdenden Bereich aufzunehmen, wissen die Gelehrten heutzutage »alles über nichts«, wie Bernard Shaw sagte, zum Beispiel alles über eine Pflanze, aber nichts über das Insekt, das sie bestäubt – oder umgekehrt. Die Ära Darwins, J. H. C. Fabres, J. G. Koelreuters, C. Sprengels und E. M. Fries' ist endgültig vorüber. Und doch verdanken wir den feinen Beobachtungen dieser großen Gelehrten all das, was wir heute über die zärtlichen oder grausamen Liebesbeziehungen wissen, die das Insekt an die Blüte binden.

Diese Beziehungen haben sich im Laufe der Jahrhunderte entwickelt und verbessert, angefangen von der unvollkommensten und egoistischsten Beziehung bis hin zur feinsten Verhaltensanpassung. Wie bei den menschlichen Beziehungen trifft man auch hier auf vielfältige Nuancen, die von der zufälligen oberflächlichen Bekanntschaft über Interessengleichheit ohne Dauer und Treue bis zur engsten und treuesten Bindung führen und das Insekt nicht selten ausschließlich auf eine bestimmte Blütenart fixieren. Diese Entwicklung geschah jedoch nicht von heute auf morgen. Die Freundschaftsbeziehungen zwischen Blüten und Insekten, so wie sie heutzutage in der manchmal rührendsten Form bestehen, sind das Ergebnis einer langen gemeinsamen Geschichte, und sie sind eine der schönsten Geschichten, die die Natur in gut hundert Millionen Jahren geschrieben hat.

## *Große Blüten für Kleingeister*

Diese Geschichte beginnt sehr früh mit den ersten Insekten und Blüten. Die ersten Blüten sind Magnolien, Seerosen und große farbige Lotusse. Diese Blüten werden von Käfern heimgesucht, wenig spezialisierte und sichtlich unangepaßte Insekten, ungeeignet für die geduldige Suche nach dem Nektar auf dem Grunde der Blüte. Für die Käfer bedeutet die Blüte nichts anderes als ein gewöhnliches Nahrungsmittel. Ohne jede Behutsamkeit rennen sie drauflos, ihre starken Kinnbacken machen rasch Kleinholz aus dem zarten floralen Gewebe, sie zerbeißen, zermalmen und zerstören es. Kleine Blüten wären ihren Angriffen hilflos ausgeliefert. Sie bevorzugen jedoch große Blüten, zum Beispiel die der Riesenseerose, der *Victoria regia*, deren riesige runde Blätter, wie man sagt, einen Menschen tragen können und die auf den toten Armen des Amazonas einen weiten grünen Teppich bilden, den man vom Flugzeug aus deutlich erkennen kann. Wenn diese Blüten sich abends gegen siebzehn Uhr weiß und stark durftend öffnen, werden sie von einer Maikäferart überfallen. Sobald die Nacht hereinbricht, schließt sich die Blüte wieder und nimmt ihre Gäste gefangen, die sich nun an ihr satt fressen und dabei die Pollen, die sie auf anderen Blüten gesammelt haben, auf der empfängnisbereiten Narbe abstreifen. Wenn sich die Blüte am nächsten Abend gegen siebzehn Uhr wieder öffnet, hat sie eine rote Farbe angenommen, ihren Duft verloren und setzt ihre Besucher wieder auf freien Fuß. Wenn diese die Staubgefäße, die sich eben geöffnet haben, passieren, beladen sie sich mit Pollen, die sie auf andere Blüten übertragen. Die Bestäubung ist vollendet, wenn sie auch einige zerstörte Staubfäden gekostet hat und die Blüte sich zuweilen in einem mitleiderregenden Zustand befindet. Doch was macht das schon aus, wenn nur die Eizellen befruchtet sind und die Nachkommenschaft gesichert ist! Der *Amorphophallus titanicum*, auch Titanenwurz genannt, eine Art Riesenaronstab, bildet die größte blütenähnliche Pflanzenform der Welt und übt eine starke Anziehungskraft auf Käfer aus, die von seinem widerlichen Geruch sichtlich angelockt werden. Diese Pflanze ist 1878 in den Bergen von Sumatra entdeckt worden. Sie kann Mannshöhe erreichen und bildet je nach Jahr entweder ein einziges riesengroßes Blatt oder einen Blütenschaft, der aus einer Pseudoblütenkrone in Kelchform emporschießt und alle Rekorde an Wachstumsschnelligkeit schlägt: In wenigen Tagen erreicht er eine Höhe von zwei Metern! Selbst im dunkelsten und dichtesten Urwald riecht man die Pflanze schon von weitem durch ihren Gestank. Ihr aufrechter stinkender Phallus, dem die Art ihren Namen verdankt, ist durch seine Größe und Gestalt eines der seltsamsten »Monumente« in der Pflanzenwelt. Nicht weniger seltsam ist es jedoch, zwischen dem Aronstab und dem anderen »Naturdenkmal«, der *Victoria*, Gemeinsamkeiten zu entdecken. Beider Überleben ist abhängig von den rücksichtslos alles abfressenden Maikäfern, die ihre Pollen um den Preis erheblicher Zerstörungen innerhalb der gigantischen Blütenbauwerke weitertransportieren. Die ganz Großen, die Giganten, dürfen nicht auf Feinfühligkeit und Raffinesse rechnen, und die Natur lohnt es jenen schlecht, die dieses Gesetz nicht beachten. Die Zweiflügler, besonders Fliegen und Mücken, haben sich den Blüten bereits besser angepaßt als die Käfer, zumindest richten sie weniger Schaden an. Ihr mehr oder weniger entwickelter Rüssel gestattet es ihnen, Nektar zu schlürfen und Pollen abzustauben, wenn sie auch dabei noch keine Nahrungsmittelreserven für ihre Larven anlegen, wie es zum Beispiel die Biene macht. Sie nehmen, was die Blüte ihnen bietet, und ernähren sich davon, auch wenn uns diese Nahrung manchmal wenig appetitlich erscheint. Denn die Fliege ernährt sich in den Tropen – wie auch anderswo – von Aas und anderer verwesender Materie. Sobald eine Blüte in Farbe und Duft faulendes Fleisch nachahmt, fühlt sich die Fliege angezogen. So kommt es, daß sie die größte Blüte der Welt mit ihrem Besuch beehrt, nämlich die der »Riesenblume« *(Rafflesia arnoldii)* in Indonesien. Dabei handelt es sich um eine parasitäre Pflanze, die auf Weinrebengewächsen in den Regenwäldern Sumatras gedeiht und in einem Gewächshaus bisher nie zum Blühen gebracht werden konnte. Ihre einzige Blüte entwickelt sich ohne Blätter direkt auf dem Erdboden wie ein Pilz und kann einen Durchmesser von einem Meter erreichen. Die Fliege nähert sich einem dunklen Loch in der Mitte der fleischigen Blütenkrone, die vom blutigen Rot bis zum Violett in allen Farben der Fäulnis spielt. Von dem entsetzlichen Gestank betört, macht sie sich auf Abenteuerreise im Inneren der Blüte und entkommt schließlich, mit Blütenstaub bedeckt. Wenn man sieht, daß die riesige Blüte der *Rafflesia* ein dummes Insekt ohne Einsicht und Verstand wie die Fliege verführt, kann man nur sagen: Je größer die Dinge, desto kleiner die Geister, denen sie gefallen. Und wer die Fliegen als harmlose putzige Tierchen schätzt, der kennt ihre vulgären und unappetitlichen Essenssitten nicht.

In gemäßigten Zonen bringt unser Aronstab Hunderte von winzigen Blüten auf einer Mittelachse hervor, die in einer provozierenden fleischigvioletten Keule mündet. Das Ganze ist von einer grünlichen, violett gefleckten Blütenscheide umgeben. Dieses Füllhorn strömt einen ekelerregenden Duft aus, und die Fliegen, angezogen vom optischen und vom geruchlichen Signal, stürzen sich mit Wollust darauf. Als verkleinerte Version des *Amorphophallus* organisiert der Aronstab mit einem komplizierten Spiel der männlichen, weiblichen und sterilen Blüten seine Bestäubung durch Fliegen und Mücken auf die spitzfindigste Art und Weise. Indem die Blüten sich zu verschiedenen Zeiten öffnen und die Insekten gefangenhalten, wird die Fremdbestäubung gewissermaßen obligatorisch.

Eine andere Aronstabart, der *Arum conophalloides*, lockt nur blutsaugende weibliche Mücken an. Dafür ahmt er den Geruch ihrer Beuteinsekten nach. Die Mücke geht in die Falle, bestäubt den Aronstab und verläßt ihn enttäuscht – sie hat den erwarteten Lohn nicht bekommen.

Es gibt andere Zweiflügler, die weitaus vornehmer und eleganter sind und einen viel raffinierteren Geschmack haben als die Fliegen. Die Schwebflügler *(Syrphidae)* sind durch ihren raschen, ruckartigen und stets unvorhersehbaren Flug leicht zu identifizieren. Mit ihrem behaarten Körper, an dem sich die Pollen festsetzen, und ihrem langen Rüssel, der in die unzugänglichsten Schlupfwinkel der Blüte reicht, sind sie ausgezeichnete Bestäuber. Spornblütler – wie die *Orchis maculata* – oder Blüten mit unzugänglichem Nektar – wie die Iris – werden meist von Insekten dieser Gruppe besucht.

## *Kopulation zum Lebensunterhalt der Schmetterlinge*

Die Schmetterlinge und Falter spielen eine weitaus wichtigere Rolle als die vorhergegangene Gruppe: Es genügt, einen Schmetterling mit ausgerolltem Rüssel auf Honigsuche von Blüte zu Blüte flattern zu sehen, um sich die Arbeit, die diese Insekten bei der Bestäubung haben, vorstellen zu können. Sie leben in einer strengen Diät, denn sie ernähren sich ausschließlich vom Nektar und lassen die Pollen sowie jedes andere Blütengewebe links liegen. Ihrer Art gemäß fliegen sie entweder am Tage oder in der Nacht, dabei leisten die Nachtfalter oft mehr als ihre Kollegen vom Tagesdienst. Blitzschnell nehmen beide den Nektar einer Blüte auf, ohne sich auf ihr niederzulassen, und sind gleich darauf schon bei der nächsten. Man hat ausgerechnet, daß ein Schmetterling in der Lage ist, mehr als fünfundzwanzig Veilchenblüten in einer Minute zu bestäuben, was eine Durchschnittsleistung von zwei Sekunden pro Blüte bedeutet, Anflug inklusive. Unser schöner Türkenbund in den Alpen wird von Schmetterlingen bestäubt, die ihn in der Dämmerung oder in der Nacht besuchen. Ihr Rüssel gestattet ihnen, den Nektar aus den tiefsten Schlünden, Kelchen oder Spornen zu schöpfen: Der große amerikanische Schwärmer *Amphimoea walkeri* besitzt den längsten Rüssel, der ausgerollt bis zu achtundzwanzig Zentimeter lang werden kann und fast viermal so groß wie der Körper ist. Schon Darwin war von der Anpassungsfähigkeit dieses Schmetterlingstypus an die tiefen Sporne der madegassischen *Angraecum*-Orchideen fasziniert.

In den gemäßigten Zonen bestäuben die Schmetterlinge hauptsächlich Blütenkronen mit tiefen Kelchen – wie die der Nelken,

des Leimkrauts, der Lichtnelken und des Vergißmeinnichts – oder Blüten mit langem und engem Sporn – wie die des Geißblatts, des Stechapfels und des Seifenkrauts. Besonders die letzteren drei bekommen ausschließlich nächtlichen Besuch. Ein seltsamer Liebesakt ist diese Paarung zur Ernährung zwischen Schmetterlingsrüssel und Blütensporn; alles geschieht hier umgekehrt: Das Eindringen des Rüssels dient zum Einsaugen des Nektars, der ausgerollte Rüssel spielt die Rolle des Empfängers und die aufgestülpte Blütenkrone die Rolle des Spenders.
Blütenkrone und Schmetterling rivalisieren in ihrer Schönheit, und ihre kurze Liebe ist die prächtigste Verbindung in der Geschichte des Lebens, wenn man bedenkt, daß sich beide vom größten Modeschöpfer anziehen lassen und auch das kleinste Detail beachten, um einander auf das Vorteilhafteste erscheinen zu können!
Der Schmetterling scheint den Blüten den Vorzug zu geben, die seine Farben tragen. Handelt es sich dabei um eine Tarnung, um der Gefräßigkeit der Vögel zu entgehen? Oder um eine Übertragung der Anziehungskraft, die die Partner gegenseitig auf sich ausüben? Beide Erklärungen sind möglich. In der Farbabstimmung zwischen Schmetterling und Blüte kann man den Auftakt zu der weitaus vollkommeneren und sinnverwirrenden Fusion sehen, die bei den Orchideen bis zur Mimesis führt.

## *Akkordarbeiterin Biene*

Die Wespen und Bienen, die zu den Hautflüglern gehören, nehmen bei der Bestäubung unbestritten den ersten Platz ein.
Die Wespe hält eine weit weniger strenge Diät als die Biene ein. Sie schlürft nicht nur den Nektar aus der Blüte, sondern ergötzt sich auch an Birnen und Pflaumen, Aprikosen und Trauben. Die Früchte machen dem Insekt, dessen Zunge so kurz ist, daß es nur Blüten mit nicht zu tiefem Kelch beglücken kann, die Nahrungsaufnahme leicht. Darüber hinaus arbeitet die Wespe nur für sich selbst, nicht für ihre Nachkommenschaft; der Besuch von einigen Dutzend Blüten am Tag genügt ihr.
Bei der Biene ist das ganz anders. Sie ist dazu verdammt, fünfundzwanzigmal mehr Nektar zu sammeln, als sie zur Eigenernährung braucht. Das Gesetz des Bienenstocks verpflichtet sie,

eine große Nachkommenschaft zu ernähren. Eine Biene fliegt mehrere hundert Blüten am Tag an.
Die Natur beschränkt den Konkurrenzkampf zwischen Biene und Wespe, indem sie deren Hauptarbeitsperioden zeitlich verlagert. Die ersteren schlüpfen im Frühjahr und arbeiten in der Blütezeit, die letzteren erscheinen erst später, für gewöhnlich im Hochsommer, und erfreuen sich der Früchte und Blumen.
In einem Bienenstock gibt es ungefähr fünfzigtausend Arbeiterinnen, die mit einer Geschwindigkeit von drei Metern in der Sekunde fliegen, selbst wenn sie beutebeladen und müde nach einem langen Arbeitstag nach Hause kommen. Man hat ausgerechnet, daß eine Biene zur Füllung ihres Honigmagens 193 Kleeblüten anfliegen muß und die Aufzucht einer Larve 0,15 Gramm Pollen erfordert, was eine ungefähre Ahnung von der Akkordarbeit der Biene vermittelt.
Bienen oder Hummeln fliegen nicht, wie man annehmen könnte, nach Lust und Laune von einer Blüte zur anderen und sammeln den Nektar ein, sondern sie grasen auf ganz rationelle, ja, fast industrielle Art und Weise eine bestimmte Blütenart ab, sobald diese aufgeblüht ist. Die Biene prägt sich das Bild der Blüte, ihre Farbe, ihren Duft genau ein und fliegt regelmäßig und gezielt von einer Blüte zur anderen, wobei sie stets exakt dieselben Bewegungen durchführt, um Pollen und Nektar einzusammeln. Die »Fließbandorganisation«, welche für dieses im Sozialverband lebende Insekt charakteristisch ist, gestattet ihr bei kürzester Besuchszeit maximale Produktionsleistung. Die richtigen Bewegungen, einmal erlernt, wiederholt sie bis in alle Unendlichkeit. Diese Akkordarbeit vollbringt die Biene nicht nur bei der Nektarernte, sondern auch innerhalb des Bienenstocks, zum Beispiel bei der Organisation der Aufzucht. Karl von Frisch hat genau darüber berichtet, wie lange eine Arbeitsbiene, die zum ersten Mal eine bestimmte Blüte anfliegt, braucht, um ihren Rüssel in den Kelch zu senken und den darin versteckten Tropfen Nektar zu finden, und wie flink sie nach fünf oder sechs Versuchen ihr Ziel erreicht. Man könne sich vorstellen, wieviel Zeit sie sparen würde, wenn sie den Nektar lediglich von einer einzigen Blütensorte sammelte, so wie ein Mensch, der immer wieder die gleiche Tätigkeit ausübt, sie immer schneller und geschickter durchführen wird. Lange vor ihm hatte schon Aristoteles in seiner *Tierkunde* dieselbe Beobachtung gemacht.

Die Biene ist ein Gewohnheitstier: Sobald eine Blüte durch Mutation ihre Farbe verändert, wird sie von der Biene nicht mehr aufgesucht. Durch und durch konservativ, hängt die Biene an ihrem heimatlichen Bienenstock und liebt keine Veränderungen – im Gegensatz zum Menschen, der gerne mit Form und Farben spielt und immer wieder alles verändern will. Ratlos reagiert die Biene daher auf die »Unordnung«, die der Mensch durch sein Wirken in der Natur hinterläßt. Sie muß zusehen, wie eine Blüte, die sie durch ihren arteigenen Instinkt längst kennt, sich unter ihren Facettenaugen verändert, ohne daß sie wüßte, warum, und ohne genügend Zeit zur Umgewöhnung zu haben – so erfolgreich und vielfältig ist die Arbeit unserer Gärtner.
Wespe, Biene und Hummel sind die jüngsten und vollkommensten Insekten und bedienen natürlich nur hochentwickelte Blüten. Gewöhnlich handelt es sich dabei um symmetrische Blüten, deren äußere Gestalt mehr oder weniger der Gestalt eines Insektes ähnelt. Manche von ihnen sind so eingerichtet, daß sie nur noch von einem ganz bestimmten Partner bestäubt werden können.

## *Die »Vergewaltigung« durch die Hummel*

Die Hummel vollbringt erstaunliche Leistungen bei der Bestäubung. Sie kann zum Beispiel die Blüte des Eisenhutes allein öffnen und sich den nur ihr zugänglichen Nektar, der unter einem riesigen violetten Kelchblatt in Form eines Helmes auf zwei anmutigen Blättchen versteckt ist, herausholen. Ohne die Hummel wäre der Eisenhut wahrscheinlich schon längst ausgestorben, und es ist ganz bezeichnend, daß seine Ausbreitung geographisch genau mit dem Gebiet der Hummel übereinstimmt.
Der Besenginster ist seinem Bestäuber ebenso ergeben, da dieser als einziger in der Lage ist, durch seine Körperkraft in die große gelbe Blüte einzudringen, deren Fortpflanzungsorgane, Staubblätter und Stempel, am Grund der Blüte in ein Blütenblatt eingeschlossen sind, das entfernt an einen Schiffskiel erinnert. In diese hermetisch geschlossene Verpackung hat die Blüte all ihre besten Teile eingesperrt. Die Hummel wird von einem großen, gelben, aufrechtstehenden Blütenblatt, ähnlich einer Standarte, mit der die Ginsterblüte ihre Reklametrommel rührt, angelockt.

Die Hummel läßt sich nieder, stößt mit dem Kopf gegen die Standarte, stemmt sich mit aller Kraft gegen den Schiffskiel, der schließlich nachgibt und fünf kurze Staubblätter freilegt, deren Pollen auf dem Unterleib des Insektes festkleben. Die Hummel läßt jedoch noch nicht nach, und der Schiffskiel gibt unter ihren Bewegungen und ihrem Gewicht noch einmal fünf etwas längere Staubblätter frei, deren Pollen auf dem Rücken des Insektes Halt finden.

Wenn die Hummel die Blüte verläßt, ist diese nicht mehr wiederzuerkennen, so mitgenommen, ungepflegt und erschöpft sieht sie aus. Der leere »Schiffskiel« ist ein Wrack, die Seitenblättchen sind rückwärts gebogen, Blütenblätter und Stempel hängen lose aufgerollt darüber. Aber die Hummel, den Bauch und den Rükken voller Blütenstaub, ist zur nächsten Visite bereit.

Die Bestäubung des Besenginsters ähnelt einer Vergewaltigung. Es ist eine Vergewaltigung, die dem Täter nichts einbringt, denn die Pflanze produziert keinen Nektar. Dem Besenginster nahe verwandt und zur gleichen Familie der Schmetterlingsblütler gehörig ist die Schamblume *(Clitoria)*. Sie entkommt den gewalttätigen Angriffen der Hummel dadurch, daß sie ihre Blüten von innen nach außen kehrt. Die Standarte, die auf die Hummel dieselbe Wirkung ausübt wie das rote Tuch des Toreros auf den Stier, wird in dem Fall zum Landeplatz. Die Blüte ähnelt in dieser umgekehrten Form den menschlichen weiblichen Geschlechtsorganen, daher auch ihr Name. Derartig liebevoll empfangen, läßt die Hummel sich auf der Blüte nieder, bestäubt sie ohne Brachialgewalt und läßt sie nach ihrem Abflug in sehr manierlichem Zustand zurück.

## *Die alten Jungfern und die englische Marine*

Der Aufbau der Kleeblüte ähnelt dem des Besenginsters und dem der Schamblume. Alle drei gehören zur Familie der Schmetterlingsblütler, und alle drei locken die Hummel an, die sie fleißig bestäubt. Die Einführung der Hummel in Neuseeland Ende des letzten Jahrhunderts brachte eine wirkungsvolle Steigerung der Klee-Ernte. Auch Darwin war von der Leistungsfähigkeit der Hummel als Bestäuber des Klees beeindruckt, und Roger Dajoz nahm sie zum Anlaß für eine in der Ökologie bereits klassisch gewordene Geschichte, in der die Feinheiten des Gleichgewichtes in der Natur demonstriert werden:

> Wie schon Darwin feststellte, sucht nur die Hummel die roten Kleeblüten heim, da die Biene nicht an ihren Nektar herankommt. Wenn nun die Hummel ausstirbt oder in England selten werden sollte, sagt Darwin, wäre sicherlich auch der Rot-Klee weniger häufig anzutreffen oder würde ganz verschwinden. Wie viele Hummeln es in einer bestimmten Gegend gibt, das hängt weitgehend davon ab, wie viele Waldmäuse dort sind, die ihre Nester und Honigweiden zerstören. Colonel Newman, der lange Zeit die Gewohnheiten der Hummel studierte, war der Meinung, daß mehr als zwei Drittel dieser Insekten jährlich vernichtet werden. Auf der anderen Seite weiß man, daß die Anzahl der Waldmäuse im Grunde von der Anzahl der dort lebenden Katzen abhängt, und Colonel Newman fügte hinzu: »Ich habe beobachtet, daß Hummelnester häufig in der Nähe von menschlichen Ansiedlungen und kleinen Dörfern zu finden sind, was ich auf die große Anzahl von Katzen, die den Waldmäusen den Garaus machen, zurückführe.« Es ist also sehr gut möglich, folgerte Darwin, daß die Anwesenheit von Katzen über das Gedeihen bestimmter Pflanzen in einem bestimmten Gebiet mitentscheidet, und zwar auf dem Umweg über das Mäuse- und Hummelvorkommen! Haeckel fügte hinzu, daß der Klee, der sich dank der Katzen einer starken Verbreitung erfreut, den Kühen als Nahrung dient und daß die Seeleute am liebsten Rindfleisch essen. Daher habe England seine Stärke zur See auch den Katzen zu verdanken. Thomas Huxley ging noch einen Schritt weiter und meinte, daß der Grund für Englands Stärke zur See bei den alten englischen Jungfern liege, deren Katzenliebe grenzenlos sei. *(Précis d'Ecologie,* Paris 1972)

B. Fischesser trieb das humoristische Spiel auf die Spitze, indem er darauf hinwies, daß die Seemacht Großbritanniens dadurch, daß sie den Frauen ihre Männer raubt und viele Männer zum Junggesellendasein verurteilt, einen großen Einfluß auf die Anzahl alter englischer Jungfrauen hat, die in Katzen verliebt sind. Hier schließt sich der Ring.
Diese Geschichte illustriert auf ihre eigene Art die mannigfalti-

gen und vielseitigen Beziehungen zwischen den Lebewesen: Wir sind alle miteinander verbunden und gehören zusammen.
Auch der Salbei, ein ganz gewöhnliches Kraut auf unseren sommerlichen Wiesen, hat sich der Befruchtung durch Hautflügler auf erstaunliche Weise angepaßt. Wie fast alle Pflanzen aus der Familie der Lippenblütler, zu der er gehört, hat der Salbei eine Blüte, die aus zwei Lippen besteht: Die untere Lippe spielt die Rolle des Landeplatzes für das Insekt, das von der oberen Lippe angelockt wird. Diese Blüte scheint ihre zwei Staubblätter absichtlich so angelegt zu haben, daß eine Bestäubung einfach nicht fehlschlagen kann: Jedes Staubblatt trägt an dem äußeren Ende einer Art Balancierstange ein längeres Fädchen voll fruchtbarer Pollen und ein kürzeres steriles Fädchen. Das Insekt, das unfehlbar gegen das kürzere Fädchen stößt, bringt die Balancierstange aus dem Gleichgewicht und empfängt auf seinem Rücken den fruchtbaren Blütenstaub. Der Mechanismus löst sich jedoch erst dann aus, wenn genügend Druck ausgeübt wird, der bei den Insekten wiederum nur von Biene und Hummel zustande gebracht wird.
Von den gefräßigen und ungeschickten Käferarten bis zur hochspezialisierten und leistungsfähigen Biene und Hummel war es ein langer Weg durch die Jahrtausende. In dem Maße, in dem sich die Bindung zwischen Blüte und Insekt verstärkte, hat die Blüte auch ihre Verführungsstrategien vervollkommnet, indem sie immer wirksamere Möglichkeiten erfunden hat, um das flatterhafte Insekt anzulocken. Dieses erfüllte seinerseits die Erwartungen der Blüte, indem es seine Mundgliedermaßen der Anatomie der Blüte immer besser anpaßte. Es verschärfte seine Sehkraft und seinen Geruchssinn und stellte seine Ernährung völlig auf Nektar ein. Kurz, das Insekt entwickelte sich so, daß es heute auf die Angebote seines pflanzlichen Partners mit größter Leistungsfähigkeit eingehen kann. Und diese Angebote sind lohnend, denn die Blüte lockt das Insekt nicht nur dadurch, daß sie ihm den Kopf verdreht, sondern sie revanchiert sich für den Besuch auch durch echte Gegenleistungen. Um den Anflug des Insektes mit ihren verschiedensten Verführungsstrategien zu steuern, schmückt sich die Blüte mit prächtigen Blütenkronen, verwendet zarte oder grelle Schminke und parfümiert sich mit den köstlichsten Düften.

## *Werbung als Lockmittel*

In den meisten Fällen sind es optische Signale, die das Interesse der Insekten wecken und ihren Anflug auslösen. Die Blütenblätter, fachsprachlich als Kron- oder Blumenblätter bezeichnet, sind durch Form, Größe und Farbe wirkliche Werbetafeln, die nur zum Anlocken der Insekten dienen. Es kann aber auch passieren, daß die Blütenblätter altersschwach werden, dann übernehmen andere Blütenteile ihre Rolle, zum Beispiel die Kelchblätter, die bei Lilien, Magnolien, Tulpen, Maiglöckchen usw. gar nicht von den Blütenblättern zu unterscheiden sind. Wenn jedoch weder Kelch- noch Blütenblätter diese Aufgabe erfüllen, ist die Blüte gezwungen, andere »Reklametricks« zu erfinden. Bei der tropischen *Musaenda* zum Beispiel entwickelt sich ein Teil des Kelches in einer ungeheuren Art und Weise zu einem riesenhaften, farbenprächtigen, attraktiven Blatt in lebhaftem Rot oder cremigem Gelb. Dieser herrliche Strauch ziert tropische Gärten, blüht aber in Gewächshäusern nur äußerst selten. Es kommt auch vor, daß sich der Blüte benachbarte Pflanzenteile färben – wie bei der *Bougainvillea.* Diese wunderschönen Kletterpflanzen sind in Rio de Janeiro entdeckt worden, als die Fregatte »La Bourdeuse« und die Korvette »L'Etoile« 1766 auf ihrer Reise um die Welt dort anlegten. Commerson, der Botaniker der Forschungsgruppe, benannte sie nach dem Leiter der Expedition, dem Entdecker L.A. de Bougainville. Ihre cremeweißen Blüten, in Dreiergruppen angeordnet, sind kaum sichtbar, werden jedoch von drei schönen, violett oder rot gefärbten Hochblättern begleitet, die auch während der Fruchtbildung nicht verblühen, was zu dem unwiderstehlichen Charme dieses südamerikanischen Strauches beiträgt, der seit seiner Entdekkung von den Gärtnern immer wieder veredelt wurde. Die Wunderblume *(Mirabilis)* nützt dieselbe Strategie und entwickelt rund um ihre kleinen Blüten fünf weiße, gelbe oder purpurrote Blätter. Die Kunst, Blätter in Blütenblätter zu verwandeln, ist jedoch dem Weihnachtsstern *(Euphorbia pulcherrima)* am besten gelungen, und zwar durch seine seltsame Metamorphose, die schon Goethe faszinierte: Wunderschöne, lebhaft rote Blätter täuschen eine große Blütenkrone rings um die Blüten dieses amerikanischen Wolfsmilchgewächses vor.
In der Familie der Aronstabgewächse umgibt, wie wir schon sa-

hen, ein einziges meist sehr großes Blatt einen zentralen Schaft, an dem zahllose unscheinbare Blüten sitzen. Diese entfaltete oder auch noch eingerollte Fahne hat eine große Werbewirkung. Bei der Flamingoblume *(Anthurium)* ist sie rot, weißlichgrün beim Aronstab und schneeweiß bei der Kalla, die in vielen Ländern traditionell zur Hochzeit geschenkt wird. Bei den Schirmakazien – große tropische Bäume aus der Familie der Schmetterlingsblütler – sowie ihren kleinen Cousinen, den Mimosen, sind es die Staubblätter selbst, die durch ihre lebhafte Färbung den Köder für das bestäubende Insekt bilden.

Die schönen Farben sind nicht immer durch pflanzeneigene Farbstoffe bedingt; es kann auch sehr gut sein, daß sie rein physikalischen Ursprungs sind: Das strahlende Weiß der Seerose ist auf das Phänomen der Lichtreflexion auf den Luftbläschen der Blütenblätter dieser Wasserpflanze zurückzuführen, das gleiche Phänomen, das auch Schnee und Gischt weiß färbt. Die zarten Blütenblätter der Butterblume sind übersät mit ölartigen Tröpfchen, während eine darunterliegende Zellschicht, mit Stärkekügelchen durchsetzt, eine weiße Basis schafft. Die Lichtstrahlen werden von dieser Basis reflektiert, von den Öltröpfchen gebrochen und färben die Blütenblätter mit dem etwas fettigen Gelb, das jeder kennt. Die Blütenblätter des roten Mohns haben aufgrund zwei übereinanderliegender Zellschichten, die eine dunkelviolett, die andere bläulich, einen schwarzen Fleck am Ansatz innen. Die samtigen Reflexionen der Stiefmütterchen und der Gloxinien entstehen durch eine besondere Struktur der Epidermiszellen, deren Papillen den Blütenblättern das Aussehen von Samthaaren geben.

## *Wie die Biene die Blüte sieht*

Immer haben Botaniker in der lebhaften Färbung der Blütenblätter ein appetitanregendes Mittel für Insekten gesehen – bis sie sich eines Tages fragten, ob die Insekten die Dinge überhaupt genauso sehen wie wir. Vielleicht können sie nur zwischen verschiedenen Helligkeitsgraden unterscheiden, so daß ihnen jede Farbe lediglich als mehr oder weniger dunkle Nuance von Grau erscheint – wie bei der Umsetzung eines farbigen Motivs in ein Schwarzweißphoto.

Die Experimente, die Karl von Frisch mit Bienen anstellte, haben eine Antwort auf diese Frage ergeben. Wenn man einer Biene einen Honigtropfen auf einem gelben Papierstreifen anbietet, marschiert sie geradewegs darauf zu und assoziiert schon bald die gelbe Farbe mit dem Honigtropfen. Der Versuch wird dann mit einer Serie von Papierstreifen in verschiedenen Nuancen von rein Weiß über Grau bis Schwarz fortgesetzt. Zwischendurch wird ein gelber Streifen vorgelegt. Die Biene – daran gewöhnt, den Honig auf dem gelben Papierstreifen zu finden – läuft sofort darauf zu, auch wenn sich gar kein Honig darauf befindet. Sie findet das Gelb unter allen Graunuancen heraus, was beweist, daß sie Farben sehen kann. Das gleiche Experiment funktioniert auch mit blauem Papier, nur nicht mit rotem. Die Biene, abgerichtet, ihren Honig auf einem roten Untergrund zu finden, ist nicht in der Lage, diesen unter einer Reihe von grauen herauszufinden. Was für uns Rot ist, ist für sie Gelb: eine warme, auffallende, aufregende und sinnliche Farbe.
So wird auch das stengellose Leimkraut *(Silene acaulis)* mit seinen roten Blüten nicht von der Biene, sondern von einem Schmetterling, dessen Auge auf Rot reagiert, bestäubt. Man versteht jetzt die Armut der europäischen Flora an roten Blüten: Rot schneidet äußerst ungünstig ab in dem Konkurrenzkampf, den sich die Blüten untereinander um die Gunst der Insekten liefern. Viele Blüten, die wir für rot halten – wie die Blüten von Heidekraut, Wiesenklee, Rhododendron und Alpenveilchen –, sind tatsächlich mehr violett als rot. Die Biene sieht nur das Blau, das sie enthalten, und reiht sie in die Liste der blauen Blüten ein, die sie besucht. Wieder andere, zum Beispiel der Natternkopf und das Lungenkraut, haben anfänglich rote Blütenkronen, die, voll erblüht, bläulich werden und erst dann von der Biene wahrgenommen werden. Eine Ausnahme bildet der scharlachfarbene Klatschmohn, auf den die Bienen ganz wild sind. Man weiß heute, daß seine leuchtendroten zarten Blütenblätter, die so leicht abfallen, auch ultraviolette Strahlen reflektieren, die das menschliche Auge nicht wahrnimmt, das Auge der Biene aber wohl. Was dem Insekt im roten Bereich fehlt, gewinnt es am anderen Ende des Spektrums im Bereich der kürzeren Wellenlänge, es »sieht« Ultraviolett, das von uns nur indirekt wahrgenommen wird und zu speziellen Beleuchtungseffekten in Kabaretts, Diskotheken und Nachtlokalen dient.

Das Fernsehen erzeugt durch Mischung roter, blauer und gelber Punkte alle Farbnuancen. Für die Biene müßte es eine Palette von gelben, blauen und ultravioletten Punkten, von ihren drei Primärfarben, entwickeln. Und für Wanzen oder Mistkäfer brauchten nur Schwarzweißbilder gesendet zu werden, weil diese Insekten gänzlich farbenblind sind.
Die Biene mit ihrem zu den Kurzwellen hin verschobenen Spektrum und ihrer uns gegenüber weitaus größeren Sensibilität für verschiedene Helligkeits- und Intensitätsgrade sieht also ganz anders als wir. Sie verwechselt Gelb mit Orange, Blau mit Violett und sieht weiße Blüten für blaugrün an. Biene, Wespe und Hummel sehen das Gänseblümchen blaugrün gegen einen hellgelben Grashintergrund. Darüber hinaus wird durch ihre Fähigkeit, Ultraviolett zu sehen, ihr gesamtes Blickfeld vollständig verändert. Die Blüten von Raps, Senf und Goldlack erscheinen uns alle gelb, aber sie reflektieren die ultravioletten Strahlen in unterschiedlichem Maße. Goldlackblüten reflektieren sie überhaupt nicht, sie erscheinen der Biene gelb; Rapsblüten reflektieren sie etwas und Senfblüten sehr stark. Diese Blüten erscheinen den Bienen folglich in einer Farbe, die wir gar nicht kennen und der man die Bezeichnung »Bienenviolett« geben könnte. Das ist eine Mischung der beiden Extremwerte ihres Spektrums: Gelb und Ultraviolett, so wie unser Violett sich aus den beiden Extremwerten unseres Spektrums, nämlich Rot und Blau, zusammensetzt.
Die Sehschärfe der Biene entspricht nur einem Achtzigstel der des menschlichen Auges, das ist der Nachteil der Facettenaugen. Sie kann daher die Formen der Blütenkronen schlecht unterscheiden und erkennt Gegenstände mit Unebenheiten und gezackten Konturen besser als glatte oder runde. Eine sternförmige Blütenkrone mit zwölf Blütenblättern wird öfter von ihr besucht als eine sechsblättrige oder gar eine sehr einfache Blütenform. Das Blütenköpfchen des Wilden Chicorées mit seinen ausgefransten Konturen wird der nahezu kreisrunden Geranienblüte vorgezogen; ein ganzer Blütenstand ist immer beliebter als eine einfache Blüte und wird deshalb auch öfter angeflogen.
Letzendlich vermögen wir uns gar nicht vorzustellen, was eine Biene mit ihren Facettenaugen und ihrem spezifischen Farbspektrum sehen kann und was nicht. In einer Blumenwiese sehen wir eine Vielzahl farbiger Kostbarkeiten wie in einem Schmuckkäst-

chen. Die Biene sieht das ganz anders: Die Blüten unterscheiden sich für sie durch Farben, die wir nicht wahrnehmen können, und stehen vor einem grauen oder gelblichen, vollkommen neutralen Hintergrund. Sie streicht sozusagen den Hintergrund weg, um nur noch die Blüten zu sehen. Die Teile der Blütenblätter, die dem Mittelpunkt der Blüte am nächsten liegen, reflektieren die UV-Strahlung am stärksten. Diese ist für das menschliche Auge nicht wahrnehmbar, für das bestäubende Insekt jedoch Signal zum Eingang und Wegweiser zum Nektar.

## *Parfum und Nektar*

In dem Zwiegespräch zwischen Blüte und Insekt sind auch die grünlichen Blüten nicht zum Schweigen verdammt. Die winzige und beinahe unsichtbare Weinblüte strömt, um ja nicht unentdeckt zu bleiben, einen starken Duft aus. Im Gegensatz dazu duften lebhaft gefärbte Blüten – wie bei Mohn, Ginster, Fingerhut, Winde und Herbstzeitlose – überhaupt nicht. Die Natur gibt jedem das Seine: Manchen ihrer Kinder schenkt sie Farben, anderen Wohlgerüche. Der Duft kann von verschiedenen Blütenteilen kommen, sogar von den Pollenkörnchen – wie bei der Kornelkirsche oder dem Schneeball. Es scheint, daß der Pollenduft der älteste Pflanzenduft überhaupt ist, er existiert bei archaischen Pflanzenarten bereits lange vor dem Auftauchen der Blüte. Für unseren Geruchssinn eher unangenehm, spielt der Pollenduft eine wesentliche Rolle bei der Verführung der ersten tierischen Bestäuber, der Käfer.
Auch der unaufmerksame Beobachter bemerkt, daß die Intensität der Düfte im Laufe des Tages und der Nacht nicht gleichbleibt. Die Linde und das Geißblatt duften abends, Drachenwurz um 16.30 Uhr, die Leuterblume *(Ceropegia)* zwischen zehn und elf Uhr. Dieser recht genaue Mechanismus regte einen Botaniker zur Gestaltung einer Blumenuhr an, bei der der ganz spezifische Duftbeginn der einzelnen Arten die Zeit angeben sollte. Linné hatte bereits eine ähnliche Uhr konstruiert, die sich nach den Öffnungszeiten der Blüten richtete. Allerdings sind solche Uhren sehr stark von Wind und Wetter, von Ort und Jahreszeit abhängig, und man sollte vielleicht doch lieber bei den herkömmlichen Uhren bleiben. Den Regelmäßigkeiten in der Bewegung der Ge-

stirne ist eher zu trauen als den biologischen Phänomenen, die für gewöhnlich weniger strengen Gesetzen unterliegen: Wo das Leben beginnt, beginnt auch die Freiheit ...

So spielen also Farbe, Form und Duft ihre Rolle in der Verführungsstrategie der Blüten. Die Farbe ist das Aushängeschild des Lokals, die Leuchtreklame und das Parfum ist der Bratenduft, der den hungrigen Gast anlockt. Wenn eine Blüte beide Merkmale besitzt, läßt sich aus der Analyse des Anfluges ersehen, durch welches von beiden das Insekt gelenkt wird. Wenn es die Blüte, unabhängig vom Wind, in gerader Linie anfliegt, orientiert es sich optisch. Wenn es aber im Zickzack fliegt oder gegen den Wind, dann läßt es sich von Duftströmen leiten.

Zur Farbe der Blütenkrone und zu ihrem Parfum kommt noch ein weiterer Anziehungspunkt hinzu, eine süße Flüssigkeit: der Nektar. Das Insekt ernährt sich von diesem Nektar, den der Mensch ihm in Form von Honig wieder stiehlt.

Die den Nektar absondernden Organe der Blüte, Nektarien genannt, nehmen die unterschiedlichsten Formen an. Einmal sind es winzige Drüsen, einmal kleine Wärzchen am unteren Ende des Blütenblattes oder anderer Blätter, manchmal sind es lange Sporne, die sich aus dem Blütenboden erheben – wie beim Gemeinen Leinkraut oder beim Rittersporn –, und dann wieder sehen sie wie ein seltsam geformtes Horn aus – wie bei Akelei, Eisenhut und Nieswurz.

Die Menge an Nektar, die produziert wird, hängt vom Appetit des Verzehrers ab. Bei den Arten, deren Bestäubung durch Insekten erfolgt, ist sie weitaus kleiner als bei denjenigen, die von Vögeln bestäubt werden. Im Durchschnitt sondert eine Pflanze der gemäßigten Zonen alle vierundzwanzig Stunden 0,5 bis fünf Milligramm Nektar pro Blüte ab. Die Produktion kann allerdings auch wesentlich reichhaltiger sein. Die Blüten gewisser Eukalyptusarten fließen im wahrsten Sinne des Wortes über, so voll von klebrigem Blütensaft sind sie. Auch der Ahorn zeichnet sich durch eine großzügige Produktion aus. Wenn man im Frühjahr sein Auto unter einem Ahornbaum abstellt und nach Tagen wiederkommt, findet man einen klebrigen Nektarfilm darauf, den der Baum Tropfen für Tropfen abgesondert hat.

## *Eine gutmarkierte Landungspiste*

Bleibt noch zu fragen, wie das Insekt den Nektar überhaupt entdeckt, der ja häufig in den fast unzugänglichen und am wenigsten sichtbaren Teilen der Blüte verborgen ist. Conrad Sprengel hat im Jahre 1793 eine recht seltsame Hypothese aufgestellt, die sich erst viel später durch die Erfahrung bestätigen sollte. Bei der Beobachtung einer Vergißmeinnichtblüte verblüffte ihn ein gelber Ring um den Kelch der Blütenkrone, der den Nektar enthält. Dieser gelbe Ring hebt sich deutlich vom Himmelblau der Blütenblätter ab. Von dieser Wahrnehmung bis zu der mit der finalistischen Weltanschauung seiner Epoche übereinstimmenden These, daß es sich dabei um ein Signal besonderer »Bedeutung« handle, war es nur ein Schritt, den Sprengel mit Leichtigkeit vollzog. Er führte ihn zu der Schlußfolgerung, daß der Schöpfer die Farben der Blütenblätter genau abgestimmt hat, um das Insekt zum Nektar zu führen. Sehr viel später konnte von Frisch die Folgerungen Sprengels bestätigen, indem er nachwies, daß die am häufigsten auftretenden Zusammenstellungen fast immer die Farben haben, die das Insekt am besten erkennen kann: Gelb und Blau, Gelb und Violett, Orange und Blau; aber niemals Grün, weil Grün sich vom pflanzlichen Hintergrund nicht abhebt und somit kein gutes Signal wäre. Für von Frisch war diese Tatsache nicht einfach eine Laune der Natur, er hielt sie vielmehr für eine Konsequenz der natürlichen Auslese, die im Laufe der Jahrtausende die Blüten nicht aussterben ließ, deren Anziehungskraft auf Insekten am stärksten wirkt.

Durch aufmerksame Flugbeobachtungen, Farbexperimente und Ersatz natürlicher Blüten durch künstliche wurde festgestellt, daß die meisten Blüten über derartige Signale verfügen – richtiggehende »Wegweiser« zum Nektar, wie Sprengel bereits herausfand. Die Roßkastanie zeigt uns dieses Wegweisersystem sehr deutlich: Auf der gelben Blüte führt ein großer gelber Fleck auf weißem Untergrund das Insekt auf den richtigen Weg. Wenn in der alternden Blüte die Nektarbildung zurückgeht, werden diese Flecke erst orange und dann leuchtend rot. Die Biene läßt die roten Blüten links liegen und sucht sich wieder gelbe. Hier signalisiert also das Rotlicht dem rotblinden Insekt höchstens noch ein »Erlöschen des Feuers« und erspart ihm einen erfolglosen Besuch der Blüte. In der Familie der Borretschgewächse aber ma-

chen viele Pflanzen – wie das Lungenkraut – genau das Gegenteil. Sie sind in der Jugend rot und verfärben sich dann blau, als wollten sie erst zu dem Zeitpunkt, wenn sie wirklich empfängnisbereit sind, ihre Anziehungskraft auf das Insekt ausüben.
Die Nektarwegweiser sind häufig leuchtende Striche, die an den Nektarien münden und deren Farbe sich auffallend vom Blütenblatthintergrund abhebt. Das Insekt folgt diesen Strichen wie ein Flugzeug bei der Landung dem Verlauf der Piste. Sind derartige »Tonnen« oder »Bojen« – wie bei der Magnolie – nicht vorhanden, kompliziert sich der Anflug der Biene außerordentlich; es wird schwierig für sie, quasi im »Blindflug« zu landen. Sie dreht sich im Kreise, ohne den Nektar im Zentrum der Blüte zu finden, und muß unter Umständen nach einer Reihe fruchtloser Versuche unverrichteter Dinge wieder abziehen. Wie die Seerosen sind auch die Magnolien große archaische Blüten ohne Leitlinien, die sich damit abfinden müssen, von plumpen, ungeschickten Käfern bestäubt zu werden, die sie mit dem Duft ihrer Pollen anlocken. Die großen Blüten mit ihrem »aufgerissenen Maul« haben einem subtilen und anspruchsvollen Insekt nichts zu sagen und begnügen sich mit dem Besuch einfacherer Wesen. Man könnte fast sagen, daß eine Biene sich in solch einer Blüte verloren vorkäme wie ein Baby in einem Doppelbett.
Die Nachtkerze ist da weitaus geschickter. Die Markierung auf ihren Blütenblättern läßt sich nur in ultraviolettem Licht wahrnehmen, ist also für das menschliche Auge unsichtbar, für die Insekten jedoch hervorragend geeignet.
Auch der Geruchssinn wird noch einmal eingespannt, wenn es um die Hinführung zum Nektar geht. Die Hinweistafeln heben sich nicht nur in der Farbe vom Hintergrund der Blütenkrone ab, sondern auch durch ihren Duft. Seit den Experimenten von Frischs weiß man, daß die Biene einen weitaus ausgeprägteren Geruchssinn hat als wir, vielleicht weil er in den Fühlern oder Antennen außerhalb des Kopfes liegt, diesen seltsamen beweglichen Organen, welche es dem Insekt gestatten, den Duft gewissermaßen »abzutasten«. Meist riecht die Hinweistafel weitaus stärker als die Blütenkrone. Bei der Roßkastanienblüte unterscheidet sich der Duft der gelben Flecke zur Ortung von dem der roten, und bei der Ackerwinde und der Glockenblume erfolgt die Führung lediglich durch den Geruch, da deren weiße oder blaue Blütenkronen auch in ultraviolettem Licht keinerlei

farbige Zeichen bieten und somit eine optische Führung ausgeschlossen ist.
Der Geruchssinn der Biene ist zwar genauer als der des Menschen, aber viel schlechter als der des Eichenspinners, eines Schmetterlings, der dank seiner Antennenfühler ein Weibchen seiner Art bereits kilometerweit »erkennt«. Doch was den Blütenduft anbetrifft, ist der Geruchssinn der Biene dem unseren haushoch überlegen. Die Blüte erzeugt diese für den Landeanflug wichtigen Düfte aus Blütenessenzen, nie aus ihrem Nektar.
Es geschieht häufig, daß sich die optischen und geruchlichen Signale gegenseitig verstärken: Das rote Horn, das über die gelbe Blütenkrone der Narzisse hinausragt, duftet anders als die übrige Blüte.
Diese Düfte »durchtränken« die Biene und spielen eine Hauptrolle im Bienenkorb: Die Arbeiterinnen informieren sich gegenseitig durch »Schwänzeln« über die Plätze, die sie ermittelt haben und wo noch reiche Ernte zu holen ist. Bei ihren Tänzen hat jede Bewegung eine ganz bestimmte Bedeutung. Der Blütengeruch, nach dem die Arbeiterin »duftet«, dient ihren Kolleginnen als Hinweis auf die Art der Blüte. Aber vom Blütenduft wird noch in viel subtilerer Weise Gebrauch gemacht. Die *Catasetum*-Orchidee in Südamerika bietet dem sie aufsuchenden Insekt eine Duftsubstanz, mit der es sich die Härchen an den Beinen parfümiert. Diese stark nach Minze riechenden Tröpfchen lagern in eigens dafür vorgesehenen Bläschen, und nur den männlichen Tieren gelingt die Entnahme. Zu Hause angekommen, markieren sie mit diesem Duft ihr Territorium, indem sie ihn durch Vibration ihrer Flügel zerstäuben. Das derart markierte Territorium ist bereit für die Brautschau. Hier bietet die Orchidee dem Insekt ein Parfum, das ihm hilft, ein Weibchen anzulocken und zu verführen. Genau das gleiche macht viel später in der Entwicklungsgeschichte der Mensch und glaubt, er habe eine ganz eigene Kunst entwickelt. Das Insekt aber kannte sie bereits lange vor ihm, die ewige Strategie der Verführung, deren entscheidendes Argument zuweilen der Duft ist.
Doch das Insekt begnügt sich nicht mit dem Nektar, es tut sich auch an den Pollen gütlich; daher erklären sich die Unmengen Blütenstaub, die auch die Insektenblütler erzeugen. Es genügt, die großzügige Produktion des Klatschmohns zu beobachten, um sich davon zu überzeugen. Gewisse Arten – wie die orna-

mentale Kräuselmyrte *(Lagerstroemia indica)* – ziehen daraus eine ganz logische Konsequenz: Sie bilden zweierlei Staubgefäße; die eine Art ist ansehnlich und farbig, sie liefert die Pollen zur Nahrung, die andere Art ist weitaus bescheidener und liefert nur Pollen zur Befruchtung. In der Familie der Commellinengewächse erzeugen die für die Ernährung zuständigen Staubgefäße gar keine Pollen mehr, sondern eine milchige Flüssigkeit, die sich die Insekten schmecken lassen.

## *Das zärtliche und gefährliche Antlitz der Liebe*

Die Blüte bietet dem Insekt nicht nur Nahrung und Duft, sondern zum Beispiel auch noch ein Refugium bei schlechtem Wetter. Die glockigen Blüten der Tollkirsche und der Glockenblume beherbergen bei regnerischem Wetter eine kleine Insektenwelt. In arktischen Regionen orientieren sich die Blütenkronen der Silberwurz *(Dryas)* nach der Sonne und wirken wie kleine konkave Spiegel, die die Sonnenstrahlen um den Fruchtknoten herum konzentrieren, an den sich die frierenden Insekten flüchten: ein »natürliches Modell« unserer Solarien.

Der Aronstab lockt die Fliegen nicht nur durch seinen Geruch an, sondern auch durch die von ihm erzeugte Wärme, die den Verwesungsgeruch, den er ausströmt, noch verstärkt. Eine artverwandte Pflanze *(Schizocasia portei)*, die auf den Philippinen wächst, hat sogar hohes Fieber und kann bis zu dreiundvierzig Grad erreichen. Und der Stinkkohl *(Symplocarpus foetidus)*, der in kalten Klimazonen gedeiht, erzeugt so viel Hitze, daß der Schnee um ihn herum schmilzt und er eine Wolke von Insekten von weit her anlockt.

Ist dem Insekt die Umgebung der Blüte angenehm, überlegt es, ob es nicht gleich an Ort und Stelle an die Produktion seiner Nachkommenschaft gehen soll. Auf diese Art und Weise haben sich Schmetterlinge und die amerikanische Palmlilie *(Yucca)* zu einem Gemeinschaftsleben zusammengefunden, das speziell auf das gemeinsame Überleben ausgerichtet ist. Die Palmlilienblüten hängen in weißen langen Trauben an einem robusten Schaft. Wegen der Position der Staubfäden und der Narbe können sie sich nicht selbst befruchten. Das Schmetterlingsweibchen der Art

*Tegeticula yuccasella* (»Yuccamotte«) kriecht in die Blüte, die sich abends öffnet, wenn in den amerikanischen Wüsten, in denen die Pflanze wächst, die ärgste Hitze vorbei ist. Das Weibchen sammelt die klebrigen Pollen und rollt sie, so wie man einen Schneeball durch den Schnee rollt, zu einer Kugel zusammen, bis diese größer ist als ihr Kopf. Anschließend krabbelt sie in der hängenden Blüte hoch, legt ein Ei in den Fruchtknoten und krabbelt weiter hoch bis zum Stempel, wo sie einen Teil der Pollen ablegt. Dann legt sie ein zweites Ei in den Fruchtknoten, krabbelt wieder hoch zum Stempel und deponiert weitere Pollen. Das geht so lange, bis sie weder Ei noch Pollen mehr hat. Darauf stirbt sie, ohne jemals ihre Nachkommenschaft gesehen zu haben – und ohne zu wissen, daß sie deren Nahrung durch die gewissenhafte Pollendeponierung gesichert hat. Tatsächlich frißt jede der Larven, die im Fruchtknoten ausschlüpfen, an die fünfundzwanzig Samenkörner. Die Anzahl der Larven im Fruchtknoten übersteigt selten sechs Stück. Der Schaden ist folglich nicht allzu groß, da jeder Fruchtknoten im Durchschnitt an die zweihundert keimende Samenkörner enthält. Kurz, die Palmlilie zahlt eine angemessene Gebühr für den Dienst, den ihr das Insekt erweist, indem es mit viel Mühe und Geschicklichkeit ihre Bestäubung gewährleistet. Darüber hinaus ist dies für die Pflanze eine Art Geburtenregelung, bei der ein Teil der Samen geopfert wird, um den anderen größere Entwicklungschancen zu lassen, für die Pflanze bekömmlich und nützlich. Machen es die Gärtner nicht ähnlich, wenn sie junge Radieschen- oder Blumenpflänzchen verziehen, um besseres Wachstum zu ermöglichen und damit bessere Exemplare zu züchten?
Die gutgenährte Larve verläßt Fruchtknoten und Blüte; der Zyklus der Insektenwerdung findet seine Fortsetzung in der Erde, wo die Larve überwintert. Das Schlüpfen findet zur Zeit der Palmlilienblüte statt. Die jungen Männchen befruchten mit Hingabe ihre Weibchen und sterben an körperlicher Erschöpfung, ihre Mission ist erfüllt. Die befruchteten Weibchen kehren in die neuen Blüten zurück, der Kreislauf beginnt von vorn.
Die Bestäubung der Feigenbaumblüten geschieht nach demselben Prinzip: Die Blüten sind, in guten und schlechten Zeiten, mit einem einzigen Insekt, und zwar der Feigengallwespe *(Blastophagus)*, verheiratet, die sie bestäubt, indem sie ihre Eier in ihre Fruchtknoten legt. Die Fruchtknoten werden zur Früchten, aber

diese sind nicht, wie man annehmen könnte, die Feigen, sondern die kleinen Kerne, die sie enthält und die alle von einer winzigen befruchteten Blüte stammen. Die fleischige Feige ist nichts anderes als das nach der Befruchtung angeschwollene Gehäuse, das vorher die wohl kleinsten Blüten im Pflanzenreich beherbergte. Wie bei den Palmlilien überläßt der Feigenbaum dem Insekt eine gewisse Anzahl von weiblichen Blüten mit verkürztem Griffel, die ihm ermöglichen, seine Eier abzulegen, die also die Rolle der Larvenwiege übernehmen. Zum Dank dafür bestäubt die Wespe nun die fruchtbaren Blüten, ohne bei ihnen irgendeinen Schaden anzurichten. So macht der Feigenbaum aus der Not eine Tugend. Er hat auch gar keine andere Wahl, da er Blüten ohne Blütenkronen entwickelt, die in fast vollkommen geschlossenen und unauffälligen Gehäusen ruhen und daher wenig Chancen haben, mit besser ausgestatteten, verführerischeren und zugänglicheren Blüten zu konkurrieren. Er würde riskieren, steril zu bleiben. Um zu überleben, hat er nur die Möglichkeit, eine »sichere Kundschaft« zu finden – die Gallwespe – und sie durch die Verbesserung seiner Dienstleistungen bei der Stange zu halten. Nun darf er auch, gemäß dem Wort der Heiligen Schrift, »Früchte tragen nach seiner Art.«
Dieser Typ von Gemeinschaft zum gegenseitigen Vorteil zweier Arten bringt zuweilen auch Nachteile für den einen oder den anderen Partner, wie es so oft in ehelichen Gemeinschaften der Fall ist. Das geschieht zum Beispiel bei der südafrikanischen Aasblume *Stapelia grandiflora*, deren Blüte in Gestalt eines Meersterns einen bestialischen Gestank ausströmt und von Mücken heimgesucht wird, die ihre Eier wahllos in die Fruchtknoten dieser Blüten, in Aas oder in Fäkalien ablegen. Die Blüte wird dabei gleichzeitig vom Insekt bestäubt, hat jedoch nicht den Anstand, ihren Gästen zum Dank ebenfalls einen Dienst zu erweisen: Die junge Larve stirbt, weil sie in der Blüte keinerlei Nahrung findet, um sich entwickeln und wachsen zu können. Vom Blickpunkt des Insektes aus gesehen, verhält sich die Aasblume wie ein richtiger Parasit: Sie zieht Nutzen aus dem Besuch, den sie empfängt, ohne den geringsten Vorteil zum Tausch anzubieten. Ihre Blüten, die bei manchen Arten fünfunddreißig Zentimeter Durchmesser erreichen, stellen sogleich nach der Befruchtung ihren ebenso bestialischen wie verführerischen Gestank ein. Sie dienten lediglich als perfekte machiavellistische Falle.

Hier erkennen wir, wie weit die Natur gehen kann in der Erfindung egoistischer und grausamer Zweierbeziehungen zwischen ihren Geschöpfen. Die Aasblume nimmt, ohne zu geben. Schlimmer, sie läßt die Kinder eines Gastes, der ihr einen lebenswichtigen Dienst erwiesen hat, einfach sterben. So betrachtet ist sie noch grausamer als die Ragwurz *(Ophrys)* oder andere mimetische Orchideen, die, wenn sie auch dem Insekt, das sie befruchtet, nichts anbieten, es zwar sexuell frustrieren, aber immerhin lebendig wieder ziehen lassen. Es gibt auch entgegengesetzte Beispiele, bei denen die Pflanze gibt, ohne zu empfangen – wie die windblütigen Nadelhölzer. Diese Bäume tun den Insekten, die sich von ihrem Blütenstaub ernähren, einen Gefallen, ohne daß sie irgend etwas dafür bekämen. Zwischen diesen beiden Extremen liegen alle nur möglichen Varianten des Gefälligkeitsaustausches zum gegenseitigen Nutzen von Blüte und Bestäuber. Jeder gibt und nimmt – weniger oder mehr. Aus diesem Gefälligkeitsaustausch entstand die Vielfalt der Symbiosen, die wir in der Natur vorfinden.

Jeder Austausch, vor allem wenn er auf sexuellen Beziehungen basiert, beinhaltet das Risiko der Unausgeglichenheit. Das vollkommene Gleichgewicht bleibt ein theoretisches Ziel, das nie erreicht wird, während die Ungleichheit zur völligen Unterdrükkung eines Partners führen kann.

## *Sadistische Pflanzen*

Die tropische Familie der Seidenpflanzengewächse, die in vielen Beziehungen den Orchideen gleichen, und sei es nur durch die Verbindung ihrer Pollen zu schweren Pollenklumpen, scheint sich in der Kunst spezialisiert zu haben, Insekten nicht nur zu erschrecken, sondern auch zu quälen. Die Aasblume, die auch zu dieser Familie zählt, ist sicherlich nicht die grausamste. Wenn sie auch die Larven nicht ernährt, so läßt sie doch wenigstens ihre Eltern entkommen. Andere Angehörige dieser Familie sind noch viel grausamer. Ihre Pollenklumpen werden nicht wie bei den Orchideen mit einem klebrigen Kitt festgehalten, sondern durch ein raffiniertes System von Zangen und Riemen, das klassische Arsenal der Sadomasochisten. Angelockt durch den Nektar, wird das Insekt sofort brutal am Rüssel oder an den Beinen gepackt. Wenn es stark genug ist, gelingt es ihm, sich loszureißen, aber nur indem es dabei die Pollenklumpen mitnimmt, die ihm durch eine Art Riemchen aufgeschnürt werden, und indem es diese anschließend auf eine andere Blüte überträgt. Dort muß es wieder seine Kraft und Geschicklichkeit beweisen, um sich von den Pollenklumpen zu befreien und diese auf der empfängnisbereiten Narbe zu deponieren. Viele Insekten sind nicht in der Lage, aus dieser Falle und Fesselung zu entkommen; sie wehren sich und schlagen verzweifelt mit den Flügeln, bis sie vor Erschöpfung sterben. Andere Arten der Seidenpflanzengewächse – wie die Leuchterblume – nehmen ihre Bestäuber in der Tiefe ihrer seltsamen röhrenförmigen Blütenkrone gefangen, indem sie sich zuerst weiten und dann wieder schließen. Die Richtung der Härchen im Kelch gestattet es dem Insekt, einzudringen, aber nicht mehr, sich daraus zurückzuziehen. Es muß mehrere Tage warten, bis die Blüte anfängt zu welken, die Härchen sich flach legen, die Krone sich neigt und es dem Unglückseligen gestattet, zu fliehen. Doch dumm, wie das Insekt ist, schlüpft es sofort in die nächste Blüte, bestäubt sie und sitzt wieder in der Falle.

Die Seidenpflanzengewächse sind das beste Beispiel, daß Folter, Gefangenschaft und Sklaverei auch in der Natur gängige Münze sind. Ähnlich wie die Orchideen sind auch alle Mitglieder dieser Familie Experten in der Kunst, Insekten zu ihrem Nutzen auszubeuten. Nur bedienen sich die einen ihres Charmes und ihrer großen Verführungstalente, die anderen dagegen folgen den Prinzipien der Gewalt und der Herrschsucht. Die Gemeinsamkeit besteht darin, daß die einen wie die anderen versuchen, ihren Partner mit Arglist in die Falle zu locken.

Während die Seidenpflanzengewächse ihre Tücken an jedem Opfer, welchem auch immer, auslassen, haben sich die Orchideen, wie wir gesehen haben, sozusagen monogam entwickelt.

Es gibt also zwischen Insekten und Blütenarten feste Ehen, basierend auf absoluter Treue. Die Natur schafft hier so starke Abhängigkeiten, daß eine Spezies, sollte ihr Bestäuber plötzlich vom Erdboden verschwinden, mitleidlos aussterben müßte. Eisenhut und Besenginster, deren nahezu hermetisch verschlossene Blüten nur von Bienen oder Hummeln bestäubt werden können, zu deren physischer Kraft noch eine feine »technische Intelligenz« zur Überwindung des Blütenwiderstandes gehört, haben ihr Schicksal unwiderruflich an diese Insekten gebunden. Aller-

dings sind dies alles Ausnahmen von der Regel, wonach in der weitaus überwiegenden Mehrzahl der Fälle eine bestimmte Blütenart von zahlreichen Insektenarten bestäubt werden kann.
Wir stoßen hier auf das heikle Problem der Überspezialisierung, die ihre Vorteile hat, jedoch auch große Nachteile mit sich bringen kann. Die Gefahr für eine Pflanzengattung, ihre Spezialisierung zu weit zu treiben, ist offensichtlich: Solange das bestäubende Insekt in der Umwelt der Pflanze vorkommt, ist eine Bestäubung mit Sicherheit gewährleistet. Wenn dies nicht der Fall ist, so ist diese Pflanzenart unwiderruflich zum Untergang verdammt.

## *Die Risiken der Treue*

Man kann die Insekten nach dem Grad ihrer Treue in drei Gruppen einteilen: Einige bestäuben nur eine einzige Pflanzenart, andere bestäuben mehrere, und wieder andere sind überhaupt nicht wählerisch. Es ist nur schwierig herauszufinden, ob die Treue dem Insekt angeboren und somit Bestandteil seines Instinktes ist – oder aber ob sie durch »Erziehung« erreicht wurde. Letzteres wäre zum Beispiel gegeben, wenn während der langen und mühsamen »Lehrzeit« des Insektes eine bestimmte Pflanzenart gerade in Blüte stand und das Tierchen eben derjenigen Blüte treu bleibt, die zu besuchen es in seiner Jugend gelernt hat. Es bedarf noch zahlreicher Versuche, all diese verschiedenen Verhaltensweisen zu erforschen, angefangen vom Polytropismus (Anpassungsfähigkeit in viele Richtungen) – man könnte sagen, der liberalsten Form der Polygamie – bis zum rigorosesten Monotropismus (beschränkte Anpassungsfähigkeit).
Im letzteren Fall stößt man auf das schwierige Problem des »Berufswechsels«, das sich bei den Pflanzen ähnlich wie beim Menschen stellt. Wir wissen, wie schwierig es ist, in hochentwickelten Gesellschaften einen qualifizierten Fachmann für andere Arbeiten einzusetzen. Deshalb empfiehlt sich, wenn möglich, stets eine Ausbildung auf mehreren Gebieten, die es jedem einzelnen gestattet, jederzeit mehrere Töne auf dem Instrument seiner Fähigkeiten anzuschlagen und im Notfall problemlos auch einen anderen Beruf zu ergreifen.
In diesem Sinne stellt auch das Gefühls- und Sexualleben des

Menschen – trotz aller »Zivilisiertheit« und trotz aller gesellschaftlichen Konventionen, die es in ein festes Korsett schnüren wollen – ein solches »offenes System« dar, wie man an den zahlreichen Freiheiten sieht, die es sich gegenüber dem Gesetz der Einehe erlaubt, das die abendländische Kultur einer widerstrebenden Natur aufzuzwingen versucht.

Doch hüten wir uns, aus der Beobachtung der Natur vorschnelle Schlüsse zu ziehen. Die Treue zwischen Insekten und Blüten mit der Treue eines menschlichen Paares zu vergleichen ist schlechthin abwegig. Im ersten Fall handelt es sich um eine feste Allianz zwischen Arten, im zweiten um eine freiwillige Bindung zwischen Individuen. Darüber hinaus sind diese Individuen mit einem in der Natur einmaligen Gehirn ausgerüstet, das, wie jedermann weiß, Erstaunliches zu leisten vermag. Sie sind zumindest potentiell in der Lage, in dem stets unvorhersehbaren Spiel der Sinne, der Gefühle und des Verstandes ein Gleichgewicht herzustellen – in diesem Spiel, das von Krise zu Krise bis zur Freiheit des Geistes, des Körpers und des Herzens sowie zur Treue und zur Liebe ohne Ende führen kann.

Die armen Blüten sind zu alldem nicht imstande. Um das Risiko klein zu halten, ziehen sie es vor, eine übertriebene Spezialisierung zu vermeiden und sich einen gewissen Spielraum an »Freiheit« zu lassen. Schmetterlingsblütler – wie Erbse, Bohne und Erdnuß –, offensichtlich darauf spezialisiert, von Insekten, wie schon der Name der Familie besagt, bestäubt zu werden, beweisen uns das, indem sie sich auch den Weg der Selbstbefruchtung offenlassen. Und die bewunderungswürdig an die Blüten der Blumen angepaßte Biene besucht auch die Kätzchen der Haselnuß, der Ulme und des Nußbaums; denn bei Frühlingsanfang sind die Blumen noch nicht aufgeblüht, und der Mangel an Pollen zieht die Biene zu anderen, offenkundig vom Wind bestäubten Pflanzenarten hin. Der Affenbrotbaum mit seinen zweitausend Staubfäden pro Blüte erzeugt eine solche Unmenge Pollen, daß schon bei einer leichten Erschütterung fruchtbare Blütenstaubwolken aufsteigen – sehr sinnvoll für den Fall, daß die Fledermäuse nicht ihre Pflicht tun. Der Spitzwegerich läßt sich von Wind und Insekten bestäuben – wie das Heidekraut, das ebenfalls auf zwei Hochzeiten tanzt. So schafft sich die Natur nützliche Notausgänge und vermeidet eine übermäßige Spezialisierung. Wo das doch geschieht, liefert sich die Blüte auf Gedeih und Verderb dem bestäubenden Insekt aus. Von diesem verlassen, ist sie nicht mehr lebensfähig, wie wir am Beispiel der Vanille sahen, die von Mexiko auf die Inseln des Indischen Ozeans verpflanzt wurde, ohne daß ihr artspezifischer Bestäuber mitverpflanzt wurde.

Während die Blüte die unglaublichsten Kniffe anwendet, um ihren Bestäuber anzulocken, kann es zuweilen geschehen, daß dieser durch tölpelhafte oder gewalttätige Handlungen sein Gastrecht mißbraucht. Die Hummel zum Beispiel verhält sich, wie wir sahen, äußerst aggressiv und veranstaltet eine regelrechte Vergewaltigung, um in das Innere der hermetisch verschlossenen Blüten von Ginster oder Eisenhut eindringen zu können. Man kann sie jedoch auch bei anderen Schändlichkeiten, zum Beispiel beim Diebstahl von Nektar aus den Blüten der Schwarzwurz, erwischen. Diese hängenden Blüten mit der verlängerten röhrenförmigen Blütenkrone werden offensichtlich von den meisten Bienen und Hummeln gemieden. Ihr Rüssel ist zu kurz, um an den Nektar zu gelangen, und sie wenden sich gleichgültig von ihnen ab. Aber ab und zu klammert sich doch eine mutige Biene an der Blütenkrone fest und bemüht sich fieberhaft, an den Nektar heranzukommen, während sich die Pollen auf ihrem Rücken festsetzen. Die Besuche sind zwar selten, aber um so unentbehrlicher für die Bestäubung. Das Insekt hingegen verläßt enttäuscht die Blüte, ohne einen Tropfen Nektar für seine Dienste erhalten zu haben. Eine unverschämte Hummel verhält sich da ganz anders, sie bricht einfach ein, indem sie mit ihren mächtigen Kinnbacken ein Loch in den Boden der Röhre beißt. Kaum ist dies gelungen, schiebt sie ihren Rüssel durch das Loch und saugt den Nektar heraus. Daraufhin verläßt sie die Blüte und läßt den Rest des wertvollen Schatzes offen für jeden Erstbesten zurück. Und schon nähert sich ein Schwarm Insekten, bedient sich des unrechtmäßigen, aber praktischen Weges und saugt der Blüte den restlichen Nektar weg, ohne einen einzigen Pollen mitzunehmen. Diesmal ist die Blüte die Frustrierte, ihren Nektar ist sie los, nicht jedoch ihre Pollen.

Haeckel hat die Ökologie als Studium der Beziehungen zwischen den Lebewesen und ihrer Umwelt definiert, wobei nach Darwin freundschaftliche und feindliche Beziehungen nur die Grundlage bilden für den Kampf ums Überleben. Die Beziehungen zwischen Insekt und Blüte veranschaulichen mit aller Deutlichkeit die Grausamkeiten, mit denen weder Natur noch menschliche Gesellschaft geizen, aber auch den Geist der Freundschaft und Solidarität, der dazu beiträgt, um eine gemeinschaftliche Existenz von Lebewesen, die in der Kette des Lebens weit auseinanderliegende Glieder sind, zu gewährleisten.

Egoismus und Grausamkeit einzelner Arten sollten uns nicht den Blick verstellen auf das Gesamtbild der gemeinsamen Evolution von Insekt und Blüte. Wer nur die Bäume betrachtet, sieht schließlich den Wald nicht mehr! Entgegen einer verbreiteten Klischeevorstellung herrscht auch im Leben der Gesellschaft nicht ausschließlich das Gesetz des Dschungels. Und selbst das Gesetz des Dschungels ist, genau besehen, nicht allein das Gesetz des Stärkeren. Der Geist des erbitterten Konkurrenzkampfes ist nichts als ein typisches Kennzeichen der industriellen Leistungsgesellschaft, während wir glauben, er sei eine echte Widerspiegelung des Lebens in der Natur. In Wahrheit hat er mit der Natur ganz und gar nichts gemeinsam, und wir bemühen uns vergeblich, mit solchen Vergleichen die Maßlosigkeit der Gesellschaft zu rechtfertigen. Die Maßlosigkeit hat dazu geführt, daß tatsächlich Konkurrenzkämpfe und Konfrontationen in der heutigen Gesellschaft an oberster Stelle stehen und unser Leben bis in den alltäglichen Wortschatz hinein beeinflussen.

Während die Gesellschaft im Mittelalter auf gemeinsames Tun und Handeln in Zünften, Ständen und Bruderschaften sowie auf Beständigkeit und Anerkennung des jeweiligen gesellschaftlichen Status Wert legte und dadurch jede Art von Wettbewerb einschränkte – ganz abgesehen von all den Mißständen, unter denen auch die Ständegesellschaft zu leiden hatte –, bewertet die moderne Gesellschaft die Werte und Tugenden am höchsten, die sich im Wettkampf als erfolgreich erweisen. Sprechen wir nicht von Wirtschaftskriegen, von politischen Fehden, von sozialen Konflikten, von Konkurrenzkämpfen und Wahlschlachten? Diese Ausdrücke sprechen die Sprache der Gewalt und fördern eine

Wirklichkeit zutage, die uns erschrecken sollte, wären wir nicht daran gewöhnt. Vor allem der militärische Wortschatz der Politiker gibt zu denken. Hört man sie nicht täglich reden von Angriff und Aufrüstung, von Kriegen und Fronten, von Abwehr und Verteidigung?

Indem die gegenwärtige Entwicklung Konkurrenzkämpfe und Auseinandersetzungen maßlos begünstigt, mißachtet sie alle neueren Erkenntnisse der ökologischen Forschung. Gäbe es nicht auch eine Kraft zur Zusammenarbeit und zum Ausgleich bestehender Spannungen, hätten die durch nichts mehr gebremsten Feindschaften und Konkurrenzkämpfe schon längst der Geschichte der lebenden Welt ein Ende gesetzt. Nur im Wechsel von Konkurrenzkampf und Zusammenarbeit besteht das Gleichgewicht des Lebens; denn das eine kann ohne das andere nicht existieren.

Zwischen Insekt und Blüte hat sich im Laufe der Jahrtausende eine immer bessere, immer ausgeprägtere Zusammenarbeit entwickelt. Vom alles verheerenden und verwüstenden Käfer, bei dem jede Bestäubung rein zufällig ist, bis zur hochorganisierten und gewissenhaften Biene, die in der Lage ist, präziseste Mechanismen in der Blüte auszulösen, mußte ein langer Weg zurückgelegt werden, um einen ökologischen Einsatz der Mittel zu erreichen, Organisationen aufzubauen und die Arbeitsproduktivität zu steigern. Während die Blüte gezwungen war, dem Insekt zuliebe ihren Bauplan zu vervollkommnen, mußte das Insekt ihr zuliebe seine psychosozialen Fähigkeiten entwickeln. Denn das ist das Geheimnis jeder echten Liebesbeziehung: Eine Verbindung ist nicht wirklich geglückt, wenn sich die Partner nicht gemeinsam um Fortschritt und Entfaltung des anderen sorgen. Nur wer sich von sich selbst befreit, ist zur Liebe fähig, und man muß sein Leben erst verlieren, um es zu gewinnen. Unsere schönsten Garten- und Gewächshausblumen würden gar nicht existieren können ohne die Insekten; unsere Gärtner brauchen nur noch letzte Hand anzulegen, um Kunstwerke zu vollenden, die eigentlich schon lange vor ihnen vollendet waren. Aber auch Biene und Schmetterling gäbe es nicht, hätte die Pflanze nicht vor hundert Millionen Jahren die Blüte »erfunden«.

Man kann es den wissenschaftsgläubigen Forschern zu Ende des vorigen Jahrhunderts, angeführt von dem großen französischen Botaniker Gaston Bonnier, nicht verübeln, daß sie die unendlich feine, komplexe Einheit von Insekt und Blüte nicht erkannten: Bonnier untersuchte eine Reihe von Fällen und kam zu dem Schluß, daß es keinerlei wechselseitige Anpassung zwischen Insekt und Blüte gäbe. Wie die letzten Arbeiten von Frischs nachdrücklich beweisen, hat Bonnier sich geirrt. Er hinterließ uns jedoch zahllose Pflanzenbeschreibungen, die heute noch Gültigkeit haben. So kommt die Wissenschaft, genau wie die Kirche, nur durch ihre Fehler vorwärts.

Es ist eine zauberhafte Liebesgeschichte, die uns die Natur von Insekten und Blüten erzählt, und der Mensch hat schon vor langer Zeit daraus gelernt: Blumen zu schenken bedeutet, Liebe zu schenken. Die Blüte, das Organ der Fortpflanzung und somit des Überlebens, symbolisiert die Liebe. Frau, Schmetterling und Blüte: Anmut und Zartheit, Harmonie der Schönheit, des Duftes, der Ausgeglichenheit in Form und Farbe – sie erinnern uns an alles, was im großen Werk des Schöpfers warm und schön ist.

## 10. Kapitel

# Schutz von Mutter und Kind

### *Die Militärarchitektur im Dienste der Eizelle*

Die Blüte ist schön, aber schwach. Sie, die Leben schafft und gibt, ist vielen Angriffen ausgesetzt. Manchen gegenüber versucht sie sich, so gut es geht, zu schützen; den meisten ist sie hilflos ausgesetzt. Ihre Feinde sind zahlreich: Pflanzenfressende Tiere in allererster Linie, die rücksichtslos Blätter und Blüten abfressen. Gegen das Rindvieh kann sie sich zur Not noch wehren, indem sie sich mit Dornen wappnet. Aber vor der angriffslustigen Ziege ist nichts sicher, sie klettert auf die steilsten Felsen, knabbert die Rinde von den Bäumen und verdaut auch die stacheligen Zweige und Pflanzen. Dann gibt es da noch den gefräßigen Käfer, der die feinsten Blütengewebe mit seinen Kinnbakken zermalmt, und das Insekt, das seinen Stachel in den Fruchtknoten bohrt, die Eizellen frißt und Gallen hinterläßt. Nicht zu vergessen das Kind, das den Blumenstrauß pflückt. Welche Chance hat der Fruchtknoten also, diese vielen Gefahren zu bestehen und dem ehernen Gesetz der Natur ein Schnippchen zu schlagen? Das Gesetz heißt: »Fressen und gefressen werden«, und es trifft die Pflanze mit all seiner Strenge; weil die Pflanze selbst niemanden frißt, wird sie zum Dank von der ganzen Welt gefressen. Sie bildet den äußersten Gegensatz zum unersättlichen, zerstörerischen Allesfresser Mensch, der selbst nicht mehr gefressen wird, es sei denn im Fall von Kannibalismus, der aber um so aktiver seine Selbstzerstörung vorbereitet, indem er immer mehr todbringende Waffen um sich herum aufhäuft.

Gegen den Menschen hat die Blüte bisher nichts ausrichten können; sie muß sterben, weil sie ihm gefällt. Die vielen Blumen, die gepflückt werden, um im Strauß zu verwelken: ein zweideutiges Symbol der Liebe und des Todes! Wenn sie zur Nahrung gepflückt werden, können sie sich verteidigen, indem sie ein Abwehrgift erzeugen. Die Pflanze ist groß in dieser Kunst und weiß sich mit gefährlichen chemischen Waffen besser zu wappnen als das Tier. Aber der Mensch ist schlau und entgeht dieser Falle; im Gegenteil: Aus zahlreichen Heil- oder Giftkräutern schlägt er noch seinen Profit. Gegen die pflanzenfressenden Tiere ist Gift schon eher eine wirksame Abwehrwaffe: Die Herbstzeitlosen und Butterblumen vermehren sich schnell auf den Wiesen, selbst wenn die Pflanzenfresser noch so zahlreich sind. Vom Instinkt geleitet, lassen sie die verlockenden, aber giftigen Pflanzen, die kein Pardon kennen, einfach stehen.

Im großen und ganzen aber können die Pflanzen trotz aller Anstrengungen ihrem Schicksal nicht entkommen, das darin besteht, durch Photosynthese Nahrung zu erzeugen, die von den Tieren gefressen wird. Dieser Aufgabe, die ihnen die Natur auferlegt hat, entledigen sie sich entsagungsvoll. Immerhin ist die Natur bestrebt, den Schaden in Grenzen zu halten, das Gleichgewicht zu bewahren und ihre Fortpflanzungsfähigkeit sowie ihr kollektives Überleben nicht zu gefährden, und sie kann dabei auf ihre Erfolge stolz sein. Trotz all der Tiere, die sich auf der Welt vermehren und die Pflanzen abfressen, haben diese sich ganz gut gehalten. Würden sie, von Pflanzenfressern verschlungen, ganz verschwinden, würden die Tiere mit ihnen aussterben. Seiner verschiedenen Gemüse, Früchte, Körner und des Fleisches beraubt, würde auch der Mensch alsbald folgen, da er vollkommen von jenen Lebewesen abhängig ist, die ihm in der Geschichte und Hierarchie des Lebens vorangegangen sind. Das gemeinsame Überleben ist somit ein für alle gültiges Gesetz und die Erhaltung des Gleichgewichtes zwischen den Arten das letzte Geheimnis der Natur.

Zur Harmonie dieses Gleichgewichtes tragen die Pflanzen auf ihre eigene Art und Weise bei. Im Kampf gegen Verheerungen und Verwüstungen durch die kleineren Tiere haben sie bereits einige nicht unwesentliche Punkte gewonnen, die das Ergebnis großer geduldiger Anstrengungen für die Sicherheit und den Schutz ihrer Nachkommen sind. Der Schutz von Mutter und Kind ist nicht erst eine soziale Leistung unserer Zeit, sondern zuallererst eine biologische Erfindung, von den Pflanzen im Zeitraum von Hunderten Millionen Jahren entwickelt. Beharrlich und mit immer größerer Effektivität haben sie für den Schutz der weiblichen Zelle gesorgt, die befruchtet wird und das Leben weitergibt. Diese Zelle umgeben sie mit einem System schützender Hüllen, die ineinander verschachtelt sind wie die Matrioschkas, die russischen Puppen. Bei den blühenden Pflanzen liegt die Eizelle schließlich unter all diesen schützenden Gewändern sicher eingeschlossen im Fruchtknoten.

## *Das Spiel mit den russischen Puppen*

Die Entwicklung ist weit fortgeschritten, aber sie hat ihr letztes Wort noch immer nicht gesprochen. Die Blütenpflanzen entwikkeln mit bewundernswertem Eigensinn die Pläne der Natur weiter. Sie vermehren ihre Schutzwände, wie es die großen Festungsbaumeister auch gemacht haben, indem sie die Mauern um ein Fort verstärkten, um den Feind abzuschrecken. Die weibliche Zelle ist eine Dame, die in ihrem Schloßturm die Ankunft eines schönen Kavaliers erwartet. Doch die Welt ist schlecht, Raub und Plünderungen geschehen täglich, überall ist Krieg. Bewaffnete Banden brandschatzen das Land, Unsicherheit und Drohungen fordern den Bau eines wirksameren Abwehrsystems, neue Bollwerke werden gebaut. Sobald sich der Kavalier am Tor der Festung sehen läßt, muß er eine Reihe von Hindernissen, Fallgattern und Zugbrücken überwinden, um in die Gemächer der Schönen eindringen zu können. Wir erkennen in diesem Kavalier das Pollenkorn wieder und in seiner Marschroute das Vorstoßen des Pollenschlauches, der sich nach und nach durch die Schutzwände der Samenanlage bohren muß, die die Eizelle umgeben. Natürlich richten sich diese Schutzvorrichtungen nicht gegen den Pollenschlauch, der als einziger das Recht hat, einzudringen, sondern gegen zahlreiche Feinde, die die Eizelle fressen könnten. Der Fruchtknoten ist die Trutzburg der Blütenpflanze, das Kunstwerk einer vollendeten Defensivarchitektur. Die primitiveren Pflanzen kennen das alles nicht. Ohne Fruchtknoten, ohne Samenanlage, ohne Trutzburg um sich herum, frühzeitig von der Mutterpflanze sich selbst überlassen, nackt auf der Erde liegend, sind die weiblichen Zellen der primitiven Pflanzen allen möglichen Gefahren ausgesetzt.

Und doch gab sich die Blüte nie mit dem herrlichen Haus, das sie um ihre weiblichen Zellen gebaut hatte, zufrieden. In den hundert Millionen Jahren ihrer Geschichte hat sie es immer weiter vervollkommnet. Nach dem Schutz der weiblichen Zelle durch die Samenanlage und dem der Samenanlage durch den Fruchtknoten gilt ihre besondere Sorgfalt nun dem Schutz dieses Fruchtknotens.

Den Versteinerungen nach zu schließen, gehört die Weide zu den ältesten aller Blütenpflanzen. Nun schützt die Weide ihre Fruchtknoten überhaupt nicht; sie begnügt sich damit, sie auf einer senkrechten Achse aufzureihen. Die vielen Einzelblüten bilden die bei Frühlingsanfang so geschätzten Kätzchen, aus denen einige behaarte Fädchen ragen, die sich zwischen die Fruchknoten schieben, ohne ihnen den geringsten Schutz zu bieten.

Die Fruchtknoten der Weide, von denen jeder eine sehr einfache weibliche Blüte darstellt, werden von Bienen und Hummeln bestäubt, eine Ausnahme unter den verschiedenen Bäumen dieser Familie, die ansonsten nur vom Wind bestäubt werden. Diese scheinbar moderne Bestäubungsmethode beweist in Wirklichkeit den konservativen Charakter der Weide, die in den gemäßigten Zonen die Insektenbestäubung beibehalten hat, während alle ihre Cousins und Cousinen, verstört durch eine Reihe aufeinanderfolgender Eiszeiten innerhalb der letzten Millionen Jahre, in denen ihre Bestäuber zugrunde gingen, wieder auf die Windbefruchtung zurückgegriffen haben. Mit besonderem Eifer stürzen sich nun alle Bienen an den ersten schönen Frühlingstagen auf die Weidenkätzchen, denn in dieser Jahreszeit gibt es für sie sonst noch nicht viel zu beißen.

## *Die Schamlosigkeit der Magnolie*

Die Magnolie ist, wie man aus Fossilien schließen kann, eine sehr alte Pflanze und nimmt genausowenig Rücksicht auf ihre Fruchtknoten wie die Weide. Allerdings ist ihre Blüte vollkommener als die der Weide und entspricht eher dem Bild, das man sich von einer Blüte macht: Neun gleich große farbige Blütenblätter umgeben einen verlängerten Kegel, an dessen unterem Ende zahlreiche Staubgefäße stehen und an dessen Spitze sich eine große Anzahl kleiner Fruchtknoten befindet. Die Architektur der Blüte ist archaisch und die Anzahl der Blütenblätter nicht genau bestimmt, was zu der Annahme Anlaß gibt, daß die Bauformel nicht ganz fertig ist. Kurz, die Pflanze steht noch auf unsicheren Füßen und sucht nach ihrem Gleichgewicht. Indem sie ihre Fruchtknoten am spitzen Ende des Kegels plaziert, läßt sie ihnen keinerlei Schutz angedeihen. Die beinahe provozierende Anordnung der weiblichen Organe auf der Spitze eines unverschämt und aggressiv aufragenden phallusartigen Kegels könnte ganz gut zu dem Bild passen, das wir uns weiter oben ausgemalt haben: Wenn der Fruchtknoten die Trutzburg ist, in deren Turm die weiblichen Zellen eingeschlossen sind, braucht man nur daran zu denken, daß Trutzburgen immer auf Anhöhen, Berggipfeln oder Steilklippen errichtet wurden. Von hier ab hapert es allerdings mit dem Vergleich: In früheren Kriegen, als es noch keine Flugzeuge gab, konnte der Feind nur auf der Erde anrücken. Es war also ratsam, die Verteidigungslinie so hoch wie möglich zu verlegen, um das Land überblicken und die Bewegungen des Gegners beobachten zu können. Bei der Blüte, bei der der hungrige Vogel, das verwüstende Insekt und selbst der alles verschlingende Pflanzenfresser Mensch jede Möglichkeit haben, von oben anzugreifen, auf dem Luftweg sozusagen, ist das allerdings anders. Diese aufrechte und in der Mitte der Blüte gut sichtbare Säule mutet eher wie eine Provokation und nicht wie eine Schutzvorrichtung an. Das haben die Blüten auch sehr bald eingesehen. In der Familie der Seerosen, die der der Magnolie sehr nahe steht, hat die Lotosblume *(Nelumbo)* zur Korrektur dieses Angriffsziels bereits erste Versuche unternommen: Ihr Kegel hat sich verflacht und umgestülpt, so daß er eher aussieht wie ein Kreisel, die Fruchtknoten liegen einzeln in Vertiefungen auf der neuentstandenen Plattform oben auf dem Kreisel: Diese sehr schöne Pflanze wächst im Fernen Osten häufig auf Teichen in der Nähe von Buddhatempeln. Die besondere Form ihres Stempels, einzigartig in der Pflanzenwelt, wird auch von Liebhabern von Blumenarrangements geschätzt, die diese seltsame Blume in Trockensträuße einbinden. Mit der Lotosblüte wechseln wir von der mittelalterlichen Trutzburg über zum Militärfort des Ersten

Weltkrieges. Auch hier werden die Fruchtknoten noch von Organen getragen, die im Zentrum der Blüte aufragen, wie auch Forts immer noch auf Anhöhen errichtet werden, nur daß sie sich hier zusätzlich eingraben – wie in einem Schützengraben. Andere Wasserpflanzen dieser Familie – wie Seerose und Teichrose – gehen noch weiter und schaffen das erigierte Organ, den Träger ihrer Fruchtknoten, einfach ab. Nun hat die Blüte ihre klassische Schönheit mit einem diskreteren und weniger arroganten Stempel erreicht.

## *Die »sardonische« Ranunkel*

Auch die Ranunkel oder der Hahnenfuß gehört einer den Seerosen verwandten Familie an. Ihre Blüten sind sehr viel kleiner, und ihre Fruchtknoten sind noch auf einem abgerundeten Kegel angeordnet, der aber nicht mehr so stolz aufragt. Während er beim Gifthahnenfuß immer noch als groß zu bezeichnen ist, wird er in der Butterblume weitaus bescheidener und ist kaum noch zu sehen. Eine seltsame Blume, diese Butterblume, die, selbst wenn sie so häufig vertreten ist, daß sie unsere Wiesen gelb färbt, vom Vieh verschmäht wird. Die Tiere fürchten instinktiv ihr Gift. Da der Mensch keine Butterblumen ißt, geht er kein Risiko ein. Die Geschichte ist voller Anekdoten über die giftigen Ranunkeln. Eine im Mittelmeerraum beheimatete giftige Ranunkel, die den Schriftstellern des Altertums schon bekannt war, besitzt die seltsame Eigenschaft, eine partielle Lähmung der Gesichtsmuskeln, speziell der Kinnlade, herbeizuführen. Bei einem durch das Gift dieser Pflanze Sterbenden wird also ein Muskelkrampf hervorgerufen, den man das »sardonische Lächeln« genannt hat, das berühmte Lächeln, mit dem die von den Römern besiegten Iberer in den Tod gingen, wenn sie den Gifttod der Sklaverei vorzogen.

Fast identisch mit der Blüte einer Weißen Ranunkel ist die Erdbeerblüte – bis auf einen winzigen Unterschied, der allerdings erst bei einem Querschnitt durch die Blüte sichtbar wird. Der zentrale Höcker trägt bei beiden zahlreiche Fruchtknötchen. Aber die anderen Blütenteile – wie Blütenblätter, Kelchblätter und Staubgefäße – sind bei der Erdbeerblüte nicht mehr direkt an diesem Kegel angewachsen, sondern nur durch ihre Basis, ei-

nen flächigen Blütenboden, miteinander verbunden, der schon die späteren Blütenformen – wie Kelch- oder Becherblüten – ahnen läßt. Nach der Befruchtung fängt der kleine zentrale Kegel an zu wachsen, wird fleischig und schmackhaft und ergibt die Erdbeere. Jeder Fruchtknoten wird durch das Anschwellen des Kegels von seinem Nachbarn getrennt und bringt – wie bei Magnolie und Ranunkel – eine winzige trockene Frucht hervor, die auf der Erdbeere sitzt. Die Erdbeere ist also eigentlich gar keine Frucht, sondern nur eine Art Präsentierteller, die Früchte sind die winzigen harten Dinger, die zwischen den Zähnen knacken.
Beim Mädesüß *(Spiraea ulmaria)*, auch Wiesenkönigin genannt, tritt der Fruchtknotenschutz schon in ein fortgeschrittenes Stadium. Wie bei der Weide handelt es sich hier um eine Pflanze, die morastigen Boden liebt; ihr Auftauchen auf einer Wiese ist ein schlechtes Vorzeichen, nämlich ein Zeichen von verminderter Bodenqualität, die früher oder später eine Entwässerung notwendig macht. Sie lebt wie die Weide mit den Füßen im Wasser und teilt sich mit ihr die Gabe, alle die Krankheiten zu heilen, die man sich in Kälte und Nässe holen kann. Tatsächlich ist es im letzten Jahrhundert dem Schweizer Pharmazeuten Pagenstecher gelungen, dieser Blüte eine ähnlich wirksame Substanz zu entziehen wie der Weidenrinde, nämlich das Salizylaldehyd, ein Mittel zur Behandlung von Rheumatismus. Eine leichte Veränderung des Moleküls führte zum Aspirin, in dessen Namen man noch die Wurzel »Spir« wiederfindet: Das Mädesüß gehört zu den Spiräen oder Spiersträuchern. In der Blütenreihe, die wir gerade behandeln, ist es der erste Fall ohne zentrale fruchtknotentragende Wölbung. Statt dessen wölbt sich die Mitte kelchartig nach innen, die wenigen Fruchtknoten darin haben die Tendenz, sich in Spiralen umeinanderzuwinden, was der Pflanze auch ihren Namen eingebracht hat.
Das Verschwinden der Fruchtknoten im »Bauch« der Blüte spielt sich bei den meisten Obstbäumen in der Familie der Rosengewächse, zu der auch Erdbeere und Mädesüß gehören, ziemlich aufregend ab. Ob es sich nun um Kirsche, Pflaume, Apfel, Birne oder Quitte handelt, die Bäume weisen alle denselben Blütenbauplan auf: fünf grüne Kelchblätter, fünf weiße oder rosa Blütenblätter und zahlreiche Staubblätter. Diese drei Gruppen bilden, am unteren Ende zusammengewachsen, eine konkave Schale. Bei Kirsch- und Pflaumenblüten enthält die Schale nur einen

einzigen Fruchtknoten, der zur fleischigen Frucht reift. Die anderen Teile welken und fallen schon frühzeitig ab, so daß rund um Kirsche oder Pflaume keine Spur von der Wiege mehr zu erkennen ist, in der die Frucht geboren wurde. Denn genau darum handelt es sich, um eine Wiege, ein konkaves Körbchen, ein kleines Nest anstelle des aggressiv vorgewölbten Kegels bei Magnolie und Ranunkel. Zugleich hat die fleischige Frucht die kleine trockene ersetzt. Das ist ein bedeutender Fortschritt, denn künftig werden sich Amseln und Stare um die Verbreitung der Art kümmern, indem sie die Steine und Samen weit forttragen.

## *Die Metamorphosen der Rose*

Bleiben wir noch ein Weilchen bei der Familie der Rosengewächse und wenden uns nun der Rose zu, die ihr ihren Namen gegeben hat. Ihr Blütenkelch wölbt sich noch mehr nach innen und bildet ein tiefes bauchiges Gefäß, in dem die zahlreichen Fruchtknoten aufbewahrt werden. Nach der Befruchtung bildet jeder einzelne eine kleine trockene Frucht, die bis zum Reifestadium in ihrer Wiege bleibt. Von den wilden Rosen gibt es so viele ähnliche Arten, daß man sie kaum auseinanderhalten kann. Die bekannteste davon ist die Heckenrose, die sich leider gar nicht für hübsche Blumensträuße eignet; ihre zarten Blütenblätter fallen schon frühzeitig ab. Von Ronsard stammt der berühmte Vers: »Sie lebte wie eine Rose, nur einen Morgen lang.« Auch die Rosen von Ronsard waren – wie alle Rosen jener Zeit – Heckenrosen, die natürlichen Vorfahren unserer heutigen Rose. Die Natur hat Modell und Material gegeben, das übrige besorgte das Talent der Gärtner. Auf dem Weg von der Heckenrose zur Gartenrose genügt es, nur eine notwendige Bedingung zu erfüllen: Sie muß einen Teil ihrer Staubblätter in Blütenblätter umwandeln. Die moderne Technik der Pflanzenveredelung machte eine derartige Operation möglich. Die Einzelteile der Blüte, Kelchblätter, Blütenblätter, Staubblätter und Fruchtknoten, sind keine unwandelbare Materie. Die Möglichkeiten der Umwandlung von einem Typ zum anderen sind in der Natur enthalten. Der Mensch ahmt diesen natürlichen Prozeß, den er schon oft beobachtet hat, zu seinem Vorteil nach: Die Kelchblätter können sich wie Blütenblätter färben, die Blütenblätter können an ihrem äußersten Ende mehr oder weniger vollkommene Pollensäckchen tragen oder sich in Kelchblätter zurückverwandeln, die Staubblätter können zu Nektardrüsen werden, die Sexualorgane können verkümmern usw. ... Die Familien der archaischen Blütenpflanzen, bei denen der Blütenplan noch nicht streng fixiert ist, zeigen dieses Phänomen sehr oft: Pfingstrose und Seerose sind ausgezeichnete Beispiele dafür. Die Natur hat bei der Seerose dieselbe Umwandlung verwirklicht, die der Mensch bei der Rose erreicht hat: Sie hat die Staubblätter in Blütenblätter verwandelt. Der Grad der Veränderung nimmt stufenweise von außen nach innen ab: Die äußeren Blütenblätter sind normal, die nächsten werden an den Rändern knittrig, bekommen dann am oberen Rand einen kleinen gelben Fleck und werden schmäler. Und im Zentrum der Blüte sind es schließlich noch richtige Staubblätter. So finden sich in derselben Blüte alle Zwischenstufen vom Staubblatt bis zum Blütenblatt. Von dieser Verwandlung war Goethe fasziniert; er hat der Metamorphose zahlreiche Studien gewidmet.

Derartige Phänomene sind in der Natur gang und gäbe, denn sie kümmert sich nicht um unsere Regeln und Simplifikationen. Man könnte im Gegenteil glauben, daß sie versucht, unseren in Logik und Rationalität verliebten Verstand in die Irre zu führen. Das Leben ist weitaus vielseitiger, als wir glauben, und behält stets ein gewisses Potential unausgeschöpfter Möglichkeiten und Initiativen zurück, um uns mit unerwarteten Phantasiespielen zu überraschen. Nichts ist eindeutig vorausgeplant: Das junge Gewebe – ebenso wie der junge Embryo noch eine wenig differenzierte Zellmasse – verfügt bereits über die mannigfachsten Kräfte. Erst im Verlauf der Entwicklung haben sich im Hinblick auf größere Leistungskraft und bessere Arbeitsteilung Spezialisierungen und Differenzierungen abgezeichnet. Diese Spezialisierungen gehen natürlich auf Kosten aller anderen Möglichkeiten, die für alle Zeiten erfüllt bleiben. Jede Zelle enthält in ihren Chromosomen das gesamte Programm des Lebewesens, zu dem sie gehört. Theoretisch könnte sie von sich aus dieses Lebewesen reproduzieren, wie zum Beispiel Orchideen heutzutage aus einigen wenigen embryonalen Zellen vermehrt werden können. Mit zunehmendem Alter jedoch spezialisieren sich die Zellen gemäß der Funktion des Gewebes oder des Organs, dem sie angehören und das ihnen sein Programm aufzwingt. Auch in unserer Gesellschaft möchte jeder gern vieles ausprobieren und alle in ihm steckenden Kräfte entwickeln, aber er sieht sich von den Bedürfnissen der gesellschaftlichen Organisation und der Arbeitsteilung dazu verdammt, nur eine einzige Tätigkeit auszuüben. All das, was der Mensch niemals verwirklichen kann, beschäftigt dann das weite Feld seiner Träume und Phantasien. Auch die Zelle träumt: Eine junge Zelle kann ebensogut eine Holz- wie eine Rindenzelle, eine Nerven- wie eine Leberzelle werden. Im Alter ist sie unabwendbar entweder das eine oder das andere geworden, dazu gezwungen, sich dem Gesetz der Organisation zu beugen und sich den Befehlen des Gewebes oder des Organs, dem sie zugehört, zu unterwerfen. So streng ist das Gesetz der Biologie, grausam und repressiv: Hält es doch gleichzeitig und paradoxerweise das Feld der Möglichkeiten weit offen, während es andererseits extreme Leistungsfähigkeit, also Spezialisierung, fordert. Das ist der Preis, den jedes Teil dem lebenden Organismus oder der gesellschaftlichen Organisation, denen es angehört, zahlen muß. Das ist die Steuer, der Tribut des Lebens, demzufolge auf Leistung ausgerichtete Strukturen vervollkommnet werden und die biologische Evolution immer vielseitigere und besser organisierte Lebewesen hervorbringen konnte. Jeder große Fortschritt endet mit der Einführung einer Hierarchie höherer Ordnung, die den früheren und niedrigeren Organisationsformen ihr Gesetz diktiert. Je höher entwickelt der Organismus, desto zahlreicher sind die Zwischenbeziehungen zwischen den verschiedenen Elementen, desto wirkungsvoller das interne Informationssystem, desto strikter spezialisiert und ausgerichtet ist jedes Organ, jedes Gewebe, jede Zelle. Der Preis des Fortschrittes ist die totale Unterwerfung der bescheidenen Basiszelle unter die kollektive Disziplin. Und das größte Wunder ist, daß es eigentlich überhaupt nur Basiszellen gibt: Der Organismus ist ein riesiges ausgewogenens System, in dem alles auf vielfältigste Weise zusammenhängt, ohne Oberhaupt, ohne Machtausübung, in einem unendlich subtilen und komplexen Gleichgewicht – wie die Natur selbst, dieser Superorganismus par excellence, der uns ständig Beispiel und Vorbild ist, wie man große ökologische Systeme im Gleichgewicht erhält. Das ist geglückte Selbstverwaltung im weitesten Sinne: durch gemeinsame Anerkennung der kollektiven Notwendigkeiten und zum größtmöglichen Nutzen für den Gesamtorganismus. Würde man jeder Zelle oder jedem

Glied einer Gemeinschaft die totale Freiheit geben, wären, wie man weiß, Anarchie und Chaos das Ende. Man stelle sich einen Organismus vor, der jeder einzelnen Zelle die Freiheit läßt, zu tun und zu lassen, was ihr beliebt: Eine Leberzelle würde plötzlich zu einem Neuron des Nervensystems, eine Knochenzelle zu einer Drüsenzelle. Ein derartiges Durcheinander würde der Organismus nicht überstehen, genausowenig wie es eine Gesellschaft überstehen würde, wenn morgen plötzlich jeder nur noch das täte, was ihm beliebt. Die Aufrechterhaltung der Organisation erfordert Disziplin, zumindest ein Minimum davon. Wenn jedoch jedwede Phantasie ausgeschlossen wäre, wenn die Natur nicht wüßte, wo die Grenzen für Ordnung und Disziplin sind, wäre die Evolution schon zum Stillstand gekommen. Die Natur reserviert sich immer einen gewissen Spielraum an Unbestimmtheit und Freiheit.

## *Wo Bisexualität die Regel ist*

Die sexuelle Aufspaltung der Säugetiere und des Menschen kann nicht darüber hinwegtäuschen, daß jedes Wesen Spuren des anderen Geschlechtes in seinen Organen und in seinem Verhalten aufweist. Auf dem Gebiet der Sexualität ist die Unbestimmtheit und Mehrdeutigkeit des Lebens am erstaunlichsten, und die damit verbundenen Probleme scheinen durch alle Entdeckungen und Experimente nur immer komplizierter zu werden. Die Physiologen sind heutzutage so weit, drei Aspekte des Geschlechts in Betracht zu ziehen: Das durch Chromosomen bestimmte Geschlecht (Vorkommen des Y-Chromosoms bei männlichen, jedoch nicht bei weiblichen Lebewesen), das organische Geschlecht (Ausbildung der Geschlechtsorgane) und das hormonale Geschlecht (dominierende Hormone). Nun laufen diese drei Aspekte durchaus nicht immer parallel: Das männliche Individuum scheidet weibliche Hormone aus, das weibliche scheidet männliche aus; eine Person mit weiblichen Geschlechtschromosomen kann Hoden haben; kastrierte Individuen, zum größten Teil ihrer Hormone beraubt, können eine intensive geschlechtliche Aktivität entwickeln. Mit weiblichen Hormonen behandelte Kühe gebärden sich oft wie Stiere. Und bei Lebewesen, die entgegen ihrem chromosomalen, organischen oder hormonellen

Geschlecht aufwachsen, wird es letztlich die Erziehung sein, die ihrem Verhalten den Stempel aufdrückt. Hampson schließt daraus, daß weder männliches noch weibliches Verhalten angeboren ist: Das »psychologische« Geschlecht ist bei der Geburt noch unbestimmt. Mit Puppen zu spielen und Kleidchen zu tragen könnte die Männlichkeit eines Jungen zum Beispiel beeinträchtigen und ihn zur Homosexualität führen – ebenso wie eine zu starke Beherrschung durch die Mutter. Bei allen Säugetieren fallen die Entscheidungen über das Sexualverhalten vor allem im Nervensystem, wobei man beim Menschen lange Zeit den Anteil rein psychischer Faktoren an sexuellen Abweichungen überschätzt hat. In Gegenwart eines faulen Männchens legt eine weibliche Ratte oder eine Löwin ein männliches Verhalten an den Tag, während man bei den Schimpansen zahlreiche Fälle von Hypersexualität (Masturbation, Notzucht, Prostitution usw.) beobachten kann. Da die Pflanzen kein Nervensystem haben, können bei ihnen derartige Phänomene nicht auftreten.

Wenn tatsächlich Erziehung und Lebensbedingungen eine bedeutende Rolle in der Entwicklung des sexuellen Verhaltens spielen, dann ist es gut, daß zu Beginn ein Großteil Unbestimmbares vorhanden ist, und zwar auf rein biologischer Ebene: Jedes Lebewesen trägt Spuren des anderen Geschlechtes in sich; bei vielen weiblichen Blüten sind es verkümmerte Drüsen oder Staubblätter, ein steriler Stempel bei männlichen Blüten, die Klitoris bei weiblichen Säugetieren und Brustwarzen auf der männlichen Brust.

Sehr aufschlußreich ist in diesem Zusammenhang der Fall der afrikanischen Begonie, die männlich ist, wenn sie im Licht steht, und weiblich, wenn sie im Schatten gedeiht. Diese Begonie wächst auf Baumästen; wenn sich ein Ableger löst und zur Erde fällt, verkümmern die männlichen Blüten an ihm, an ihre Stelle treten alsbald weibliche – ein klarer Beweis dafür, daß das Individuum potentiell beide Geschlechter besitzt und daß es sogar die Lichtverhältnisse sein können, die seine Entwicklung in die eine oder andere Richtung drängen. Zugleich ein schönes Beispiel der Transsexualität, die es bei Pflanzen ebenso wie bei Würmern und Weichtieren und zuweilen sogar beim Menschen gibt. In der Natur ist eben alles möglich, besonders alles, was die Phantasie und die Lust am Abenteuer anbetrifft.

Wie man sieht, kennt das Leben keine scharfen Konturen. Auch auf der Höhe des Fortschritts verleugnet es nicht seine ersten schüchternen Versuche, die einmal die Regel waren: Hermaphroditismus und Transsexualität. Es hält sich, zumindest theoretisch, alle Möglichkeiten zur Umwandlung offen. Der Gärtner profitiert von dieser Formbarkeit, wenn er die Heckenrose dazu zwingt, einen Teil ihrer Staubblätter in Blütenblätter umzuwandeln, damit die Blüte immer größer und schöner werde. So wollen wir uns nach diesem langen Umweg noch einmal der Rose zuwenden.

Der Blütenkelch der Heckenrose bildet einen tiefen Bauch, in dem zahlreiche Fruchtknoten liegen. Alle anderen Blütenteile sitzen am Rand – weit über den weiblichen Organen. Bei der Geschlechtsreife bläht sich der Bauch auf, wird rot und fleischig und reift schließlich zur Hagebutte. Die Hagebutte ist eine Scheinfrucht, da sie aus dem Kelch entsteht, der die Fruchtknoten enthält, und nicht aus den Fruchtknoten selbst. Sie ist sozusagen eine Frucht zweiten Grades, obwohl sie wegen ihres hohen Vitamin-C-Gehaltes und wegen der ausgezeichneten Marmelade, die man aus ihr bereiten kann, sehr geschätzt wird. Die Fruchtknoten, die sich im Inneren der Blüte versteckt haben, werden nach der Befruchtung hart und ergeben, jeder für sich, eine kleine trockene Frucht, die von einem gefiederten Wedel mit steifen Härchen überragt wird. Diese Früchte mit den »Kratzborsten« sind für ihre zukünftige Wanderschaft gut ausgerüstet. Sie setzen sich in der Wolle von Tieren fest und unternehmen eine Art Reise per Anhalter. Solche Reisen auf dem Rücken der Tiere sind in der Pflanzenwelt sehr beliebt.

Die Rose begnügt sich nicht damit, ihre Eizellen in den Fruchtknoten einzuschließen, sie versteckt sie auch noch im Blütenbauch und stellt somit eine doppelte Einfriedung her. Ein neuer Wall festigt die Verteidigungslinien unserer Trutzburg.

Setzen wir den Spaziergang zwischen den Rosengewächsen fort und folgen der Richtung, die der Evolutionskompaß uns angibt. Der Apfelbaum bietet das vertraute und eindrucksvolle Bild einer glücklich ans Ziel gelangten Evolution. Auf den ersten Blick erkennt man keinen Unterschied zwischen seinen Blüten und denen des Kirschbaumes. Man zählt fünf grüne Kelchblätter, fünf weiße Blütenblätter, zahlreiche Staubblätter, aber die Blütenmitte ist eine nicht besonders tiefe Schale, aus der fünf Griffel herausragen. Keine Spur von Fruchtknoten! Ein Längsschnitt durch die Blüte lüftet das Geheimnis: Die Fruchtknoten kleben am Grunde des Blütenbauches. Nach der Befruchtung fängt dieser Bauch an zu wachsen. Aber wieder ist es nicht der Embryo, der den Leib seiner Mutter aufbläht: Der Embryo liegt brav im Samen. Es sind die Seiten- und Verbindungswände von Blütenkelch und Fruchtknoten, die miteinander verwachsen und ein einzigartiges, fleischiges Gewebe um die fünf kleinen, harten und durchsichtigen Kammern bilden, in denen die Samen oder Kerne liegen. Der Apfel ist eine kombinierte Frucht: Sein Fleisch entstammt zum Teil dem Blütenboden, zum Teil der Wand um die Fruchtknoten. Die Trennlinie wird beim Querschnitt gut sichtbar. An der dem Stiel entgegengesetzten Seite des Apfels finden wir die Überreste der Blüte: Die fünf Kelchblätter, die oben an den Fruchtknoten befestigt waren. Die Fruchtknoten sind von nun ab fest miteinander verwachsen und tief im Blütenbauch versteckt.

## *Das äußerste Bollwerk*

Markiert dieses neue, mächtige und dicke Bollwerk, das der Apfel um seine Fruchtknoten baut, das endgültige Ziel der Entwicklung? Ist unser Festungsbaumeister am Ende seiner Phantasie angelangt? Bei Rose und Apfel sind die Fruchtknoten zur Gänze im Bauch der Blüte eingeschlossen und erfreuen sich dadurch eines besonderen Schutzes gegen eventuelle Angreifer. Doch ihre Narben, eine Art Antennen zum Auffangen der Pollen, ragen immer noch über den Blütenrand hinaus, damit sie von den Insekten ja nicht übersehen werden. Bei der Apfelblüte sind es fünf Stempel, die über den Blütenrand ragen, während sie bei der Heckenrose kaum über den engen Rand der bauchigen Kapsel, in der die Fruchtknoten eingeschlossen sind, hinausschauen.

Ab hier steht einem Abenteuer zu einer botanischen Science-fiction nichts mehr im Wege. Man könnte sich tatsächlich fragen, warum die Pflanze in diesem Stadium der Evolution plötzlich von der sie seit Anbeginn ihrer Existenz treibenden fixen Idee, um ihr weibliches Element Schutzwälle zu errichten, geheilt sein sollte. Deshalb kann man sich auch, in aller schöpferischen Freiheit, die Blüte der Zukunft vorstellen: Fruchtknoten und Stempel

zusammen werden nochmals hinter einem weiteren Schutzwall versteckt, die Frucht wird von einem neuen und vollkommen geschlossenen Organ geschützt werden, genau wie der Samen vor zweihundert Millionen Jahren in die Frucht eingeschlossen wurde: Eine neue pflanzliche Zivilisation wird entstehen, und zwar eine, bei der nicht mehr der Same von einer Frucht geschützt, sondern die Frucht von etwas anderem geschützt wird – das Wort muß erst noch erfunden werden.
Einige neugierige Botaniker haben sich den Spaß gemacht, die Prototypen der Pflanze von morgen zu suchen. Sie haben die großen Bäume in den Wäldern unseres gemäßigten Klimas beobachtet und entdeckt, daß sich die Eichel in einen Fruchtbecher setzt und Kastanien und Bucheckern sich vollkommen einkapseln. Doch in all diesen Fällen setzt das Einschließen der Frucht in mehr oder minder entwickelte Behälter erst nach der Befruchtung ein. Die Pollen werden noch immer vom Wind an die Fruchtknoten geweht, die sich erst danach verkapseln.

## *Versuch einer botanischen Fiktion*

Man müßte eine Pflanze finden, die auf Anhieb den ganzen Stempel mitsamt Narben und Fruchtknoten hinter einem hermetisch verschlossenen Schutzwall einsperrt. Wo sollte man eine solche Pflanze mit einer derartig ausgefallenen Vorrichtung suchen? Sicherlich nicht in den modernen Familien mit festgelegtem Blütenplan, bei denen sich die Entwicklung darin erschöpft, das Detail zu verfeinern, ohne etwas Neues, Interessantes zu erfinden. Lassen wir Doldenblütler, Korbblütler, Orchideen, Kreuzblütler und Gräser, die alle auf ihre Art brillante Zivilisationen, aber auch fertig abgeschlossene Zivilisationen sind, links liegen. Durch ihr Übermaß an Spezialisierung sind sie in einem bestimmten Organisationsplan gefangen, denn was zu sehr spezialisiert ist, hat es schwer, sich umzubilden. Erforschen wir lieber jene primitiven, wenig fixierten Familien, bei denen immer noch experimentiert wird und echte Neuerungen ausprobiert werden, jene kaum spezialisierten Familien, zu denen Magnolie, Seerose und Hahnenfuß gehören und bei denen die größten Entwicklungsmöglichkeiten spürbar sind.
Dort finden wir eine südamerikanische Pflanze, der solch eine

geniale Neuerung gelungen zu sein scheint. Bei der *Hennecartia*, Zwillingsschwester des chilenischen Boldobaums, sind die beiden freien Fruchtknoten komplett eingeschlossen – samt ihren Narben, und zwar im Inneren einer hermetisch verriegelten Hülle. Der Pollen fällt auf diese Hülle, und sein Schlauch hat nun einen sehr langen Weg vor sich. Um auf den Vergleich mit der Trutzburg zurückzukommen: Ehe er in den Schloßturm gelangt, muß er nun noch eine Zugbrücke überqueren. Bei einer anderen Pflanze aus der gleichen Familie der *Monimiazeen*, diesmal in Madagaskar beheimatet, der *Tambourissa religiosa*, stoßen wir auf dasselbe Phänomen. Der von einem Insekt transportierte Pollen gelangt nicht an den Stempel der weiblichen Blüten, weil dieser in einem Gefäß fest verschlossen ist. Auf dessen Deckel trifft er auf eine schleimige klebrige Masse, die eine Narbe vortäuscht und oft an den Innenwänden der weiblichen Blütenkelche zu finden ist. Vor dem Pollenschlauch, der einen langen Weg von der »Scheinnarbe« auf dem Deckel bis zur Narbe im Inneren der Blüte und von dort bis zur Eizelle zurückzulegen hat, wird eine Art Zuckerteppich ausgerollt, der ihn empfängt und weiterleitet. In der Reife produziert die *Tambourissa* eine Frucht, die wie eine Feige aussieht – eine Feige, in deren Inneres jedenfalls nie ein Insekt vorgedrungen ist, auch nicht ein ganz junges in der Jahreszeit der Liebe.

Mit der *Tambourissa* sehen wir vor unseren Augen die Geburt eines der ersten Repräsentanten einer möglichen neuen pflanzlichen Zivilisation: Pflanzen, deren Früchte, ob hier oder auf anderen Planeten, unsere Nachkommen essen werden. Jede dieser Früchte wird voller kleiner Früchte sein und jede kleine Frucht voller Kerne.

Sollte diese neue Zivilisation eines Tages die jetzige ablösen, wird sie, wie man sieht, aus archaischen Familien hervorgehen – und nicht aus besonders hoch entwickelten. Auch hier liefert uns die Natur ein Modell, das auf die menschliche Gesellschaft übertragbar ist. Große Zivilisationen entstehen nie in gerader und direkter Verkettung eine aus der anderen. Eine neue Zivilisation entwickelt sich stets abseits der alten, zum Beispiel in wenig angepaßten Landgruppen, die sich, sei es durch die geographische Lage, sei es durch ihre Kultur, eine gewisse kreative Fähigkeit erhalten haben. Rom ist aus einem kleinen Volk aus Latium entstanden, am westlichen Rand der griechischen Kultur, und das

Christentum kam von der östlichen Grenze des Römischen Reiches. Immer sind es kleine Menschengruppen, unentdeckt von zeitgenössischen Historikern, von denen die großen Neuerungen der Zukunft ausgingen. Rom wußte nichts von einem Volk der Juden in Palästina. Und wer interessierte sich in Europa wirklich für die ersten Siedler in Nordamerika? Was weiß man denn heutzutage in Paris oder Rom von Pflanzen, die versteckt in den Urwäldern von Südamerika oder Malaysia wachsen, in diesen riesigen Laboratorien, in denen bereits, ohne daß wir es merken, die Pflanze von morgen entsteht ...? »Der Ursprung verbirgt sich hinter den Anfängen«, sagt Heidegger.
Von den freiliegenden Fruchtknoten der Magnolie bis zu den zusammengewachsenen der *Hennecartia* verfolgt die Natur immer nur ein Ziel: den Schutz der fragilen weiblichen Zellen, den Ausbau der Verteidigungsanlagen und die Vergrößerung der Lebens- und Überlebenschancen.
Andere haben mit der gleichen Zielsetzung unterschiedliche, aber noch wirksamere Strategien entwickelt, wie zum Beispiel die Herbstzeitlose, die ihre Fruchtknoten schützt, indem sie sie tief in die Erde versenkt: Die Blüte, die nur zur Hälfte aus der Erde ragt, läßt drei lange Griffel zum Einfangen der Pollen zum Vorschein kommen und versenkt ihre Fruchtknoten – nicht in ihrem Bauch, sondern im Bauch der Erde. Ein äußerst wirksamer Schutz, jedoch nur von bestimmten Pflanzenarten durchführbar – wie von den Zwiebelgewächsen, zu denen Herbstzeitlose und Krokus gehören. Das Ziel ist immer das gleiche, es ist das Ziel aller Lebewesen: Die Pflanze teilt mit Tier und Mensch letztlich den Wunsch, sich zu schützen für die Fortpflanzung und sich fortzupflanzen, um die Art zu erhalten und den Tod zu besiegen.

11. Kapitel

# Die trächtige Blüte

*Seid fruchtbar und mehret euch!*

Die Natur erfindet und erforscht, aber sie kann auch wiederholen und nachahmen und mit dem schon Dagewesenen etwas Neues schaffen.

Bei den Blütenpflanzen verwandelt sich der Fruchtknoten nach der Befruchtung in eine Furcht, und die Eizellen, die er enthält, werden zu Kernen oder Samen. Aber schon bei alten und archaischen Pflanzen wie dem Ginkgo und dem Palmfarn, wahrhaft lebende Fossilien, wird das Modell der Frucht sichtbar. Und doch bringen diese geheimnisvollen Überlebenden aus den Wäldern des Erdmittelalters niemals Früchte hervor. Nicht einmal richtige Samen! Zu ihrer Zeit war die Frucht noch nicht »erfunden«. Äußerlich ähneln ihre großen Samenanlagen seltsamerweise unseren Mirabellen: die gleiche Farbe, die gleiche Größe. Lediglich der Duft unterscheidet sie und läßt uns, ohne zu zögern, nach der Mirabelle greifen, was die Chinesen wiederum nicht daran hindert, diese Pseudofrüchte geröstet, unter dem Namen »silberweiße Aprikose«, zu essen.

## *Richtige und falsche Mirabellen*

Schneiden wir diese Früchte quer durch! In beiden Fällen ist es eine schwierige Operation, denn das Fruchtfleisch ist ziemlich weich und saftig, wenn auch der Kern des Ginkgo größer und

weicher ist als der der Mirabelle. Die Natur hat hundert Millionen Jahre an Bemühungen und Phantasie investiert, um vom Typ Ginkgo auf den Typ Mirabelle überzugehen.
Die Mirabelle ist eine neuzeitliche Frucht, während die Samenanlage des Ginkgo eine archaische Urstruktur besitzt. Nur, wer würde das auf den ersten Blick glauben? Was sind denn nun die Vorzüge der Mirabelle und die Nachteile der Ginkgofrucht, die diesen Baum zum baldigen Aussterben zu verdammen scheinen? Zwischen diesen in ihrem äußeren Erscheinungsbild so ähnlichen Früchten besteht ein grundlegender Unterschied: Die eine ist eine recht große Samenanlage, meistens nicht befruchtet und jungfräulich, die andere eine Frucht, die in ihrem Kern stets eine im Keim befindliche neue Pflanze trägt. Erstere könnte man mit einem Hühnerei vergleichen, steril oder fruchtbar, je nachdem, ob die Henne einen Hahn »besucht« hat oder nicht, aber nicht angebrütet. Die zweite entspräche eher dem Leib einer schwangeren Frau. Kurioserweise hat die Natur beide mit der gleichen äußeren Erscheinung bedacht.
Zwischen diesen beiden Etappen der Geschichte des Pflanzenlebens vollzieht sich der ganze Fortschritt, was den Pollentransport und die Verbreitung der Samen anbelangt, ermöglicht durch die stets wachsende Mitwirkung der Tiere. Es ist eine lange Geschichte, von der Sie nun schon ein paar Kapitel kennen.
Bei Ginkgo und Palmfarn greifen Insekten oder andere Tiere ein, sobald die Samenanlage reif ist, jedoch nur, um sich von ihr zu ernähren. Da die Eizellen in der Samenanlage ungeschützt sind, haben die Insekten ein leichtes Spiel. Jede verschlungene Eizelle aber bedeutet eine zukünftige Pflanze weniger. In diesem Fall ist das Tier der Feind der Pflanze, auch wenn durch sein Kommen und Gehen einige Samenanlagen mit den Eizellen zu Boden fallen oder gar rein zufällig der Pollentransport von einer Pflanze auf die andere ermöglicht wird. Im allgemeinen vertrauen diese archaischen Pflanzen ihre Pollen lieber dem Wind an. Sie existierten ja bereits lange vor der großen Insekteninvasion, die nach dem Auftauchen der Blütenpflanzen einsetzte. Wenn ein Pollenkorn das Glück hat, auf eine Ginkgo-»Frucht« zu stoßen, entweder auf der Mutterpflanze oder auf dem Boden, befruchtet es sie. Die »Frucht« entwickelt daraufhin, ohne ihre Struktur zu verändern und unter Beibehaltung ihres Mirabellencharakters, einen jungen Embryo in ihrem Schoß, der die reich-

haltig in der großen Samenanlage und um die Wiege herum aufgestapelten Nährstoffe aufnimmt, wächst, Wurzeln schlägt und zur neuen Pflanze wird.

Nach der Erfindung der Samenanlage dauerte es noch viele Millionen Jahre, bis das Samenkorn endlich das Licht der Welt erblickte. Das Samenkorn ist eine befruchtete Samenanlage; die Befruchtung erfolgt durch die Verschmelzung eines Spermatozoiden mit einer Eizelle der Samenanlage, sie löst in der Samenanlage eine Reihe von Veränderungen aus, so daß dann ein Samenkorn entsteht. Im Samenkorn entwickelt sich die Eizelle zum Embryo, der sein Wachstum plötzlich unterbricht und sich auf einen verlangsamten, latenten Lebensrhythmus einrichtet. Die Pflanze läßt nun ihre Samenanlage anschwellen wie einen Mutterleib und hortet alle Nahrungsreserven, die zum Zeitpunkt der Keimung, das heißt bei der Wiederaufnahme des Wachstums, zur Ernährung notwendig sein werden. Kurz, das Ganze umgibt sich mit einem festen und widerstandsfähigen Schutzwall, der Samenschale.

Dieses Resultat erreichte die Natur in zwei großen Stufen. Zuerst erfand sie die Samenanlage im Ginkgo-Stil. Diejenigen alten Pflanzen, die derartige Samenanlagen bilden, sind sozusagen »eierlegende« Pflanzen, wie weiter vorne bereits erklärt (Kapitel 5). Diese Samenanlagen sind, physiologisch gesehen, bereits lange vor der Befruchtung durch eine dichte, undurchdringliche Schale von der Mutterpflanze getrennt, die diese daran hindert, den Embryo zu ernähren. Wenn dann eine Befruchtung stattfindet, ernährt sich der Embryo von den Nahrungsmittelreserven, die schon vorher um ihn herum gehortet worden sind.

Erst viel später hat die Natur sich darauf besonnen, diese Einrichtung weiter zu verbessern. Der erste Schritt auf dieser Stufe bestand darin, das Wachstum des Embryos zu stoppen, um ihn in einen Ruhezustand zu versetzen, damit er gegebenenfalls die besten klimatischen Bedingungen zum Keimen abwarten konnte. Weiterhin mußte die Samenanlage besser geschützt werden, damit sie, ohne in der Zwischenzeit zerstört oder aufgefressen zu werden, den günstigsten Moment zum Keimen abwarten konnte. Die Samenanlage machte sich demzufolge an die Arbeit, einen festen harten Mantel zu konstruieren. Im zweiten Schritt begann die Pflanze, nur Nahrungsreserven in der Samenanlage zu horten, wenn diese befruchtet war, das heißt, wenn die Gewähr bestand, daß die Nahrung auch von einem keimenden Embryo aufgebraucht würde. Damit war das Samenkorn geboren, eine befruchtete Samenanlage, die neues Leben in Form eines Embryos in sich trägt, eine Art Fötus auf Abruf.

Die Samenpflanzen kann man mit lebendgebärenden Tieren vergleichen: Die Mutterpflanze bleibt in engem Kontakt mit der befruchteten Samenanlage und ernährt den sich entwickelnden Embryo durch eine Art Plazenta, in der gleichzeitig die zur Keimung nötigen Nahrungsreserven gehortet werden. Die physiologische Trennung vollzieht sich erst, nachdem das Samenkorn vollständig ausgereift ist. Kurz gesagt, die Mirabelle und ihr Kern, ihr Samenkorn, entstehen erst nach der Befruchtung wie ein kleiner tierischer Fötus, der von der mütterlichen Plazenta ernährt wird. Das »Ei« des Ginkgo hingegen bildet sich bereits vor der Befruchtung und wird auf dem Erdboden »abgelegt«, wo es vom Pollen erreicht werden kann. Der Embryo, der daraufhin entsteht, gönnt sich keine Pause, wächst, schlägt Wurzeln und gedeiht, wenn alles gutgeht, zu einem neuen Baum.

Von diesem Gesichtpunkt aus betrachtet, ist der Ginkgo auf der Entwicklungsstufe der Fische stehengeblieben, bei denen die Befruchtung außerhalb des Mutterleibes im Wasser stattfindet. Die Samenpflanzen hingegen sind in der Kunst, das Kind im Schutz des mütterlichen Schoßes auf die Welt zu bringen, ebenso hoch entwickelt wie der Mensch. Sie haben ihn sogar übertroffen, wie wir sehen werden.

## *Das Samenkorn oder das konservierte Leben*

Das Erscheinen des Samenkorns ist die letzte große Revolution in der Pflanzengeschichte, seitdem ist nichts wirklich Neues mehr geschehen. Sein Auftreten stellt einen ebensowichtigen Einschnitt dar wie die Entdeckung des Holzes. Mit ihm beginnt eine neue Ära in der Geschichte der pflanzlichen Zivilisationen: das Zeitalter der Samenpflanzen.

Die Eigentümlichkeit des Samenkorns besteht darin, daß es den Embryo in einen Winterschlaf versetzen kann. In diesem Ruhestadium der Lebensprozesse, in dem Atmung und Stoffwechsel auf ein Mindestmaß reduziert sind, kann der Embryo wochen-, sogar jahrelang auf die günstigsten Bedingungen zur Wiederaufnahme seines Wachstums, also auf das Keimen, warten. Es war ein langer Weg bis dahin – von den Sporen der Moose und Farne und von der Eizelle des Ginkgo, die dazu gezwungen ist, auf der Stelle zu keimen oder abzusterben. Dieser seltsame Prozeß des »Lebens auf Reserve« ist die Folge eines intensiven Wasserentzugs. Ein Samenkorn enthält selten mehr als fünfzehn Prozent Wasser, andere Pflanzenteile dagegen fünfzig bis neunzig Prozent.

In Pflanzensammlungen des siebzehnten Jahrhunderts hat man Seerosensamen gefunden, die nach dreihundert Jahren der Ruhe immer noch keimfähig waren. Die Geschichte der Weizenkörner allerdings, die angeblich in Pharaonengräbern gefunden wurden und nach über viertausend Jahren noch gekeimt haben sollen, ist ein schlechter Scherz. Ein einfallsreicher Gärtner, der der Nachwelt seinen Namen hinterlassen wollte, hat diese Geschichte erfunden. Immerhin haben Samenkörner, die in kalten Torfschichten gefunden wurden, angefangen zu keimen, obwohl sie wahrscheinlich über tausend Jahre alt waren.

Den »offiziellen« Rekord an Langlebigkeit aber halten die Samenkörner der Indischen Lotosblume *(Nelumbo nucifera).* An die tausend Jahre können sie im Ruhestadium zubringen, ohne ihre Keimfähigkeit zu verlieren. Eine unglaubliche Leistung! Im Gegensatz dazu produzieren zahlreiche tropische Arten stark wasserhaltige Samen, die fast augenblicklich zu keimen beginnen und deren Ruheperiode fast unbemerkt vorübergeht. Dies ist beim Kakaosamen der Fall, der sich nicht länger als einige Tage hält, weil sein Wassergehalt nur auf ein Drittel reduziert ist, so daß die Lebensprozesse nicht genügend herabgesetzt werden, um den Embryo wirklich einzuschläfern. Wegen der fehlenden Jahreszeiten und gleichbleibenden klimatischen Verhältnisse, wie sie die Äquatorialwälder am Amazonas, in Zentralafrika und in Südostasien kennzeichnen, haben es die Samen nicht nötig, ihre Keimfähigkeit zu konservieren, um auf bessere Zeiten zu warten. So überspringen eine ganze Anzahl von Äquatorialpflanzen diese Phase und entwickeln ihre Embryos ebenso kontinuierlich wie Tiere und Menschen. Der Kakao, ein Strauch, der im Schatten großer Waldbäume angepflanzt wird, gehört zu dieser Gruppe von Pflanzen. Ansonsten ist er ein Sonderling: Seine Blüten und Früchte wachsen direkt auf dem Stamm statt an den Zweigen.

Noch stärker ausgeprägt als beim Kakao ist das Phänomen des Lebendgebärens *(Viviparie)* bei den Mangroven. Diese Bäume und Sträucher wachsen im Meer, und zwar in tropischen Küstenbereichen, wo sie sich auch über den Strand ausbreiten und niedrige, überflutete Wälder bilden, die das Meer unzugänglich machen. Ihre Wurzeln haben in die Luft ragende Fortsätze, die bei Niedrigwasser die Lunge der Pflanze darstellen. Wie auf Stelzen sitzend scheinen die Mangroven auf die Eroberung der Weltmeere aus zu sein. Bei diesen Pflanzen keimt das Samenkorn direkt am Strauch, das ist seine ureigene Methode, nicht ins Wasser zu fallen und zu ertrinken, denn schwimmen kann es nicht. Die Mangrove »gebiert« also regelrecht, sie bringt keinen Samen hervor, sondern eine junge Pflanze, die im Leib der Mutterpflanze entstanden ist. Wird sie bei Ebbe abgestoßen, rammt die junge Pflanze ihre Wurzel wie ein Speer in den schlammigen Boden. Bei Flut treibt sie und wartet auf die Ebbe. Die Phase des auf Sparflamme laufenden Lebens ist bei diesen Samen gänzlich verschwunden, man trifft statt dessen auf das klassische Schema der Tierwelt: Entwicklung eines Fötus und Geburt der Jungen. Allerdings bildet die Mangrove im Reich der Pflanzen eine Ausnahme. In der Regel bilden die Blütenpflanzen nach der Befruchtung der Eizelle Samen und sichern sich damit das außergewöhnliche Privileg, Leben konservieren zu können.
Die Idee existiert schon seit den Anfängen des Lebens: Die widerstandsfähigen Sporen von Bakterien oder Pilzen, die Zysten der Amöben stellen einen ersten Versuch dar, ungünstigen Lebensbedingungen zu entgehen und auf bessere Tage zu warten. Und diese Sporen oder Zysten können, weiß Gott, recht beharrlich sein! Höherentwickelte Tiere haben die Fähigkeit der Konservierung verloren, dafür ermöglicht es ihnen ihre Mobilität, sich aus dem Staube zu machen und optimale Lebensbedingungen zu suchen. Unbeweglich und festverwurzelt muß die Pflanze ihre Umgebung ertragen. Da sie nicht in der Lage ist, ihr Heil in der Flucht zu suchen, verlegt sie sich auf die Bildung von Samenkörnern und auf das Abwarten. Der Flucht in den Raum zieht sie die Flucht in die Zeit vor. Wenn die Lebensbedingungen unerträglich werden, wenn Trockenheit, Wind oder Kälte überhandnehmen, hat die einzelne Pflanze keinen anderen Ausweg als den Tod. Doch bevor die um das Überleben der Art besorgte Pflanze verschwindet, denkt sie daran, ihre Samen um sich her-

um zu verstreuen. Dann beginnt eine lange Wartezeit. Erst wenn sich die Lebensbedingungen verbessern, nach einem Regenfall zum Beispiel, erwacht das Samenkorn wieder zum Leben und wächst zur Pflanze heran.
Der moderne Mensch würde gern ein Gleiches tun. Wie kann man weit entlegene Planeten erreichen, wenn ein ganzes Leben nicht einmal für die Reise genügt? Wie kann man heute über eine unheilbare Krankheit triumphieren, wenn vielleicht erst morgen eine Behandlung gefunden wird? Wie soll man eine lange Wartezeit überbrücken, wenn man nicht überwintern kann wie ein Samenkorn? Die Biologen experimentieren mit der Konservierung durch Kälte. Heute schon können sie Gewebe im Zustand des latenten Lebens erhalten. Morgen vielleicht gelingt es ihnen auch bei Tieren oder Menschen ...

## *Das Samenkorn oder die wiedergewonnene Freiheit*

Das Samenkorn ist das Symbol für die Freiheit der höherentwikkelten Pflanzen: Freiheit vom Erdboden, auf dem die ersten Landpflanzen befruchtet worden sind, weit weg von der Mutterpflanze, die ihre Eizellen schutzlos der Willkür des Schicksals und der Begierde aller möglichen Tiere überlassen mußte. Beim Samenkorn bleibt die Eizelle auf der Mutterpflanze wohlbehütet als Samen und als Frucht. Zugleich ist es aber auch die Freiheit vom Wasser: Denn wenn die gleichen Urpflanzen schwimmende Spermatozoiden absonderten und kein Wasser dafür vorhanden war, war die Fortpflanzung des Geschlechts unwiderruflich unterbunden. Das Samenkorn, das durch Bestäubung entsteht und das auf Wasserentzug vorbereitet ist, erlaubt der Pflanze, schwierige Perioden der Trockenheit ohne Schaden zu überstehen. Und das ist die dritte Art der Freiheit: nämlich die Unabhängigkeit von der Zeit. Diese Fähigkeit, geduldig schlafend zu warten, ist ihre höchste Trumpfkarte. Aber es gibt noch eine vierte Art Freiheit: Das Samenkorn befreit die Pflanze von ihrer Unbeweglichkeit. Es ist das Instrument ihrer Fortbewegung durch den Raum, das Verkehrsmittel der modernen Pflanze!
Tausend Tricks hat die Natur erfunden, um für eine optimale Verbreitung des Samens zu sorgen. So übernehmen Härchen die

Rolle eines Fallschirms, Häkchen setzen sich in der Wolle von Tieren fest, Schwimmapparaturen ermöglichen die Ausbreitung auf dem Wasser. Auch was die Samenverbreitung anbelangt, hat die Natur nicht an Einfallsreichtum gespart. Sie kommt auf die merkwürdigsten Ideen und benutzt – ebenso wie bei der Pollenverbreitung – jeden Zwischenträger, der sich anbietet. In erster Linie natürlich den Wind. Wenn man am Frühlingsende die weißen Wölkchen sieht, in denen der Wind die Samen von Weiden und Pappeln davonträgt, begreift man die Wirksamkeit dieses Mittlers. Die Samen dieser Bäume sind mit einem kleinen Büschel weißer Härchen ausgestattet und sehen dadurch wie Baumwollsamen aus. Letztere wollten ihre Sache besonders gut machen und sind dabei zu weit gegangen. Ihre Härchen sind so lang und zahlreich geworden, daß sie aneinander kleben bleiben und der Wind keine Macht mehr über die großen weißen Büschel hat, die traurig aus den Fruchtschalen hängen. Doch hierfür muß man den Menschen verantwortlich machen und nicht die Natur! Seit Jahrtausenden steuert er den Ausleseprozeß, indem er immer nur die Baumwollpflanzen mit den längsten Fasern aussucht. Ist es da verwunderlich, daß diese Fasern nicht mehr funktionsgerecht sind? Wozu sollten sie es auch sein, da ihre Samen nicht mehr für den Wind, sondern zur Baumwollherstellung bestimmt sind?

Das Meisterstück der Flugsamen ist zweifellos der *Strophanthus* aus der Familie der Hundsgiftgewächse. Diese tropische Liane bildet prächtige Blüten, deren Charakteristikum lange Bänder sind, die oft aus der goldgelben Blütenkrone herunterhängen (besonders beim *Strophanthus hispidus*). Jede Blüte bringt zwei große Früchte in Gestalt einer Zigarre hervor, die sich im Winkel von hundertachtzig Grad gegenüberstehen. In diesen Zigarren liegen, ordentlich aneinandergereiht, unzählige Samenkörner, von denen jedes einzelne einen feinverästelten Seidenfallschirm besitzt. Der Wind trägt diese Tausende von Samen fort und verbreitet sie mit einer unglaublichen Leichtigkeit, denn sie haben sich ihm auf erstaunliche Art und Weise angepaßt. Das war auch nötig, da in den dichten und undurchdringlichen tropischen Regenwäldern die Kraft des Windes sehr geschwächt ist. Es gibt dort nur wenige Samenarten, die durch den Wind verbreitet werden. Deshalb mußten sich diejenigen, die auf ihn angewiesen sind, um einen hohen Anpassungsgrad bemühen.

Der *Strophanthus* ist eine hochgewachsene Pflanze, das extrem wirksame Gift seiner Samen wird in Schwarzafrika schon seit Jahrtausenden als Pfeilgift benützt, und der Medizin hat er eines der wichtigsten Herzmittel – das Strophanthin – beschert.
Auch die Tiere sind ausgezeichnete Samenverbreiter. Die Samen klammern sich an ihr Fell, setzen sich in den Hufen fest oder passieren den Verdauungstrakt. Einige Arten bestehen jedoch darauf, alles selbst in die Hand zu nehmen. Sie verstreuen ihre Samen, indem sie ihre Früchte mit einem lauten Knall aufplatzen lassen. Verschiedene Wolfsmilchgewächse haben es in dieser Kunst zur Meisterschaft gebracht: In afrikanischen Dörfern kann man mit Verwunderung vernehmen, wie ein Baum ungewöhnliche Geräusche von sich gibt. Er wird häufig angepflanzt, denn es heißt, daß er mit seinen spitzen Dornen die Schlangen vertreibt und man sich in aller Ruhe in seinem Schatten ausruhen kann. Allerdings geht man dabei das Risiko ein, von einer Schrotladung Samen getroffen zu werden, wenn eine Frucht mit dem Geräusch einer Maschinenpistole knatternd explodiert. Daher auch der Name des Baumes: *Hura crepitans.* Es gibt noch andere Euphorbien, deren Früchte auf dieselbe Art explodieren, obwohl die Pflanzen sonst einander nicht sehr ähnlich sind. Dies ist zum Beispiel bei mehreren Euphorbienarten in Kaktusgestalt der Fall, deren Knall beim Aufplatzen der Früchte und bei trokkenem Wetter wahrhaft beeindruckend ist.
Ein nordafrikanisches Veilchen entledigt sich seiner Samen ebenfalls mittels Explosion. Seine Samen sind bei den Ameisen hochgeschätzt, die sie in ihren Bau schleppen und sich an den Nährstoffen, die außen an der Samenhaut kleben, gütlich tun. Gleichzeitig weichen sie dabei die Samenhaut auf, was die Keimung letztlich erleichtert. Nachdem diese Arbeit erledigt ist, wirft die Ameise die Samen wieder aus ihrem Bau hinaus, was einer Art Säen sehr ähnlich kommt. So behandelt keimen diese Samenkörner viel besser als solche, denen keine Ameise über den Weg gelaufen ist.
Bedauernswert sind nur die Pflanzenarten, die keinerlei Vorkehrung zur Verbreitung ihrer Samen getroffen haben. Unfähig zur Ortsveränderung, fest an ihrem Platz verwurzelt, sind sie jeder Umweltveränderung hilflos ausgeliefert und nicht in der Lage, mit Hilfe ihrer Samen in ein milderes Klima abzuwandern.

## *Eine unanständige und an Fettsucht leidende Palme*

Das riesige Samenkorn der Seychellenpalme *(Lodoicea)*, eingebettet in eine Frucht, die über zwanzig Kilogramm wiegt, kommt natürlich durch eigene Kraft nicht weiter als bis unter den Baum, von dem es stammt. Dieses an Fettsucht leidende Samenkorn sieht auch noch unanständig aus, wie die Bezeichnung »Negerinnenpopo«, die ihm wegen seiner suggestiven Gestalt anhängt, deutlich macht. Die Seychellenpalme ist ein echtes Kuriosum der Natur. Im Alter zwischen fünfzehn und dreißig Jahren beginnt sie erst mit der Produktion ihrer Samenkörner und läßt sie nach der Befruchtung weitere sieben Jahre reifen. Durch ihre Trägheit, ein großes Handikap in der biologischen Konkurrenz, geht diese Palme das Risiko ein, noch vor der »Pubertät« oder vor der Reife ihrer Nüsse durch Krankheit oder Unfall umzukommen. Die auffällige Form dieser Nüsse ebenso wie der Kerne unterstützt die allgemeine Annahme, sie seien ein wirksames Aphrodisiakum, entsprechend der Signaturenlehre, nach der die Pflanze ihre wirksamen Eigenschaften durch Gestalt, Farbe und Duft anzeigt. In diesem Falle waren die Zeichen nicht schwer zu entziffern: Sie konnten nur ein Hinweis auf die Geschlechtsorgane sein. Das ohnedies äußerst suggestive Samenkorn der Seychellenpalme, mit einem sogar richtig plazierten Haarbüschel, wird vollends zur Provokation, wenn ihm beim Keimen ein Organ aus dem Körper wächst, das an ein voll erigiertes männliches Glied erinnert.

Diese Palme wächst lediglich auf der kleinen Insel Praslin und auf dem benachbarten Inselchen Curieuse im Archipel der Seychellen. Dort ist sie auch 1768 von dem Franzosen Barre entdeckt worden. Trotzdem waren ihre Nüsse damals bereits im ganzen Orient im Umlauf, wo sie mit Gold aufgewogen wurden. Niemand wußte, woher sie kommen, niemand hatte jemals die Mutterpalme gesehen, und man nahm an, diese Nüsse stammten von Bäumen, die auf der Höhe der Malediven im Meer wachsen. Daher rührt auch der Name der Pflanze »coco de mer« (Meereskokosnuß), unter dem sie früher bekannt war.

Die Nuß ist so schwer, daß sie in frischem Zustand nicht auf dem Wasser schwimmt, was alle Möglichkeiten der Verbreitung durch die Meeresströme ausschließt. Darüber hinaus ist der

Baum eingeschlechtig, das heißt, es gibt männliche und weibliche Palmen. Die männliche Palme benimmt sich allerdings nicht weniger provozierend als ihr weiblicher Partner, wenn man sie nach ihrem riesigen kegelartigen Auswuchs beurteilt, der sich zur Zeit der Befruchtung aggressiv in die Höhe reckt. Indem die Natur diesen Bäumen, die isoliert und weit entfernt vom nächsten Festland wachsen, auch noch getrennte Geschlechter zuteilt, reduziert sie ihre Chance, sich außerhalb ihres heimatlichen Archipels verbreiten zu können, auf Null. Ihre Einbürgerung in einem anderen Territorium, angenommen ihre Nüsse würden trotz ihres Gewichts dorthin gelangen, wäre nur dann möglich, wenn zwei Kerne in mäßiger Entfernung voneinander keimen und einen männlichen und einen weiblichen Baum hervorbringen würden, um die erneute Befruchtung zu ermöglichen. Von allein wird solch ein Zufall niemals eintreten. Kurz und gut, diese Palme bleibt auf ihre Insel beschränkt, ihre Vergangenheit liegt im dunkeln, und ihre Zukunftschancen sind äußerst beschränkt, es sei denn, der Mensch würde sich einschalten, indem er die Palme beschützt oder in seine botanischen Gärten verpflanzt. Die Gegend, in der sie wild wächst, ist heute ein Naturschutzpark, was die Touristen, die die Seychellen besuchen, keineswegs davon abhält, einen »Negerinnenpopo« mitzunehmen.

Anhand dieses Beispiels enthüllt das Leben wieder eine seiner bekannten Launen, nämlich das Phänomen der übertriebenen und überflüssigen Entwicklung eines Organs oder eines Charakteristikums. Dadurch stellt sich allerdings auf die Dauer eine gefährliche Einseitigkeit ein, die die Art oder Gattung in eine Sackgasse führt. In der Zoologie gibt es dafür genügend Beispiele: So hindert das gewaltige und stark ausgeprägte Geweih den Hirsch beim Laufen und schwächt eine seiner Verteidigungsmöglichkeiten, nämlich die Flucht. Und die Schnake kann sich mit ihren überlangen Beinen nur ungeschickt und beschwerlich fortbewegen. Indem man die Beine behutsam verkürzt, verbessert man tatsächlich die Fortbewegungsmöglichkeit dieser Insekten, die gewissermaßen körperbehindert zur Welt kommen. Viele durch überentwickelte Organe benachteiligte Tierarten sind ausgestorben: Elefanten, die von der Größe ihrer Stoßzähne zu Boden gedrückt worden sind. Dinosaurier mit riesigen Auswüchsen am Schädel, Insekten mit gewaltigen Kiefern – wie Hirschkäfer.

Selbst der Mensch steht nicht zurück. Scheint sein Körper auch geschmeidig genug, um sich den verschiedensten Lebensbedingungen und Milieus anzupassen, so kann doch die Entwicklung seines Gehirns die Zukunft seiner Rasse erheblich gefährden. Dieser großartige Computer, der aus vierzehn Milliarden miteinander verbundenen Neuronen besteht, ist die außergewöhnlichste Maschine, die je im Universum erschaffen wurde. Dem Gehirn verdanken wir den sagenhaften Aufstieg in Wissenschaft und Technik, aber auch die Anhäufung tödlicher Waffen, durch die die Menschheit zum ersten Mal in ihrer Geschichte von der Selbstzerstörung bedroht ist. Denn das riesige Arsenal der Mordwaffen, das dem Gehirn der Ingenieure entsprungen ist, wird auf Befehl des Gehirns heute produziert und morgen vielleicht angewendet. Wird irgendein paranoider Narr, der unfähig ist, seine Denkmaschine zu regulieren, die Welt in den Untergang stürzen?

Das Überleben der Menschheit ist auf gefährliche Weise bedroht, weil es ihr bis jetzt noch nicht gelungen ist, dieses Organ, das die Einmaligkeit der Gattung ausmacht, zu disziplinieren und harmonisch mit seiner Umwelt zu koordinieren. Es ist ein Organ, in dem Habgier und Machtwille, uralte von unseren tierischen Vorfahren ererbte Triebe, zu kämpfen haben mit den intellektuellen und moralischen Überlegungen, die die Eigentümlichkeit des menschlichen Geistes sind. Keiner weiß, welche dieser Kräfte am Ende den Sieg davontragen wird.

Während der Mensch auf erstaunliche Art und Weise sein Gehirn entwickelt hat, schlägt die Palme, was die Entwicklung der Samen anbelangt, alle Rekorde. Das trifft nicht nur auf die Seychellenpalme zu; auch die einfache Kokosnuß enthält genügend Nahrungsreserven, um ein Pflänzchen zu ernähren und zu entwickeln, das über dreißig Zentimeter hoch wird, ehe es seine Wurzeln in die Erde gräbt. Eine derartige Anhäufung von Nahrungsreserven ist nicht nur ein Glück für diesen Keim, sondern auch für zahllose Menschen, für die die Kokosnuß Hauptbestandteil ihrer Nahrung ist. Diese Nahrung wird von der Natur auf das großzügigste angeboten, ohne daß wir Mühe oder Arbeit mit ihrem Anbau hätten. Von Kokospalmen heißt es übrigens, daß sie nur da wachsen, wo sie das Meer rauschen hören können. Tatsächlich findet man sie nie weiter als wenige Kilometer vom Strand entfernt, am Meeresufer recken sie ihre Hälse in Richtung Meer. Der Kokospalme, dem Schutzengel der Bevöl-

kerung aller tropischen Inseln und Strände, sollte man sich nur unter Einhaltung gewisser Vorsichtsmaßnahmen nähern: Bei Sturm sollte man sich nie unter den Baum stellen, denn mit ihrer Größe und ihrem Gewicht können die Blätter und Früchte den Unvorsichtigen, auf den sie fallen, erschlagen. Die Schale der Kokosnuß ist so hart, daß der Keimling sie niemals durchstoßen könnte. Er muß sich durch eines der drei Löcher schieben, die am Boden der Nuß gut zu sehen sind. Während der Keimzeit verbraucht er das Kokosfleisch, das sich aus der Kokosmilch bildet, mit der die Nuß zu Anfang gefüllt ist.
Die Kokosnuß kann dank der dicken und widerstandsfähigen Bastfasern, die ihre harte Schale umgeben, lange im Meerwasser schwimmen. Tatsächlich spielt das Meer die wichtigste Rolle bei der Verbreitung ihrer Samen. Es gibt nur wenige Samenkörner, die dem Angriff des Salzwassers standhalten. Wenn Pflanzen wie der Katappenbaum *(Terminalia catappa)* oder der Schönblattbaum *(Calophyllum inophyllum)* auf allen tropischen Stränden verbreitet sind, dann verdanken sie es der ungeheuren Widerstandskraft ihrer Samenkörner. Sie können ihre volle Keimfähigkeit über Monate im Meerwasser konservieren und auf dem Rücken der Ströme die Weltmeere überqueren.
Von der Pflanze zum Schutz gegen das Austrocknen erfunden, lernt das Samenkorn hier auch, dem Salzwasser zu widerstehen, und macht sich dieses sogar zum Verbündeten, der seine Verbreitung gewährleistet. Diese Samen erinnern uns entfernt an Meeressäugetiere, an Wale, Robben, Seelöwen und Delphine, die von Festlandtieren abstammen und zum Leben ihrer weit zurückliegenden Vorfahren, der Fische, wieder zurückgekehrt sind.

## *Die Hormone der Pollen*

Die Erfindung des Samenkorns bedeutet eine entscheidende Wende in der Geschichte der pflanzlichen Zivilisation. Dank des gegen Austrocknung gesicherten Samenkorns konnte sich die Blütenpflanze aus dem sumpfigen Gelände, in dem ihre Vorfahren gelebt haben, befreien und ihre Vorherrschaft auch auf dem trockenen Erdboden antreten. Die Tiere folgten ihnen auf der Suche nach Nahrung: Die eierlegenden Reptilien hatten es natürlich leichter als die froschartigen Tiere, deren Fortpflanzung ausschließlich im Wasser stattfinden kann. Letztere waren nicht in der Lage, den Pflanzen auf ihrer Wanderung über die Kontinente zu folgen und sich den neuen Lebensbedingungen anzupassen, und ihre große Zeit war damit vorüber. Das Zeitalter der Reptilien und das der Samenpflanzen begann. Zum selben Zeitpunkt entwickelten sich auch immer enger werdende Beziehungen zwischen Pflanze und Tier, was die Bestäubung der Blüten und Verbreitung der Samen betrifft.

Bestäubung und Fruchtbildung sind zwei eng miteinander verbundene Phänomene. Wie wir gesehen haben, spielen Blüten- und Staubblätter eine wichtige Rolle bei der Entscheidung, ob die Pollen durch Wind, Vögel, Insekten oder Wasser transportiert werden. Die weiblichen Organe der Blüte verhalten sich während dieser Zeit passiv. Sie beginnen erst dann mit dem Wachstum, wenn die Bestäubung erfolgreich war und die Staub- und Blütenblätter, die nun keinen weiteren Nutzen mehr haben, verwelken und abfallen. Die Entwicklung des Stempels wird in Gang gesetzt durch hormonelle Einflüsse, die auf das Eindringen des Pollenschlauches zurückzuführen sind. Es ist also der Pollen, der die Reifwerdung von Samenkorn und Frucht auslöst. Allerdings muß auch die Proportion der Pollenschläuche zu den Eizellen stimmen, wenn sich im Fruchtknoten eine größere Anzahl von Eizellen befindet, denn die Frucht bildet sich nicht richtig heraus, wenn nicht alle Eizellen befruchtet worden sind. Das trifft zum Beispiel zu bei den Hülsenfrüchten, bei denen einige Eizellen unbefruchtet bleiben und die Schote eine unregelmäßige Form annimmt, wie man es häufig bei Bohnen beobachten kann. Bei der Melone mit ihren zahllosen Samenanlagen muß schon eine große Anzahl von Eizellen befruchtet werden, ansonsten nimmt sie sonderbare und unregelmäßige Formen an und verkümmert mehr oder weniger. Deshalb setzt der Gärtner auch gerne die Melonenpflanzen in die Nähe von Bienenstöcken, um eine reichliche Bestäubung sicherzustellen und damit Früchte von guter Qualität zu erhalten.

In diesem Wettbewerb um die Bestäuber haben die zu ihrer Anlockung schlecht ausgerüsteten Blüten ein echtes Handikap. So zieht zum Beispiel die Magnolie, deren schöne Blütenblätter keinerlei Farb- oder Duftsignale anbieten, nur wenige Bestäuber an. Nur eine geringe Anzahl der Fruchtknoten wird befruchtet und

bildet kleine trockene Früchte, verstreut über der großen Hauptachse der Blüte, die sich total deformiert.
Die Samen- und Fruchtbildung ergibt sich also aus dem Besuch der Insekten oder anderer Bestäuber, der dem Leben der Blütenblätter und Staubfäden ein Ende setzt und die Entwicklung des Stempels in die Wege leitet. Der Stempel kann sogar bis zur Bestäubung im embryonalen Zustand verweilen – wie bei der Orchidee, bei der die Samenanlagen selbst noch gar nicht voll ausgebildet sind und als undifferenzierte zelluläre Masse erscheinen. Man trifft hier auf der höchsten Entwicklungsstufe der Pflanzen bei den Orchideen auf den Endpunkt einer Entwicklung, die zu immer kleineren Formen führt: Die Samenanlagen von Palmfarn und Ginkgo sind noch so groß wie Mirabellen, die Samenanlagen der Kiefer so groß wie ein Reiskorn, dagegen werden die Samenanlagen der Blütenpflanzen selten größer als ein oder zwei Millimeter, und die Entwicklung endet bei den embryonalen Samenanlagen der Orchideen, deren Größe nur ein hundertstel Millimeter beträgt. Im letzteren Fall bewirkt die Bestäubung nicht nur die Umwandlung der Samenanlage in ein Samenkorn, sondern auch die Bildung der Samenanlage selbst – gemäß dem klassischen Prinzip einer gesteigerten Effektivität durch eine immer geschicktere Kombination immer kleinerer Bauteile. Die Orchidee treibt die Materialeinsparung auf die Spitze, indem sie ihre Samenanlagen erst dann ausbildet, wenn sie wirklich zum Keimen bestimmt sind. Selbst das Samenkorn bleibt winzig und bedient sich zum Zeitpunkt der Keimung der Hilfe eines Pilzfadens, der ihm seine Nahrung aus der Erde zuführt, bis es selbst Wurzeln gebildet hat. Diese Samenkörner sind so klein, daß der Wind sie wegweht wie Staub. Trotzdem oder gerade deswegen hat sich die Orchidee explosionsartig wie ein Feuerwerk in über zwanzigtausend verschiedenen Arten verbreitet, während unsere Palme auf den Seychellen mit ihren riesigen Samen lediglich an die viertausend Bäume hervorbringt, verloren in einem Naturschutzpark auf einer Insel im Indischen Ozean.
Wenn die Samenkörner auch wichtig für die Verbreitung der Art sind, können sie doch in einer zum Verzehr bestimmten Frucht lästig werden. Man hilft sich also, indem man einen Kunstgriff der Natur kopiert und samenlose, das heißt kernlose, Früchte züchtet. Das läßt sich durch eine einfache Hormonzerstäubung auf den Blüten erreichen. Die Fruchtknoten bilden dann Früchte,

ohne befruchtet zu sein. Erfolgreich angewandt wurde diese Methode bei Tomate, Orange und Feige, die seitdem kernlose Früchte hervorbringen.

Man kann aber auch Samenkörner ohne Befruchtung züchten. Denn die Natur besteht gar nicht unbedingt auf einer Befruchtung, um ein Embryo oder eine neue Pflanze hervorzubringen. Die *Parthenogenese*, die in der Tierwelt seltene Jungfernzeugung, tritt in der Pflanzenwelt häufiger auf. Es genügt, wenn eine Zelle der Samenanlage anfängt, sich wie eine befruchtete Eizelle zu verhalten und einen Embryo bildet, ohne daß geschlechtliche Phänomene daran beteiligt wären. Zahllose Hybriden wären zum Tod durch Unfruchtbarkeit verurteilt, hätten sie nicht ihr Handikap durch die ungeschlechtliche Fortpflanzung überwunden. Der Löwenzahn ist ein ganz besonderer Experte in dieser Kunst; sein hübscher gelber Blütenkopf, der so anziehend wirkt auf Insekten, kommt auch ohne diese zurecht, denn die Pflanze kann sich gut durch Parthenogenese vermehren. Aber indem sie das Interesse von Insekten und Schmetterlingen auf sich zieht, lenkt sie diese von den umliegenden Pflanzen ab und verringert deren Chance, bestäubt zu werden. Auch eine Möglichkeit, die Entwicklung der Konkurrenten zu stören!

Es gibt auch Fälle, in denen eine Befruchtung ausgesprochen unerwünscht ist. Die Qualität der Gurke ist, falls diese als Resultat einer normalen Befruchtung zwischen männlicher und weiblicher Blüte zustande kommt, ausgesprochen erbärmlich. Doch wenn es der weiblichen Blüte gelingt, der Bestäubung zu entgehen, bringt sie durch Parthenogenese saftige schmackhafte Früchte hervor. Deshalb verhindert der Gärtner durch verschiedene geeignete Maßnahmen die Bestäubung.

## *Von Frucht zu Frucht*

Wie die Samenkörner weisen auch die Früchte die verschiedensten Formen auf. Der bedeutende englische Botaniker Corner, ehemaliger Direktor des botanischen Gartens in Singapur, glaubte in der Frucht des malaiischen Durianbaumes den Prototyp und das Modell der Frucht schlechthin entdeckt zu haben. Es handelt sich dabei um eine Art kleiner Melone, rundherum bespickt mit kräftigen konischen Stacheln, die sich zum Zeitpunkt der Reife selbsttätig von Stamm und Ästen des Baumes löst. Die Frucht des Durianbaumes öffnet sich mittels fünf fleischiger, aber zäher Fruchtklappen. Die großen Kerne liegen in einem dicken weichen Gewebe, das in Konsistenz und Geschmack einem fetten überreifen Käse ähnelt. Der Samenmantel, *Arillus* genannt, ist bei den Eingeborenen ebenso wie bei den Tieren sehr beliebt. Nachdem die Kerne den Verdauungstrakt der Tiere durchwandert haben, wird der Samen weiterverbreitet. Corner leitet alle Früchte von diesem tropischen Prototyp ab. So würde er die hübsch anzusehenden Früchte des afrikanischen Blighiabaumes dem Duriantyp zurechnen, wenn es sich auch um eine Miniaturausgabe mit glatter Schale handelt. Im grünen Laubwerk der Bäume wirken sie mit ihren zinnoberroten geöffneten Fruchtklappen über schwarz schimmernden, in orangefarbenes Fruchtfleisch eingebetteten Kernen wie kleine bunte Laternen. Das Gegenstück zu diesem tropischen Prototyp wäre unsere Roßkastanie, deren große Kerne ihren Samenmantel verloren, die Stacheln an der Schale jedoch beibehalten haben.

Primitive Früchte enthalten für gewöhnlich zahlreiche Samenkörner. Damit sie alle eine gute Chance der Verbreitung und Keimung haben, ist es nötig, daß sie sich frühzeitig von der Frucht lösen; die Frucht muß sich also öffnen können. Denn eine Frucht, die verfault, ohne sich zu öffnen, läßt alle ihre Samen auf ein und demselben Platz, was nach der Keimung einen lebhaften Konkurrenzkampf auslösen würde und eine fatale Verschwendung bedeutet. Die Natur gibt sich jedoch jede Mühe, den Neugeborenen einen guten Start zu geben und sie möglichst gleichmäßig über einen gewissen Raum zu verteilen. Diese Strategie der großflächigen Bewirtschaftung unterscheidet sich grundlegend von der der Menschen, die sich in ihren monströsen Städten zusammenballen, wo Aggressivität und Gewalt zunehmen, und zwar im direkten Verhältnis zur Bevölkerungsdichte. Die Natur setzt vielmehr alles daran, eine so effektive Streuung wie nur möglich zu garantieren und aggressive Konkurrenzkämpfe, die auftreten, wenn viele Samen auf dem gleichen Platz keimen, einzuschränken. Richtig verstandene Effektivität erfordert also keineswegs Konzentration um jeden Preis.

Zur Vermeidung solch unerwünschter Konzentration öffnen sich also die Früchte, die zahlreiche Samen enthalten, und entledigen sich ihrer gutverpackten und für den Transport durch

Wind und Tier entsprechend ausgerüsteten Kerne. Der fleischige süße Samenmantel spielt dabei die Rolle des Lockvogels. Darüber hinaus ist die Farbe ein ausgezeichnetes Werbemittel, und wenn wie bei einigen Arten der Samenmantel verschwindet, tritt die Samenschale an seine Stelle und zeigt sich in lebhaften Farben. Dies ist zum Beispiel bei der Paternostererbse, beim Spindelbaum und beim Kolabaum der Fall. Es kann auch vorkommen, daß die Frucht selbst Fruchtfleisch entwickelt. Dann benötigt der Kern weder seinen appetitlichen Samenmantel noch eine farbige Schale, da die Frucht sich nicht mehr öffnet, sondern als Ganzes Beute der Tiere wird. In diesem Fall haben wir es mit Beerenfrüchten – wie Weintraube und Johannisbeere – zu tun, deren Kerne durch die Eingeweide der Vögel wandern und während des Fluges mit deren Kot verstreut werden. Dieser Verkehrsweg beeinträchtigt in keiner Weise die Keimfähigkeit der Samen.
Einige sehr vorsorgliche Früchte warten erst gar nicht ab, verzehrt zu werden. Man weiß ja nie, ob die Tiere vielleicht gar keinen Appetit haben oder ganz ausbleiben! Die großen Früchte der Spritzgurke platzen richtiggehend auf, wenn sie sich von ihrem Stiel lösen, oder verspritzen ihren Inhalt auf den, der sie ernten will. Man hat sie deswegen auch »Eselsgurke« getauft. Beim Bilsenkraut und Gauchheil besteht die Frucht aus einer Kapsel, deren Deckel sich im Stadium der Reife öffnet und eine Unmenge wohlgeordneter Samen zum Vorschein bringt. Es wird behauptet, daß die Deckelform der Bilsenkrautkapsel die Form der Kalotte beeinflußt hat, jenes Käppchens, das die Juden in der Synagoge tragen und das von Bischöfen und Kardinälen kopiert worden ist. Ihres Käppchens beraubt, schütten diese Kapseln ihre Samen aufs Geratewohl auf die Erde.
Es kann auch vorkommen, daß sich die Außenwände des Fruchtknotens verdicken, erhärten und eine Frucht heranbilden, die nicht in der Lage ist, sich selbst zu öffnen. Die Natur in ihrer Logik zieht daraus ihre Konsequenzen und schließt nicht mehr als ein oder zwei Samen in dieser Frucht ein. Wäre es anders, wären wir wieder bei der bereits besprochenen Verschwendung angelangt, bei der die Samen gezwungen sind, sich im Augenblick der Keimung erbitterte Konkurrenzkämpfe zu liefern. Aber jetzt ist es nicht mehr der Same, sondern die Frucht selbst, die weitergetragen wird. Die Verkehrsmittel sind dieselben wie vorher: Es

gibt trockene Früchte, die sich im Fell von Tieren festsetzen – wie die kleinen Früchte des Labkrautes und des Benediktenkrautes, die sich, wenn man im Sommer über eine Wiese geht, an Strümpfen und Hosenbeinen festklammern –, sowie kleine Früchte, mit einem gefiederten Segel für den Wind bestückt – wie bei Anemone, Clematis und ganz besonders beim Löwenzahn, der geradezu ein Modell dieses Genres darstellt und seine Früchte mit einem Fallschirm über Land schickt – oder Früchte mit pergamentartigen Flügeln, die ebenfalls die Rolle eines Fallschirmes spielen – wie bei Ulme, Esche, Weißbuche, Ahorn und Linde. In einem höherentwickelten Stadium appelliert man wieder an den Appetit der Tiere, besonders an den der Vögel. Dazu muß die Reklametrommel kräftig gerührt und ein geeignetes Menü vorbereitet werden: Die Außenhaut des Fruchtknotens wird fleischig, der innere Teil bleibt holzartig und ergibt den Kern. Und schon haben wir die fleischige Frucht mit Kern, deren Prototyp Kirsche, Pflaume und Olive sind.

Wo die Natur ihre Samenkörner in eine harte Außenschale verpackt, läuft sie Gefahr, deren Keimung zu erschweren. Genau das ist die Schwierigkeit beim Samen des afrikanischen Veilchens, dessen harte Samenhaut dem Embryo im Wege ist, falls sie nicht, wie bereits erklärt, von der Ameise bearbeitet worden ist. Früchte mit zu hartem Kern haben genau das gleiche Problem.

Die *Calvaria maior* aus der Familie der Sapotengewächse ist zweifellos eine der seltensten Bäume der Welt. Es gibt nur noch einige wenige davon auf der Insel Mauritius, von denen die jüngsten um die dreihundert Jahre als sind. Nun weiß man, daß diese Bäume in Lebensgemeinschaft mit den Dodos lebten, jener Vogelart, die die Holländer bei ihrer Ankunft auf diesen Inseln, wo die großen Vögel ohne Feinde und Konkurrenten lebten, ausrotteten. Da sie weder fliegen noch schnell laufen konnten, waren sie eine leichte Beute für den Jagdinstinkt des Menschen. Der letzte Dodo wurde 1681 erlegt, und damit starb die Gattung aus. Man hat lange Zeit geglaubt, daß die Dodos die einzigen Lebewesen waren, die die Calvarie bestäuben konnten; aber die jüngsten Forschungen haben ergeben, daß diese Vögel ihr einen ganz anderen Dienst erwiesen: Bei Experimenten mit Truthähnen wurde festgestellt, daß die harten Früchte der Calvarie während ihres mehrtägigen Aufenthaltes in den Kaumägen dieser

Vögel weich werden. Einige Früchte werden wieder ausgeschieden und sind nun in der Lage zu keimen; ihre Schale ist durch die längere Einwirkung der Magensäfte aufgeweicht worden. Somit kann man wieder hoffen, daß die Calvarie doch noch gerettet wird, deren Schicksal so eng mit der Ernährung der Dodos verbunden war, daß sie dazu verdammt schienen, ihnen alsbald in den Tod nachzufolgen.
Dies ist zumindest die These, die an amerikanischen Universitäten vertreten wird. In Frankreich jedoch, wo die Flora der Insel Mauritius ebenfalls auf das genaueste studiert wird, hat sie einige Zweifel hervorgerufen. Zuerst wurde festgestellt, daß ab und zu doch noch eine Frucht der Calvarie zu keimen beginnt. Es ist zwar selten, aber es kommt vor, und daraus schließt man, nicht ohne Schadenfreude, daß es noch Dodos auf Mauritius geben müßte, sollte diese These der Wahrheit entsprechen. Ganz offensichtlich gibt es aber keine Dodos mehr. Doch der Mensch hat nicht nur die Dodos ausgerottet, er hat auch noch die Makaken, meerkatzenartige Affen, auf der Insel eingeführt, die schnell überhandgenommen haben und eine ernsthafte Gefahr für die einheimische Vegetation darstellen, weil sie diese munter verschlingen und verwüsten. Die Früchte der Calvarie sind Bestandteil ihrer Nahrung. Daraus könnte man folgern, daß dieser Baum durch die massive Vernichtung seiner Samen immer seltener wurde.
Es ist gut möglich, daß in dieser Angelegenheit jeder ein bißchen recht hat. Das Resultat jedenfalls ist klar: Das Verschwinden der Dodos sowie die Invasion der Makaken scheinen für die Zukunft der Calvarie, deren viel zu harte Früchte nicht selbsttätig keimen können, eine tödliche Gefahr zu sein.
Das wiederum beweist, daß ein zu starker Schutz des Embryos mindestens genauso riskant ist wie ein zu schwacher. Embryos sind wie kleine Kinder: Um ihnen ein Maximum an Chancen zu sichern, muß man ihnen genügend Schutz angedeihen lassen und ihnen alle Arten Sicherheit bieten, die unerläßlich sind für ihre Entwicklung. Nur, ein Zuviel bringt ihre Persönlichkeit zum Ersticken und macht ihre Entfaltung zu einem autonomen und erwachsenen Wesen unmöglich. Leben heißt, einen mittleren Kurs steuern und zwischen den Gegensätzen sein Gleichgewicht finden.

## *Die Miniaturisierung der Früchte*

Die Größe der Frucht hat nicht unbedingt etwas mit der Größe der Pflanze, von der sie stammt, zu tun. Die Melone und der Kürbis wachsen an Kriechgewächsen, zum Glück, denn dadurch bleibt es diesen erspart, derart monströse Früchte auch noch zu tragen. Andererseits produziert der indische Banyanbaum, mit seinen stelzenhaften Luftwurzeln einer der größten Bäume der Welt, die kleinsten bekannten Früchte.

Diejenigen Früchte, die nur ein einziges Samenkorn enthalten, reihen sich ein in die perfekte Logik der »Innovationen« in der Pflanzenwelt. Angefangen hat es mit einer großen Blüte, die eine große Frucht mit zahlreichen Samenkörnern gebildet hat. Dann ging die Evolution dazu über, die Größe der Blüten zu reduzieren und sie in dichten Gruppen, den Blütenständen, zusammenzufassen. Diese vielen kleinen Blüten bilden natürlich auch viele Früchte, die für gewöhnlich nur ein Samenkorn besitzen. Die Gesamtzahl der Samen wird dadurch nicht unbedingt verändert, aber die Vielzahl der Blüten bietet eine größere Chance für die Bestäubung, weil sie um so mehr Insekten anzieht, welche die in Abständen aufblühenden Blüten der Reihe nach besuchen. Wenn auch nicht alle bestäubt werden, ist der Schaden immer noch nicht so groß, als wenn eine große Blüte mit vielen Samen nicht bestäubt wird, was als empfindlicher Verlust zu Buche schlagen würde. Dazu kommt noch, daß kleine Früchte und kleine Samen größere Chancen haben, von Wind oder Tieren verbreitet zu werden. Die Natur macht es wie ein guter Glücksspieler: Sie setzt lieber auf mehrere Karten gleichzeitig. Damit schaltet sie die Risiken weitgehend aus und läßt sich, was auch immer geschieht, eine Hintertür offen. Es ist schon erstaunlich: In dem Maße, wie die Evolution Fortschritte macht und neuartige Verfahren und Systeme erfindet, vereinfacht sie auch die Grundstrukturen und macht sie funktioneller.

Ebenso sind die Elektronenrechner und die kompliziertesten Computer das Ergebnis einer Summierung und Kombination von Grundstrukturen, die fortlaufend verkleinert werden, aber in immer größerer Anzahl miteinander verbunden sind. Je mehr sich elementare Bausteine vereinfachen, desto zahlreicher werden die Kombinationen untereinander.

Mit dem Auftauchen von Samen und Früchten sind die Tiere in

das Leben der Pflanzen eingetreten, und damit begann eine lange gemeinsame Entwicklung. Es fing damit an, daß sie die großen Samenanlagen des Palmfarns, des Ginkgos und deren Artgenossen aus vorgeschichtlichen Zeiten auf dem Erdboden verteilten. Später, als die Pflanze sich entwickelte und die Bestäubung der Samenbildung vorangestellt wurde, wirkten die Tiere auch hierbei mit, und es setzte eine Art Spezialisierung ein: Die Insekten spezialisierten sich auf die Bestäubung, während die höherentwickelten Tiere – Vögel und Säugetiere – die Verbreitung des Samens übernahmen. Die Fauna entwickelte sich immer im Zusammenhang mit der Flora. Darüber hinaus boten die Blütenbäume den Tieren Schutz, bereicherten ihre Umwelt und verbesserten ihre Lebensbedingungen. Die üppige Vegetation in den Tropen zog schon bald eine Vermehrung der Tierarten nach sich, gegen die sich die Pflanzen zur Wehr setzen mußten, denn ihre Verbündeten wurden ihnen schließlich zu gefräßig. Also entwickelten sie alle möglichen Strategien zur Tarnung und Abschreckung, um die Mitwirkung der Tiere ausschließlich auf erlaubte Sektoren zu begrenzen, nämlich auf die Bestäubung und auf die Verteilung der reifen Früchte und Samen. Zum Beispiel mußten junge Blütenknospen und unreife Früchte vor der Gefräßigkeit der Tiere geschützt werden. Sie tarnten sich, indem sie die Farbe Grün annahmen, eine unauffällige Farbe, die in der übrigen Vegetation mit dem Hintergrund verschmilzt. Die Färbung der Blüten und Früchte, die Ausscheidung von Nektar und Düften, das Angebot an fleischigen und saftigen Früchten tritt erst bei der Reife an, wenn der Besuch der Tiere zweckmäßig und erwünscht ist. Ebenso öffnen sich die Früchte erst, wenn sie reif sind, und geben dann ihre Samenkörner im richtigen Moment preis. Auch die Wahl der Farbe ist zweckgebunden: Die Blüten vermeiden Rot, weil die meisten bestäubenden Insekten nicht auf diese Farbe reagieren. Die Früchte dagegen, die sich den Vögeln als Lockspeise anbieten, färben sich mit Vorliebe rot, weil der Vogel die Farben sieht wie wir. Gleichzeitig schließen sie ihre Samen in harte, unangreifbare Steinkerne ein, die die Vögel nicht aufpicken können, oder in winzige Kerne, die von ihnen unzerkaut verschluckt werden. In beiden Fällen werden die Kerne mit den Exkrementen ausgeschieden, unversehrt, aber etwas aufgeweicht. Der Vogel ist nicht länger Nutznießer, sondern Verbündeter der Pflanze. Er frißt die reife Frucht, verbreitet dann aber den Samen. Es handelt sich hier um einen ähnlichen Austausch, wie ihn auch schon die Blüte entwickelt hat. Diese bietet dem Insekt ihren Nektar an und beauftragt es dann mit der Verteilung ihrer Pollen.

Um eine vorzeitige Intervention der Tiere auszuschließen, bedient sich die grüne Frucht zu ihrer Tarnung noch eines chemischen Abwehrsystems. Sie bildet verschiedene Substanzen von scharfem und üblem Geschmack. Dadurch vergrößern sich in hohem Maße ihre Chancen, zur Reifung zu gelangen. Die Säuren und Gerbstoffe halten das Tier von der Frucht fern, sie verschwinden erst wieder zum Ende des Reifungsprozesses. Diese chemische Abwehr trat an die Stelle der Rüstungen und Panzer, mit denen die primitiven Früchte umgeben waren. Die »modernen« Früchte brauchen sich nicht mehr mit Nadeln zu panzern oder mit Stacheln zu spicken – wie die Früchte des Durianbaumes und seiner artverwandten Vorfahren. Sie haben die modernen Waffen des chemischen Krieges erfunden, die sie allerdings nur zur Verteidigung, nie zum Angriff gebrauchen. Ohne diese Tarn- und Abwehrsysteme hätten die jungen Früchte nicht die geringste Überlebenschance. Vogel und Insekt sind – als künstliche Befruchter bei der Bestäubung und als Geburtshelfer, die der Mutterpflanze Samen und Frucht entreißen – natürliche Verbündete der Blüte und ihrer Nachkommenschaft geworden. In den Tropen spielen sie diese Rolle nahezu allein, während in kalten und gemäßigten Regionen, wo die Tiere nicht so zahlreich sind und unter den strengen Wintern leiden, diese Aufgabe teilweise vom Wind übernommen wird. Dieser spielt hier eine viel wichtigere Rolle als in den tropischen Urwäldern, wo Pflanze und Tier eine weitaus engere Lebensgemeinschaft eingehen, wo das Leben wimmelt und üppig wuchert unter dem fruchtbaren Atem der Sonne.

## 12. Kapitel

# Sozialisation der Blüten

### *Eine elegante Lösung für den Größenwahn*

Die ersten Blüten tauchten in den tropischen Regenwäldern auf, wo sich die biologische Evolution seit Urzeiten ohne Zwischenfälle in einem so gut wie unveränderten Klima vollzogen hat. Diese Kontinuität und Entfaltung des Evolutionsprozesses über eine sehr lange Zeit hinweg hatte eine Perfektion der mannigfachsten Formen und Systeme zur Folge, daher auch der außergewöhnliche Reichtum von Fauna und Flora in den Tropen. Über die Vorgänge, die dazu führten, daß die Blütenpflanzen nach und nach an die Stelle von heute längst verschwundenen pflanzlichen Fossilien traten, weiß man nur sehr wenig. Darwin nennt es »ein ungeheuerliches Mysterium« im unauslotbaren Dunkel der botanischen Geschichte.

### *Die Miniaturisierung der Blüten*

Man weiß allenfalls, daß die ersten Blüten robust waren und auf kräftigen Zweigen saßen – wie in der Familie der Magnolien, auf die man immer wieder zurückgreift, wenn es um die ältesten Blüten geht. Die Magnolienblüte ist eigentlich ein Zwischending zwischen einem Tannenzapfen und einer modernen Blüte. Sie ist eine einfache Verlängerung des Stengels mit Blättern, die sich gefärbt und zu einer Blütenhülle umgewandelt haben. Kelch- und Blütenblätter sind nicht voneinander zu unterscheiden, da sie die gleiche Farbe haben: Violett, Rosa oder Weiß. Darauf folgen zahlreiche Staubblätter, spiralförmig auf der senkrechten Blütenachse angeordnet, die an ihrem äußeren Ende zahlreiche Fruchtknoten trägt, in denen die Samenanlagen eingeschlossen sind.

Von diesem Prototyp ausgehend, wird die Blüte zunehmend einfacher: Ein grüner Kelch zeichnet sich deutlich von der farbigen Blütenkrone ab. Die Staubblätter reduzieren sich zu einer bestimmten Anzahl, die Fruchtknoten wachsen zu einem einzigen Organ zusammen, die Anzahl der Samenanlagen verringert sich, und die Blüte nimmt bescheidenere Dimensionen an. Kurz, im Laufe der Evolution verkleinern sich Knospe und Blüte. Dabei verringert sich der Einfluß der Knospe über den Zweig, der sie trägt, ein Einfluß, mit dem sie den unter ihr sitzenden Knospen ihre Vorrangstellung demonstriert und deren Wachstum gehemmt hatte. Denn die Pflanzenwelt kennt sehr wohl die strikten Hierarchien und Machtsysteme, die auch tierische und menschliche Gesellschaften charakterisieren. Die Knospen eines Zweiges entwickeln sich nicht nach Belieben: Die Hauptknospe dominiert und diktiert ihren Artgenossinnen ihr Gesetz wie ein Bandenchef. Nur wenn sie geschwächt ist, werden die Unterdrückten versuchen, die Macht an sich zu reißen und sich zu rächen. Denn die Natur fürchtet nichts so sehr wie eine leere Stelle, und die nächsten stehen immer schon bereit, um die begehrte Stellung der Dominierenden einzunehmen.

Als die Hauptknospe kleiner wurde und ihre Vorrangstellung aufgab, konnten auch die kleinen, an weniger günstigen Stellen sitzenden und in Blattwinkeln schlafenden Knospen ihre Chancen wahrnehmen und aufblühen. Gleichzeitig verkleinerten sich die Blätter und Stiele, an denen sie saßen. Durch diese doppelte Tendenz zur Verkleinerung der Blüten und zu ihrer Ansammlung am äußeren Ende der Zweige bildeten sich dichte Blütengruppen, deren einfachstes Modell die Ähre ist. All die kleinen Blüten sind dichtgedrängt auf ein und demselben Sproß angeordnet und verlieren ihren Blütenstiel. Bei der Getreideähre vereinfacht sich die Blüte dermaßen, daß sie sogar ihre Blütenblätter verliert, so daß die Insekten ausbleiben und sie den Wind für den Pollentransport benutzen muß. Die Aronstabgewächse verwandeln ihre noch kleineren Blüten auf die gleiche Weise. Sie haben jedoch eine besonders geschickte Strategie entwickelt: Ein ziemlich großes, attraktives, farbiges Blatt umgibt den Kolben; das Ganze sieht aus wie eine große Blüte, ist in Wirklichkeit aber nichts anderes als eine Vielzahl winzig kleiner Blüten, umgeben von einem gewaltigen und attraktiven Werbeträger, den die Blüten wie eine Fahne hissen.

In einigen botanischen Familien, zum Beispiel bei den Liliengewächsen, zeichnet sich allerdings eine gegenläufige Bewegung ab. Die Blütenzahl reduziert sich, während die Blütengröße wieder zunimmt. Die »Lilien auf dem Felde« aus dem Matthäus-Evangelium sind Affodillen mit zahlreichen kleinen weißen Blüten. Diese Blume ist zur Frühlingszeit im gesamten Mittelmeerraum sehr verbreitet. Die Weiße Lilie, die gern in Gärten angepflanzt wird und Madonnenstatuen ziert, weil sie das Symbol der Reinheit ist, hat weniger, dafür aber größere Blüten von einem strahlenden Weiß. Die Kaiserkrone *(Fritillaria)*, engverwandt mit der Lilie, hat noch weniger Blüten, und die Tulpe hat schließlich nur noch eine einzige große Blüte – wie die Osterglocke und verschiedene Irisarten. Und hiermit sind wir wieder am Ausgangspunkt angelangt: von der großen Einzelblüte über eine Anhäufung vieler kleiner Blüten zurück zur Einzelblüte. Erlaubt die Natur sich einen schlechten Scherz, und will sie uns aus der Fassung bringen, indem sie sonderbare Wege geht, die wir nicht verstehen? Diese zweite Entwicklungslinie ist ziemlich außergewöhnlich, während der Übergang von großen Einzelblüten vom Typ Magnolie, Seerose, Lotosblume und Anemone zu zahlreichen kleinen Blüten sich in der überwiegenden Mehrzahl der evolutionären Entwicklungsreihen zu bestätigen scheint: ein klassischer Prozeß der Miniaturisierung, der bei höherentwickelten Pflanzen die Regel zu sein scheint und zu den erstaunlichsten Auswüchsen führen kann.

In der Familie der Wasserlinse erreicht diese Miniaturisierung ihren Höhepunkt. Diese grünen Linsen bilden große Kolonien auf stehenden Gewässern oder an ruhigen Wasserläufen. Die Pflanze wird nicht größer als zwei bis drei Millimeter, was eine vage Vorstellung von der Größe ihrer Blüte gibt. Doch die Zwerglinse übertrifft sie noch: Sie ist die kleinste bekannte Blütenpflanze und wird nicht größer als 0,5 Millimeter. Sie bildet eine Art grüner Körnchen – ohne Wurzeln, ohne Gefäße, ohne Blätter –, und man fragt sich, wie sie sich eigentlich fortpflanzt. Sie blüht äußerst selten, und ihre Blüten sind mikroskopisch klein. Als

Wasserpflanze könnte man sie fast eine Alge nennen: eine blühende Alge mit einem einzelnen Staubblatt und einem winzigen Fruchtknoten, der nur eine einzige Eizelle beinhaltet! Aparterweise wächst diese Pflanze zuweilen in der Nähe der Königlichen Seerose, der riesigen Seerose des Amazonas. Die Natur vereint hier wieder einmal die Extreme zu einer wunderbaren Komposition, deren Rezept nur sie allein kennt.
Die Miniaturisierung der Blüten und ihre anschließende Zusammenfassung in Blütenständen scheint ein Grundgesetz der Natur zu sein: In einer ersten Etappe erduldet die Blüte jede nur erdenkliche Reduzierung und erreicht einen Grad der Einfachheit, der nicht mehr zu überbieten ist; gleichzeitig gruppiert sie sich mit ihren Nachbarblüten zu dichten Blütenständen. Dann setzt ein neuer Prozeß ein, ein Prozeß der Verdichtung und Konzentration, durch den sich dieser Blütenstand zurückbildet und sich vereinfacht, bis er schließlich wieder einer einfachen Blüte ähnelt. Die Natur spielt mit ihren Zyklen: Von der Blüte zum Blütenstand, dann vom Blütenstand zurück zur Blüte, ein mysteriöser Mechanismus, dessen Sinn wir wahrscheinlich nie begreifen werden.

## *Neue Fortschritte in der Arbeitsteilung*

Die Blütenstände unterteilen ihre Blüten; die Außenblüten vergrößern ihre Blütenkrone, die anderen verkleinern sie. Wir erleben eine Neuverteilung der Arbeit unter den Blüten. Jede einzelne spezialisiert sich auf eine ganz bestimmte Aufgabe in Anlehnung an den Bauplan der Einzelblüten. Die Außenblüten täuschen eine Blütenkrone vor und haben, wie es scheint, keine andere Funktion, als das bestäubende Insekt auf den Blütenstand zu locken, denn ihre Fortpflanzungsorgane verkümmern für gewöhnlich, so daß diese Blüten unfruchtbar werden. Im Gegensatz dazu verzichten die zentral gelegenen Blüten auf die Bildung einer Blütenkrone und konzentrieren sich ganz auf ihre Fortpflanzungsorgane. Sie sorgen also in erster Linie für die Fortpflanzung. Dieses Phänomen kann man bei zahlreichen Pflanzenfamilien beobachten, und zwar immer dann, wenn die Blüten zur Bildung eines dichten Blütenstandes neigen. So erkennen wir zum Beispiel beim Steinkraut, das die hübschen Einfassungen unserer Steingärten bildet, eine ausgeprägte Asymmetrie in den äußeren Blüten. Der Großteil der Doldengewächse macht es ebenso. Man erkennt sie auf den ersten Blick an ihren großen Blütenständen, wo jede Einzelblüte wie ein kleiner Regen- oder Sonnenschirm am Ende eines dünnen Stielchens sitzt. Die äußeren Blüten der Dolde unseres Bärenklaus oder des kaukasischen Riesenbärenklaus – mit drei Metern Höhe der größte Doldenblütler – werden durch das Wachstum der Randblütenblätter auf einmal asymmetrisch. Beim Breitsamen, einer wunderschönen Doldenpflanze Mitteleuropas, tritt dieses Phänomen besonders deutlich zutage, ebenso wie beim Schneeball, diesem dekorativen Gartenstrauch. Trotzdem behält auch bei ihnen jede Blüte ihre Individualität, ihre eigene Persönlichkeit bei. Aber der entfaltete Blütenstand ordnet seine zahlreichen kleinen Blüten wie zu einem Spitzenbett, das bereit ist, den Schmetterling für die Hochzeitsnacht zu empfangen. Die Wilde Karotte ist ein besonders gutes Beispiel für diese Dolden mit ihrer sozialen, um nicht zu sagen sozialistischen Blütengesellschaft.

Diese sozialisierende Tendenz der Evolution erreicht ihren Höhepunkt bei den Korbblütlern, der größten und einer der jüngsten Familien unter den Blütenpflanzen. Ihr Ursprung reicht nicht weiter als dreißig Millionen Jahre zurück, und das heißt in der Botanik soviel wie bis gestern. Die Margerite oder Wucherblume ist der Prototyp der Korbblütler und ein Beispiel dafür, was die Evolution hervorzubringen vermag, wenn sie ein Prinzip immer weiter vervollkommnet. Die einzelnen Blüten sind winzig. Sie schmiegen sich eng aneinander und bilden die große »Blüte«, die wir kennen. In Wirklichkeit ist die Margerite eigentlich ein Blütenstand, der einer Blüte zum Verwechseln ähnlich sieht. Zahlreiche kleine grüne Schutzblätter, die einen Kelch vortäuschen, umgeben den Blütenstand; als geschlossener Kelch schützen diese Blätter die Knospe und entfalten sich erst beim Aufblühen. Mit ihnen kommen die äußeren Blüten zum Vorschein, deren Blütenkrone aus länglichen, weißen, nach außen gerichteten Zungen besteht, die man leicht mit echten Blütenblättern verwechselt. Diese Blätter zupfen wir aus, wenn wir das Blumenorakel mit den Worten: »Er liebt mich, von Herzen, mit Schmerzen, ein wenig, gar nicht« befragen.

In der Mitte entdecken wir einen dichten Teppich winziger gelber Blüten. So eng aneinandergedrängt sind sie eine einzige blühende Fläche. Aber jede einzelne Blütenkrone besteht aus einem langen schmalen Röhrchen, in dem versteckt fünf winzige, zu einem Schaft verwachsene Staubblätter liegen, der durch Griffel und Narbe des Fruchtknotens hindurchgeht. Die Blüten entfalten sich nicht alle zur gleichen Zeit. Die äußeren öffnen sich zuerst und sind ihrer Funktion nach zuerst nur männlich, solange die in der Mitte liegenden noch geschlossen sind. Erst wenn sich die inneren Blüten öffnen, erreichen die äußeren das weibliche Stadium, während die inneren in das männliche Stadium eintreten. Wir haben es dann mit einer »umgekehrten« Blüte zu tun: Ihre männlichen Elemente befinden sich in der Mitte, ihre weiblichen außen, was bei einer »normalen« Blüte nie vorkommt. Und doch ähnelt das Ganze einer Einzelblüte mit all ihren Teilen und Funktionen.

Die Margerite stellt eine perfekte Gesellschaft dar, innerhalb derer jede Blüte ihren gerechten Anteil an Nahrung erhält und nicht versucht, sich über ihre Nachbarin zu erheben, um bessere Chancen bei den Insekten zu haben. Es ist eine ausgewogene friedliche Gesellschaft voller Harmonie, in der sich niemand auf die Zehen steigt, weil jeder einzelne die strenge Gruppendisziplin akzeptiert.

Man fragt sich, warum die Sozialisten die Margerite nicht als ihr Emblem gewählt haben. Gewiß, ihr Name könnte zur Stunde des militanten Feminismus veraltet wirken, darüber hinaus sind Politiker keine Botaniker, und schließlich gibt es auch keine roten Margeriten. Die Gerbera, ihre Zwillingsschwester, hätte jedoch für sie einspringen können. Allerdings nicht die hübsche rosarote Gerbera, die zu sehr an die bleichen Farben der Sozialdemokraten erinnern würde, wohl aber die leuchtendrote Gerbera, der nur noch die Stacheln fehlen. Doch was würde das schon ausmachen, da es der politischen Sprache nicht an Stacheln mangelt.

## *Vom Organismus zur sozialen Gesellschaft*

Die Struktur der Korbblütler erinnert an die Lebensweise und die Organisationsformen staatenbildender Insekten. Die Ähnlichkeit ist frappierend, vergleicht man zum Beispiel die röhrenförmigen Blüten, die enggedrängt auf dem Blütenboden einer

Margerite sitzen, mit den Waben eines Wespennestes: haargenau die gleiche Anordnung, die gleiche dichte Konzentration. Darüber hinaus sind im Wespennest wie im Blütenköpfchen gewisse Elemente geschlossen (nicht aufgeblühte Blüten, bedeckte Waben), andere wieder offen. Die Ähnlichkeit ist um so erstaunlicher, als es sich einmal um die Blüten eines Individuums (Margerite), das andere Mal um die Individuen einer Gruppe (Wespennest) handelt. Der Vergleich ließe sich ausweiten auf unsere Wohnhochhäuser, in denen jedes Appartement einer Wabe gleichkommt und das ganze Haus einem wimmelnden Bienenstock.

Von der Einzelblüte zum Korbblütler, vom Obdach der Insekten zum Bienenstock, vom Bauernhaus zum Hochhaus, überall, bei Pflanze, Insekt und Mensch, zeichnet sich die Tendenz zur Zusammenballung, zur Gemeinschaftsorganisation und zur Sozialisation ab. Zweideutig wie alles in der Biologie, erscheint sie einigen, wie zum Beispiel Teilhard de Chardin, als verheißungsvoll. Sie sehen darin das Zeichen der endgültigen Einheit und Versöhnung der Elemente, jener Elemente, die den »Stoff« des Universums ausmachen. Anderen, die die unheilvollen Auswirkungen der Anonymität und des Kollektivismus fürchten, erscheint sie bedenklich und erinnert sie an Konzentrationslager.

Aber das Leben korrigiert sich auch wieder: Nach der Verstädterung und dem Leben in Hochhäusern kehrt der Mensch heute wieder zu bescheideneren Dimensionen zurück, in denen es mehr Freiheit, Raum und Luft für den einzelnen gibt. Die Korbblütler machen es ebenso: Sie verkleinern ihren Blütenstand, bis er in Größe und Aussehen wieder einer Einzelblüte gleicht.

Die oft bewunderte Ähnlichkeit zwischen dem Köpfchen der Korbblütler und einer einfachen Blüte ist eine klassische Falle der Botanik. Hat der Korbblütler viele Außenblüten mit großer Blütenkrone und farbigen Zungen, ähnelt er einer unregelmäßigen Blüte mit vielen Blütenblättern – wie der Mittagsblume. Wenn sich hingegen seine Außenblüten bis auf fünf zurückbilden – wie bei den kleinen Blütenköpfchen der Schafgarbe oder des Franzosenkrauts –, ähneln sie eher der klassischen Blüte mit fünf Blütenblättern. Und wenn sich obendrein die Röhrenblüten in der Mitte auf fünf reduzieren, erwecken sie den Eindruck von Staubblättern. Das ist der Fall bei einem hübschen purpurroten Korbblütler aus den Alpen, dem Roten Hasenlattich, der auf einzigartige Weise einer klassischen Blüte mit fünf Blüten- und fünf Staubblättern gleicht. So lichten die Korbblütler, nachdem sie sich bemüht haben, zahlreiche Blüten auf engstem Raum zu vereinigen, ihre Reihen wieder, vereinfachen ihren Bauplan und kehren zurück zur Einzelblüte. Von diesem Nebeneinander weiterführender und rückläufiger Tendenzen liefert die Natur uns viele Beispiele.

Der Aufbau des Blütenstandes bei den Korbblütlern verdeutlicht das grundlegende Gesetz der Evolution, wonach sich der Trend zur Arbeitsteilung entsprechend der Perfektionierung des Individuums und der Gesellschaft ausprägt.

Zuerst gab es nur Individuen: Die ersten Lebewesen, am Ursprung des Lebens im Ozean geboren, bestanden aus einer einzigen Zelle mit amorphem Inhalt. Im Verlauf von Milliarden von Jahren entwickelten sich die primitiven Lebewesen, bis sie die »modernen« Zellen bildeten, in denen winzige Teile präzise die ihnen zugeteilten Aufgaben ausführen. Die Membrane filtert die Nahrung: Das ist die Warenannahme. Der Kern enthält in seinen Chromosomen das gesamte Programm der kleinen Zellfabrik: Das ist der Zentralrechner. Die Ribosomen erzeugen die lebende Materie, die die Zelle für ihr Wachstum braucht: Sie sind die Produktionswerkstätten. Die Mitochondrien füllen die Batterien auf: Sie sind die Energiegeneratoren. In den Vakuolen werden die Reserven gestapelt: Das sind die Lagerhallen. Das Ergastoplasma entgiftet und vernichtet die Abfälle, wie dies die Leber im Organismus tut: Das ist die Kläranlage der Fabrik.

Dann sozialisieren sich die Zellen: Einzeller werden zu Vielzellern. Es bilden sich Gewebe und Organe, von denen jedes eine ganz bestimmte Rolle übernimmt: Gehirn, Herz, Niere, Leber. Oder bei den Pflanzen: Wurzeln, Stamm, Stengel, Blätter und Blüten. Der Organismus wird zu einem komplexen Mechanismus mit präzise ausgewogenen Funktionen, der zu den brillantesten Leistungen fähig ist.

Vom individuellen Organismus zur sozialen »Organisation« ist es kein allzugroßer Schritt, denn die »Sozialkörperschaft« bildet ihrerseits gemäß dem Gesetz der Teilung und Zuteilung der Arbeit ihre Organe aus. Jedes übernimmt die ihm zugeteilte Aufgabe – zum Nutzen der Allgemeinheit. Je komplexer die Organisation der Gesellschaft wird, desto deutlicher werden diese Phänomene.

Autarkie findet man nur bei primitiven Gruppen oder in frühen Entwicklungsstadien der Lebensformen, zum Beispiel dort, wo alle sozialen Einheiten, die Familien, Stämme und Dörfer, allein die Bedürfnisse ihrer Mitglieder befriedigen, oder bei Ausnahmeindividuen, die selbst für alle ihre Bedürfnisse sorgen. Autark sind auch die Einzeller pflanzlichen oder tierischen Ursprungs, die schon sehr früh in der Geschichte des Lebens die Meere und später die Kontinente bevölkert haben. Autark ist schließlich auch die Einzelblüte: Mit ihren Kelchblättern schützt sie ihre Knospen, mit ihren Blütenblättern lockt sie Insekten an, mit ihren Staubblättern produziert sie Pollen, und mit ihrem Stempel sichert sie ihre Fortpflanzung.
Selbst in unseren Dörfern trifft man noch zuweilen auf angesehene alte Leute, die alles selber machen können: Sie bebauen ihr Stückchen Land, flechten ihre Körbe, bessern ihre Stühle aus, backen Brot, reparieren Uhren und kennen ihre alten Hausmittel: Menschen von gestern, die am Rande der Industriegesellschaft leben und für die Begriffe wie Produktivität und Rentabilität keinen Sinn haben. Ob sie wohl Sinn hatten für die Handwerksburschen im Mittelalter, die Jahre ihres Lebens für die Herstellung eines Meisterstückes opferten oder ein ganzes Leben lang an einer Kathedrale bauten?
Geht eine dörfliche und bäuerliche Gesellschaft jedoch über in eine städtische und industrielle Welt, verteilen sich die Aufgaben innerhalb dieses größeren Komplexes auch anders. Es ist kein Platz mehr da für Vielseitigkeit, die Parole heißt Spezialisierung. Nur einige Künstler und Handwerker bewahren sich das Privileg, nach ihrem Belieben und gemäß ihrer Inspiration Gegenstände oder Werke ihrer Wahl zu ersinnen und mit ihren Händen herzustellen. Doch der Großteil der Arbeiter wird durch das Rentabilitäts- und Fortschrittsdenken verdammt zu stumpfsinniger und ständiger Wiederholung einfacher Handgriffe, wofür die Fließbandarbeit das treffendste Beispiel ist.
Die Einzelblüte läßt sich mit dem vielseitigen Menschen früherer Tage vergleichen. Das Köpfchen der Korbblütler hingegen erinnert an den modernen Industriemenschen. Seine Blüten werden, wenn man so will, zu Spezialisten: Die äußeren Blüten werden unfruchtbar und locken nur noch Insekten an, während sich die Blüten in der Mitte auf ihre Fortpflanzungsfunktionen spezialisieren. Man könnte sagen, der Großteil der Blüten arbeitet noch

auf handwerklicher Basis, nur der Blütenstand befindet sich bereits im Stadium der Industrialisierung und Rationalisierung. Das Insekt, das von Blüte zu Blüte fliegt, bestäubt jedesmal nur eine einzige Blüte. Doch wenn es das Köpfchen eines Korbblütlers anfliegt, bestäubt es gleich unzählige Blüten. Das bedeutet Energieeinsparung, Reisewegverkürzung und Produktionserhöhung, aber zugleich auch Fließbandbestäubung. Denken wir nur an den Kopf der Sonnenblume: Bei einem einzigen Insektenbesuch können Hunderte von Blüten befruchtet werden. Aber die Köpfe mit ihren über tausend Blüten werden auch riesengroß, größer als eine Magnolien- oder Seerosenblüte, und diesen Hang zum Gigantismus versucht die Evolution hartnäckig zu bekämpfen. Wir stellen fest, daß die Korbblütler mit ihren großen Köpfchen die gleiche Entwicklung nehmen wie schon vor ihnen die Einzelblüten: Sie verkleinern sich. Die Anzahl der Blüten pro Köpfchen verringert sich, die Köpfchen rücken zusammen, gruppieren sich neu zu dichten Komplexen, bilden Köpfe von kleinen Köpfchen. Man könnte von einer Sozialisation zweiten Grades sprechen; die Natur unterwirft das Köpfchen dem gleichen Zyklus wie zuvor die Blüte. Die Evolution entwickelt sich spiralförmig, jede Rundung der Spirale entspricht einer Entwicklungsstufe, die der vorhergehenden an Komplexität überlegen ist. Die gleichen Gesetze, die die Zelle, die Pflanze, das Tier und den Menschen regieren, regieren auch Gruppe und Gesellschaft.

## *Das Edelweiß oder die Avantgarde im Pflanzenreich*

Die Entwicklung zur Vereinfachung und Umgruppierung der Köpfchen zeichnet sich deutlich bei Wasserdost, Schafgarbe und Goldrute ab. Bei diesen Arten bilden die kleinen Köpfchen dichte dekorative Blütenstände, sozusagen »Köpfchenblütenstände«. Diese Entwicklung findet ihren Höhepunkt beim Edelweiß, bei dem sich viele kleine Köpfchen zu einem neuen und dichten Komplex zusammentun. Und um uns zu täuschen, umgeben sich die »Köpfchenblütenstände« mit weißen pelzigen Blättern, so daß das Ganze wieder wie eine Blüte aussieht. In Wirklichkeit ist es ein Köpfchen blühender Köpfchen, eine Blüte dritten Grades, wenn man so will. Im Rahmen der Evolution hat das Edelweiß eine weitere Runde der Spirale durchlaufen und steht nun zwei Stufen über der Einzelblüte. Und doch bleibt es dem bekannten Schema treu: Seine länglichen weißlichen Blätter übernehmen die Funktion von Blütenblättern, und die ursprünglichen Köpfchen kümmern sich um die Fortpflanzung. Unsere etwas sentimentale Vorliebe für das Edelweiß gilt eigentlich einem Blütenbauwerk, das zu den perfektesten und modernsten in der Pflanzenwelt zählt. Diese herrliche Alpenblume gehört zur Spitze der Pflanzenhierarchie. Sie ist die jüngste Pflanze und steht uns damit am nächsten. Vielleicht ist sie auch deshalb so beliebt.

Der Entwicklungsprozeß von der Einzelblüte zum Edelweiß erinnert wieder an den unserer Großstädte, die durch zunehmende Eingemeindung der Dörfer entstanden. Paris ist dafür ein gutes Beispiel: Am Anfang stand eine bescheidene Siedlung, die man mit einem Blütenstand vergleichen könnte, wobei jedes Haus einer Blüte entsprechen würde. Nicht weit davon entfernt gab es Dörfer: Saint-Germain, Montmartre usw. Mit der Ausweitung des ursprünglichen Dorfkernes verschmolzen die vormals eigenständigen Dörfer zu einem großen Komplex, der alles umgruppierte: Die Dörfer wurden zu Stadtteilen, darum herum entstanden Satellitenstädte als Bollwerk, die immer noch weiter ins Hinterland hineinwachsen und die Großstadt umgeben wie die Edelweißblätter den »Köpfchenblütenstand«.

Aber um diesen Grad der Sozialisation zu erreichen, mußten die ursprünglichen Köpfchen gleichzeitig verkleinert und vereinfacht werden. Vor den monströsen Gebilden, die sonst entstanden wären, schreckt die Natur zurück. Je mehr sich also Blütenstände neu gruppieren, desto weiter verringern sie die Anzahl ihrer Blüten: Die großen Kugeldisteln mit ihren stacheligen Kugelköpfchen in Blau und Zartviolett sind das Resultat einer Zusammenballung unzähliger Köpfchen, von denen jedes einzelne nicht mehr als eine einzige Blüte besitzt. So wird die Tendenz zum Gigantismus gestoppt, zu dem die Neugruppierung der Blüten und Blütenstände leicht führen könnte.

Und damit endet der Vergleich mit dem städtischen Modell; denn leider gibt es noch kein wirksames Korrektiv gegen Verstädterung, Zersiedelung und Bauwut. Die Städte wachsen unaufhörlich weiter, bis sie zu monströsen Gebilden werden. Stellt sich die soziale Evolution gegen die Naturgesetze? Oder wird die Natur auch hier die monströsen Gebilde einfach eliminieren, so wie sie die Dinosaurier eliminiert hat? Der Gigantismus hat ein schlechtes Omen, er beschwört Verfallserscheinungen, Kriege und Katastrophen herauf, die unsere Riesenstädte auf die bescheidensten Dimensionen reduzieren könnten. Auch in Rom, das unter Kaiser Augustus eine Million Einwohner zählte, lebten Ende des fünften Jahrhunderts nur noch dreißigtausend Menschen. Wieviel Menschen werden in Paris oder Tokio im Jahre 2200 wohnen? Vielleicht gar keine mehr . . .

Indem die Kugeldistel ihre Köpfchen auf eine einzige Blüte reduzierte, konnte sie eine vernünftige Größe beibehalten. Diese schöne Distel unserer Ziergärten ist nicht zu verwechseln mit der Stranddistel oder Edeldistel der Alpen, die zur Familie der Doldenblütler und nicht zu den Korbblütlern gehören. Allerdings etwas seltsame Doldenblütler, die es verdienen, hier erwähnt zu werden. Ihre Dolden sind auch ein Opfer des schon erwähnten Vereinfachungs- und Verkleinerungsprozesses geworden. Die Blütenachsen sind kurz, so daß sich die Dolde wie ein Köpfchen entwickelt. Sie umgibt sich mit einer Deckhülle aus mehr oder weniger blau gefärbten, stacheligen Blättern. Das Ganze erweckt den Eindruck einer Einzelblüte. Die Sterndolde der Alpen, auch ein Doldenblütler, hat sich genauso entwickelt. Sie ist jedoch noch geschickter: Sie umgibt ihre dichten Dolden mit einer falschen Blütenkrone, die aus zahlreichen Hüllblättern besteht. Diese falsche Blüte ähnelt der klassischen Dolde überhaupt nicht mehr, obwohl sie doch von ihr abstammt.

Der gleiche Prozeß vollzieht sich also in Familien, die so wenig miteinander zu tun haben wie die Korb- und die Doldenblütler: Die Blüten gruppieren sich zu Blütenständen, der Blütenstand wird wieder umorganisiert – nach dem einfachen Blütenmodell, wobei die Blüten bestimmte Aufgaben übernehmen, die Blütenstiele verkümmern.

Die Natur praktiziert diese Verkümmerungstechniken voller Eifer, bis schließlich ein Blütenstand wie eine Blüte aussieht, nachdem sie sich zuerst bemüht hatte, Blüten in Blütenstände umzuformen. Man ist sich nicht sicher, wie stark diese zyklischen Phänomene den Gesamtverlauf der Evolution beeinflußt haben. Sicher ist jedoch, daß diese Phänomene in der jungen Familie der Korbblütler die Entwicklung gewaltig vorangetrieben haben, da sie innerhalb von dreißig Millionen Jahren zwanzigtausend verschiedene Arten hervorbringen konnte.

Vereinfachung, Verkleinerung und Umstrukturierung haben sich pausenlos abgelöst. Diese Abläufe geben den Botanikern ein Rätsel auf. Wozu dieses seltsame Hin und Her, wenn doch das Ziel immer dasselbe bleibt: Blüten oder Blütenanordnungen zu produzieren, die funktionell und effektiv sind? Aber das Endprodukt rechtfertigt alle Mittel: Alle Mechanismen, die auf einer natürlichen Auslese beruhen, sind gut, sobald sie eine ausreichende Befruchtung und damit die Fortpflanzung des Individuums und der Gattung garantieren. Von da wäre es nur ein kurzer Schritt zu der Schlußfolgerung, die Evolution sei umkehrbar und bewege sich im Kreise. Doch diese Schlußfolgerung ist falsch; denn das Bild der Spirale entspricht eher der Realität als das des Kreises. Das Leben spielt mit dem Leben, macht jedoch niemals Rückschritte. Seine Wege verwirren uns, weil es sich in völliger Willkür zu entwickeln scheint – ohne ein sichtbares Ziel. Denn was soll dieses Spiel, das von der Blüte zum Blütenstand und von da wieder zurück zur Blüte verläuft? Es bleibt ein Geheimnis! Eines ist sicher: Das Leben entwickelt sich nicht geradlinig – ebensowenig wie die soziale Evolution. Auch die Zivilisationen durchlaufen Zyklen mit Aufstiegs- und Abstiegsphasen, gefolgt von wieder neuen Zivilisationen. Es ist ein Kommen und Gehen auf der großen Bahn der Evolution, dessen Ende und Ziel wir nicht absehen können.
Auf der anderen Seite steht dahinter eine fixe Idee der Natur, die sich überall durchsetzt, wohin man auch blickt: die Tendenz, die weiblichen Organe bestmöglich zu schützen. Deshalb ist es auch ganz logisch, daß das Köpfchen der Korbblütler den gleichen Evolutionszyklus durchläuft wie eine Einzelblüte. Die Blüten des Köpfchens drängen sich bei der Kamille um einen bauchigen Kegel, bei der Margerite um einen abgerundeten Zapfen, bei der Sonnenblume um einen flachen Boden und bei der Artischocke um einen leicht nach innen gewölbten Boden. Doch diese monströse distelartige Blüte, deren Boden eßbar ist, ist noch nicht das Ende der Evolution: Die Spitzklette geht noch einen Schritt weiter: Sie schließt die Blüten ihrer Köpfchen in einer festen Hülle ein.
So sieht also der lange Weg aus, den die Evolution zum Schutz der Fruchtknoten von der Magnolie bis hin zur Rose zurückgelegt hatte und den sie nun erneut beschreitet – zum Schutz der Blüten von der Kamille bis zur Spitzklette. Dabei bleibt sie dem

Gesetz zum Schutz der weiblichen Organe treu, das keine Ausnahmen zuläßt und das eine der Hauptachsen in der Evolution der Blütenpflanzen darstellt.
Bei den Korbblütlern findet man noch ein weiteres Gesetz, das wir bereits von der Rose her kennen und dem die Natur fest die Treue hält: Es ist die grundsätzliche Nichtfestgelegtheit junger Organe und ihre Fähigkeit, sich in oft unerwartete Richtungen zu entwickeln. Bei der Heckenrose haben wir beobachtet, wie die Staubblätter »geschlechtslos« werden und sich in Blütenblätter umwandeln, um uns die Gartenrosen zu schenken. Bei den Korbblütlern, der Dahlie zum Beispiel, haben sich die kleinen gelben Blüten des Köpfchens ganz allmählich zu peripheren Blütenblättern entwickelt, bis die großen bunten Blüten daraus geworden sind, die so gut die Insekten anlocken. Bei beiden Pflanzen geschieht das Ganze ohne einen Bruch und ohne zur Dauerlösung zu werden: Es ist ein gleichmäßiger Übergang, ein Gleiten und Ineinanderfließen ohne Ende.

## *Der Striptease der Wolfsmilch*

Das Prinzip der Vereinfachung durch Reduzierung und anschließende Neugruppierung der Blüten ist in der Familie der Wolfsmilchgewächse mit ihren annähernd zehntausend Arten noch weitaus auffälliger. Ihre Artenunterteilung ist weiter fortgeschritten als bei den Korbblütlern, weil sie bereits vor hundert Millionen Jahren begonnen hat.
Die Wolfsmilchgewächse sind eine faszinierende botanische Familie, in der außergewöhnlich viele Pflanzenformen anzutreffen sind: die Kautschukbäume, Kaktusgewächse wie die zahlreichen Wolfsmilcharten in der afrikanischen Wüste, seltsame Miniaturbäume, wie zum Beispiel die Euphorbien auf den Kanarischen Inseln, gefürchtete Unkräuter, die sich schnell vermehren wie das Bingelkraut, schöne »blühende« Pflanzen und Kräuter, charakteristisch für das gemäßigte Klima in Europa oder im Mittelmeerraum, und schließlich allerlei Nährpflanzen wie Maniok und Rizinus.
Der Aufbau der Wolfsmilchblüte war lange Zeit ein Rätsel, so bizarr ist sie zusammengesetzt. Doch schließlich entdeckte man, daß es sich eigentlich nur um einen stark verformten Blütenstand

aus einer Anzahl von Blüten handelt, die auf ihre einfachste Form reduziert sind.

Die ursprünglichen Blüten der Wolfsmilchgewächse sind einfach und eingeschlechtig: Als Nachfahren von Zwitterpflanzen haben sie ihre Zweigeschlechtigkeit verloren. Hier und da sind jedoch noch Spuren davon zu finden, die auf eine rückläufige Entwicklung hindeuten. Ursprünglich besaßen die männlichen Blüten Blüten- und Kelchblätter, wie man dies noch beim Kaskarillabaum beobachten kann. Doch die Evolution verwickelte sie dann schnell in eine Art Striptease, aus dem sie schließlich nackt hervorgingen. Die Rizinusblüte besitzt nur mehr ein Büschel Staubblätter, umgeben von einigen grünen Blättern. Und diese Blüte wird noch zunehmend einfacher. In der Gattung der *Anthostema* haben sich die Staubblätter auf ein einziges reduziert, und in der großen Gattung der Wolfsmilch mit ihren etwa zweitausend Arten sind die Blütenblätter schließlich ganz verschwunden. Übrig bleibt eine sehr einfache Blüte aus einem einzigen Staubblatt.

Eine derartige Blüte kann nicht allein bleiben, sie tut sich mit anderen Blüten ihres Geschlechtes zusammen, die genauso winzig sind wie sie, und bildet erneut kleine Büschel von Staubblättern aus einer Anzahl von männlichen Blüten. Nach dieser ersten »homosexuellen« Umgruppierung finden fünf derartige Büschel zur Ausgewogenheit zurück, indem sie sich um eine weibliche Blüte gruppieren. Diese ist ebenfalls sehr einfach gestaltet, da sie während der Evolution die gleiche Entblätterung hat hinnehmen müssen. Sie besteht nur mehr aus einem Fruchtknoten mit drei Fächern. Das ist übrigens ein Merkmal dieser Familie, anhand dessen sie leicht zu erkennen ist. Das Ganze umgibt sich mit fünf grünen Blättern, die Blütenblätter vortäuschen. Dazwischen bilden sich aus anderen Blättern je nach Art gelbe oder rote Drüsen, farbige Lappen, die Insekten anlocken und eine Blütenkrone vortäuschen, die wie eine Einzelblüte mit all ihren Organen aussieht. Man nennt den ganz besonderen Blütenstand der Wolfsmilchgewächse das *Cyathium.*

Bei einer krautigen Wolfsmilch, der *Euphorbia hirta*, vereinfacht sich dieses Cyathium noch dergestalt, daß es seine Staubblätter bzw. männlichen Blüten auf fünf reduziert. Die Ähnlichkeit mit einer einfachen Blüte wird dadurch noch frappierender.

Nicht daß die Euphorbien die einfachen Blüten beneiden, sie versuchen nur, sich zu verschönern. Beim Christusdorn *(Euphor-*

*bia milii)*, einer reichverzierten Art, die ursprünglich aus Madagaskar stammt, umgeben sich die Cyathien mit zwei hübschen gelb oder karminrot gefärbten Blättern. Die Pflanze ist mit spitzen Stacheln gespickt, die an den Zweigen durch Blätter ersetzt werden. Das könnte bedeuten, daß es sich bei diesen Stacheln um umgestaltete Blätter handelt und daß sich diese Pflanze unter dem Druck der Evolution zu einer Sukkulenten entwickelt. Ihr zweideutiges Wesen wäre dann dadurch zu erklären, daß sie sich in der Metamorphose von den kaktusartigen Euphorbien, wie zum Beispiel der wunderschönen Kanarischen Euphorbie, zu den krautähnlichen Euphorbien der gemäßigten Zonen befindet. Wenn sich solche Pseudoblüten – und nichts anderes sind die Cyathien – untereinander umgruppieren, reichen ihre Pseudoblütenblätter nicht mehr aus, um den Lockvogel zu spielen. Diese Rolle übernehmen dann die Blätter, wie beim Weihnachtsstern *(Euphorbia pulcherrima)*, der seit einigen Jahren die Blumengeschäfte überschwemmt, nachdem er sich, aus dem tropischen Amerika kommend, in allen warmen Regionen der Welt ausgebreitet hat – eine ausgesprochen prächtige Pflanze! Hier wird wieder einmal deutlich, daß die Natur allzu klare und eindeutige Lösungen vermeidet. Denn während sich einige Blätter der Pflanze leuchtend rot färben, verharren andere unentschieden zwischen dem traditionellen Grün und dem verwegenen Rot ihrer Gattung. In der Natur ist nichts vollkommen weiß oder schwarz, nur wir in unserem von Descartes beeinflußten Denken klassifizieren und vereinfachen alles. Das Leben jedoch ist bedeutend vielseitiger, reicher und verwirrender. Der Weihnachtsstern ist unter den Euphorbien das, was das Edelweiß unter den Korbblütlern ist: eine Einheit aus Cyathien und wunderschönen roten Blättern, die wie ein Heiligenschein wirken.
Die Entwicklung geht aber noch weiter. Bei der bereits erwähnten *Anthostema* verlieren einige Cyathien ihre männlichen Blüten, andere wieder ihre weibliche Blüte. Dann formieren sie sich neu und bilden ein Cyathium aus Cyathien, kurz einen »Cyathienstand«.
Wir sehen darin eine Parallele zur Evolution der Korbblütler, wobei die Fähigkeit zur Neuordnung der Elemente hier womöglich noch größer ist. Bei den Korbblütlern geht es darum, zwei Blütentypen in angemessener Weise zusammenzustellen: die Zungenblüten am Rande der Blütenköpfchen zum Anlocken der

Insekten und die Röhrenblüten in der Mitte zur Sicherung der Fortpflanzung. Durch die Verringerung der Röhrenblüten können die Korbblütler auch die Größe ihrer Blütenköpfchen reduzieren, aber in dem Maße, wie sie die Zungenblüten dezimieren, werden sie für Insekten uninteressant und müssen vom Wind bestäubt werden. So macht es zum Beispiel der Beifuß und folgt damit dem Vorbild der Einzelblüte, die, wie wir verschiedentlich gesehen haben, ihre Blütenblätter verliert und damit auch ihre bestäubenden Insekten. Hier hat der Handlungsspielraum der Korbblütler seine Grenze.

Die Wolfsmilchgewächse machen hier nicht halt. Sie begnügen sich nicht damit, Blüten hinzuzufügen oder verschwinden zu lassen, sie zerteilen diese gleichzeitig auch noch. Der Spielraum erweitert sich, und mannigfaltige Neugruppierungen werden möglich. Die Wolfsmilchgewächse haben nämlich die Kunstfertigkeit, Blättchen verkümmern zu lassen, so weit entwickelt, daß ihnen die eigentümlichsten Zusammenstellungen glücken. Während die Korbblütler nur mit der Anzahl ihrer Blüten experimentieren, versuchen sich die Wolfsmilchgewächse auch an der Blütenbeschaffenheit. Eine seltsame Tendenz zur Selbstkastration durch Ausmerzen eines Geschlechts ermöglicht es ihnen, etwas zu konstruieren, was wie eine Einzelblüte aussieht, und der ahnungslose Laie tappt hier noch leichter in die Falle als bei den Korbblütlern. Tatsächlich erweist sich die rückläufige Entwicklung in diesem Fall als perfekt: Der Blütenstand reduziert sich und wird wieder zur einfachen Zwitterblüte. Die Wolfsmilchgewächse durchlaufen die ganze Evolution. Daraus ergeben sich ungewöhnlich viele Blütenbauarten, ein Merkmal dieser Familie, die zu den faszinierendsten im Pflanzenreich zählt und die wahrscheinlich von der Evolution am nachhaltigsten immer wieder »überarbeitet« wurde.

Viele botanische Familien beteiligen sich an dem Prozeß der Miniaturisierung und Neuformierung ihrer Blüten. Ein weiteres Beispiel dafür ist die hübsche Weberkarde *(Dipsacus fullonum)*, eine Verwandte der Korbblütler. Diese große, distelähnliche Pflanze gehört zur Landschaft gemäßigter Zonen; sie hält sich in Strohblumensträußen über Jahre, denn ihre langen dornigen Stiele und ihre stacheligen Köpfchen sind sehr fest. Die Köpfchen fanden früher bei der Wollspinnerei Verwendung (»Kardieren«: Kämmen der Wolle). Bei den Franzosen heißt die Karde

»Vogeltränke«, weil sich ihre Blätter um den Stiel legen wie zwei zu einem Becher geformte Hände und kleine Bassins bilden, in denen sich das Regenwasser sammelt, so daß die Vögel zur Tränke kommen. Eine weitere Besonderheit der Karde: Die violetten Blüten dieser falschen Distel, jede einzeln in einem kleinen Fach des großen Kopfes, fangen im Zentrum der Blütenstände an zu blühen, auf halber Höhe. Anschließend wandert der Reifeprozeß nach oben und unten, als würde der Blütenstand langsam in zwei Blütenkronen getrennt.

## *Von der Sozialisation der Blüte zum sozialen Leben der Pflanze*

Jede dieser Pflanzen und Familien bildet den Höhepunkt einer der verschiedenen Evolutionslinien, und alle erstreben die Sozialisation ihrer Blüten. Sie verfolgen ihr zentrales Thema in unaufhörlicher Modulation und bilden zu diesem Zweck arbeitsteilige Blütengesellschaften.

Ein solches Gemeinschaftsleben entwickelt sich jedoch nur auf der Einzelpflanze: Denn es sind die Blüten auf ihrer Trägerpflanze und nicht etwa die Pflanzen selbst, die Gruppen und Gemeinschaften bilden. Darin unterscheidet sich das von der Natur vorgesehene Modell vom sozialen Modell, das die Menschen zur Gesellschaft verbindet. Der Vergleich ist trotzdem nicht uninteressant: Er erweist, daß sich bei den verschiedenen Organen eines Individuums die gleichen Organisationsprinzipien zeigen wie bei den verschiedenen Individuen einer Gruppe. Das Leben erfindet etwas Neues, indem es bereits Vorhandenes wiederholt. Es ist wie bei einer Straße, die sich einen Hügel hinaufschlängelt: Eine Kurve sieht aus wie die andere, doch der Ausblick ändert sich, je höher man kommt. Mit jeder Windung erweitern sich Perspektive und Horizont.

Nur eine schmale Grenze trennt die Blütengemeinschaft von der Pflanzengemeinschaft, und es wäre verlockend, fortzufahren mit unserer Geschichte, als gäbe es diese Grenze nicht. Tatsächlich kennen die Pflanzen wie wir das Glück und Unglück eines Lebens in der Gemeinschaft.

Man kann den berühmten Slogan der sechziger Jahre »Make love, not war« auf sie anwenden und vor allem von ihrer Liebe sprechen, wie es in diesem Buch geschehen ist; man kann den Slogan aber auch umdrehen und zeigen, daß die Pflanzen ebenfalls den Krieg kennen, und zwar Krieg in allen Variationen: mit blanken Waffen, wie die Agave mit ihren spitzen Stacheln oder die Rotangpalme mit ihren dornigen Blättern; mit Schußwaffen, wie jene Euphorbien, die ihre Samenkörner mit der Kraft und dem Getöse eines Maschinengewehres ausstoßen; Blitzkrieg wie die Wasserhyazinthe tropischer Flüsse, die innerhalb weniger Tage im Blitzkriegverfahren weite Wasserflächen überwuchert und die übrige Vegetation vernichtet; oder Stellungskrieg, wie Rispenkraut und Gauchheil, die sich halsstarrig auf jedem Acker behaupten, indem sie unzählige Samen produzieren und eifrig zum Keimen bringen.

Doch die Pflanzen sind nicht bei diesen konventionellen Kriegsformen stehengeblieben! Lange vor uns haben sie die subtilen Grausamkeiten der chemischen Kriegführung erfunden. So strömt der Eukalyptus ein »Kampfgas« aus, das jegliche Vegetation in seiner Nachbarschaft vernichtet. Die Nadelhölzer und Nußbäume machen es ebenso, sie vergiften hinterlistig die Erde, und das bescheidene kleine Habichtskraut stellt etwas noch viel Schlimmeres an: Es verteidigt sein Territorium mit derartiger Vehemenz, daß es nicht nur seine Feinde, sondern am Ende auch sich selbst mit seinen giftigen Wurzelabsonderungen vernichtet. Das sind, wenn man so will, pflanzliche Versionen von Selbstmord oder Bürgerkrieg, da sich der Angriff hier gegen das Individuum selbst und gegen seine Artgenossen richtet, oder es ist ein Naturmodell der Vergiftungserscheinungen, mit denen der Mensch jetzt fertig werden muß, weil er seine Felder mit Chemieprodukten verseucht hat. So gesehen, hat das kleine Habichtskraut die Umweltverschmutzung weit eher als wir erfunden.

Aber wir wollen kein allzu düsteres Bild zeichnen, denn es kommt öfter vor, daß Pflanzen gut miteinander auskommen. Die Bauern kennen Pflanzen, die sich lieben, und lassen ihnen ihr Glück. Sie wissen zum Beispiel, daß Gerste und Hafer in einer Mischkultur die glücklichsten Ehen eingehen. Doch haben sie wahrscheinlich keine Ahnung, welche soziale Hilfestellung das Gänseblümchen leistet. Ihm ist es nämlich gelungen, einen chemischen Abwehrstoff gegen die Angriffe des Wilden Knoblauchs zu entwickeln, der, geschickt wie kein anderer, mit seinem Gift ein Vakuum rund um sich herum schafft. Unter dem Schutz des Gänseblümchens können sogar andere Pflanzen, die Wilde Zichorie zum Beispiel, ohne Gefahr überleben. Im Schatten des Gänseblümchens zu leben ist ihre einzige Überlebenschance.

Konkurrenzkampf und Zusammenarbeit: Die Pflanzen müssen sich wie alle Lebewesen den Anforderungen des Lebens in der Gesellschaft fügen. Die Geschichte ihrer Zivilisationen folgt den gleichen Gesetzen, denen auch die menschliche Gesellschaft unterworfen ist, mit dem einzigen Unterschied, daß die zeitlichen Maßstäbe anders sind. Die Geschichte der Christenheit mit der Geschichte von Platanen zu vergleichen erscheint vielleicht weit hergeholt. Dennoch gibt es eine gewisse Ähnlichkeit, denn die beiden Platanenarten haben sich wie der römisch-katholische und der griechisch-orthodoxe Glaube im Verlauf einer langen Isolationsperiode durch ein Schisma getrennt. Der gleiche Prozeß, das gleiche Resultat! Und was soll man zu dem hochwüchsigen Gras *Spartina townsendii* sagen, dieser »reformierten« Pflanze, die an der britischen Küste innerhalb von kurzer Zeit ihre Vorgänger vertrieben hat, ganz nach der bewährten Tradition der Inselbewohner, die seit der Rebellion unter Heinrich VIII. gegen Rom zu Dissidenten geworden waren. Denn Pflanzen verändern sich, sie vermischen sich, sondern sich ab und trennen sich wie Völker und Ideen. Sie haben ihren Eisernen oder ihren Bambusvorhang und Ozeane oder Berge, die ihre Territorien abgrenzen und Völker aufsplittern. Wie der Franzose aus Quebec kein waschechter Franzose mehr ist, sind auch die kanadischen Buchen nicht dieselben geblieben, die sie einmal in Europa waren. Der Atlantik liegt dazwischen und bildet eine gewaltige Barriere. Auf beiden Seiten davon nahm die Entwicklung einen unterschiedlichen Lauf.

Doch das ist eine andere Geschichte ... eine Geschichte, die ein andermal erzählt werden muß, nämlich die Geschichte vom sozialen Leben der Pflanzen ...

## 13. Kapitel

# Und was wird morgen sein?

Und so endet unser Gang durch das Reich der Pflanzen, ein gewaltiges Epos des Lebens und der Liebe.
Es ist eine Liebesgeschichte, die zwischen den Elementen begonnen hat: dem Wasser, der Luft und dem Himmelsfeuer, das die Erde erwärmt und Leben zeugt, und die sich fortsetzt zwischen den Lebewesen – dem Vogel, dem Insekt und der Blüte –, die ein gemeinsames Schicksal vereinigt. Aber zu welchem Preis! Auferzwungenes Zölibat, verfehlte Vereinigungen, Betrug und Grausamkeiten. Das Leben läßt sich den Fortbestand teuer bezahlen. Denn die Natur ist kein Garten Eden, nur auf den Außenstehenden macht sie einen friedlichen Eindruck. Die Erde ist schön – von den trostlosen Wüsten toter Planeten aus gesehen. Wogender Wald am Horizont verleiht der Landschaft eine stille Heiterkeit. Ein Kloster lädt zu Stille und Frieden ein. Doch die Erde gärt und brodelt, der Wald ist Schauplatz gnadenloser Konfrontationen, und selbst das Kloster birgt seine Tragödien.
Taucht man in die Wirklichkeit ein, verändert sich die Perspektive. Noch können wir nur einen winzigen Teil erfassen, denn wir sehen nicht mit den Augen der Biene, und unsere Sensibilität reicht gerade für die freundschaftlichen oder feindlichen Beziehungen zu unseren Artgenossen. Wie die Raubtiere hat der Mensch das seltene Privileg, nicht mehr im Konkurrenzkampf mit anderen Arten außer seinesgleichen zu stehen. Für ihn gibt es keine bedrohlichen Tiere mehr, alle Tier- und Pflanzenarten ha-

ben sich ihm unterworfen. Bei einer Pflanze ist Kultur das, was der Mensch aus ihr macht, und beim Menschen das, was er selbst aus sich macht. Einzig und allein innerhalb unserer Gattung gibt es derart komplexe soziale Beziehungen, glückliche oder unglückliche, zärtliche oder grausame, die Leben aufbauen und zerstören.

Die Grenzen der Gattung sind unantastbar. Sie stecken den Raum ab, in dem sich die Wünsche und Begierden des Geschlechts entfalten können, in dem das riesige Arsenal an Strategien und Kriegslisten aufgefahren wird, das die Natur von Urzeiten zum Zwecke der Verführung erfunden hat. Denn jede Gattung ist in ihre eigenen Schranken verwiesen, und sexuelle Neigungen entstehen nur zwischen Mitgliedern dieser Gattung. Wir verlieben uns nicht in ein Huhn oder in einen Elefanten, nicht einmal in einen Hund oder eine Katze. Gewiß, wir hängen an ihnen, wir haben sie gern, aber das ist auch alles.

Der Energieverbrauch zur Steuerung der Triebe und Impulse, die aus unserem Stammhirn wie Luftblasen an die Oberfläche des Bewußtseins steigen, ist beeindruckend, ja beängstigend. Jedenfalls zeugt er von der ursprünglichen Kraft der Sexualität, die Pfeil ist und Stachel, Quelle und Antrieb unseres Lebens – eine ungeheure Investition, aber in diesem Bereich spart das Leben nicht an Mitteln, denn es geht um seine eigene Zukunft. In unseren Gesellschaften ist die Kreativität in den äußerst engen Rahmen der Vierzig-Stunden-Woche gepreßt und der Produktivität geopfert worden; die Natur jedoch braucht die schöpferische Freiheit zum Ausgleich gegen das Reich der biologischen Notwendigkeit. Das ist der Preis des Lebens!

Besteht nun das Leben nur aus Konfrontationen und Spannungen, aus Verschwendung von Energie und Zeit? Das zumindest dachten die großen Denker des neunzehnten Jahrhunderts: von Malthus bis Adam Smith, von Marx bis Engels, deren Ideen in unseren Systemen, seien sie liberaler oder sozialistischer, kapitalistischer oder marxistischer Art, beharrlich weiterleben. Im Glauben, die Gesellschaft nach dem Vorbild der Natur zu interpretieren, haben sie die Verschwendung durch die Erfindung von Rationalisierung und Produktivität ausgeschaltet und Kämpfe, Spannungen und Konkurrenz überbewertet, weil sie darin die einzige Triebfeder des Fortschritts erblickten. Befinden wir uns nicht im Dauerzustand einer Wirtschaftskrieges und, ideologisch

betrachtet, in einer bürgerkriegsähnlichen Situation? Geht man davon aus, daß der Stärkere immer gewinnt, dann heben sich auch die Unterschiede zwischen dem liberalen Ideal des freien Wettbewerbs und dem des Klassenkampfes auf, und es gilt nur das »Gesetz des Dschungels«, wie man es sich damals vorstellte.
Leider oder, besser gesagt, glücklicherweise ist dieses Bild unvollständig, da es die andere Seite der Realität außer acht läßt: die Kooperation, die sowohl in der Gesellschaft als auch in der Natur die Kräfte des Wettbewerbs ausgleicht. Seit der Erfindung der Zelle baut das Leben im Namen der Kooperation ständig harmonische Zwischenbeziehungen auf zwischen allen Mitgliedern einer hochorganisierten Gesellschaft, wie sie schon eine Zelle darstellt. Jedes Element opfert einen Teil seiner Unabhängigkeit und seiner Freiheit. Opferbereitschaft und Solidaritätsgeist prägen das Leben bis in das innerste Mark, und zwar ebenso in der Hierarchie der Organisationen wie bei den Individuen: Die Zellen organisieren sich zu Gewebe und spezialisieren sich in ihren Funktionen. Ebenso machen es die Organe im Organismus, die Individuen innerhalb der Gesellschaft und die Pflanzenarten innerhalb der Natur. Auf jeder Ebene fordert das Leben durch Auferlegung seiner Organisationsregeln die Kooperation der Elemente. Der Ökologie kommt das Verdienst zu, das Prinzip des Gleichgewichts klar erkannt zu haben, in dem die ständige Spannung zwischen zwei sich dialektisch gegenüberstehenden Polen aufgehoben wird. Diese beiden Pole sind die Konkurrenz und die Kooperation. Alle Erfindungen und Strategien, ob bei den primitivsten Algen oder den höchstentwickelten Orchideen, bei Viren oder Menschen, basieren auf der Spannung und dem Ausgleich dieser Pole.
Es kann vorkommen, daß sich das Zünglein an der Waage zu einer Seite neigt und kein Ausgleich mehr erfolgt: Manche geben viel und bekommen wenig. Es gibt eine permanente Asymmetrie, eine gewaltige Kluft, die den Kontinent des Lebens durchzieht, eine wahrhafte »Erbsünde«, die Ungerechtigkeit und Leid, Schmerz und Tod mit sich bringt. Auch das ist ein ehernes Gesetz des Lebens, daß die guten und die schlechten Chancen ungleichmäßig verteilt sind.
Mit dem Menschen kamen jedoch auch Kulturen, Glaubensrichtungen und Religionen, die darauf abzielten, den kooperativen Pol zu verstärken und den Konkurrenz- und Tötungsinstinkt

einzugrenzen. Aber die Ideologien rivalisierten ihrerseits wieder miteinander, als würde die Natur den menschlichen Gesellschaften die absolute Allgemeingültigkeit ihrer eigenen Organisation aufzwingen. Den Ausschreitungen der Inquisition folgten die Gulag-Verbrechen, und der Kampf fand genau da statt, von wo man ihn zu verbannen vorgab: nicht nur unter den Individuen und Rassen, sondern auch unter Religionen und Ideen. Das ist der Geist, der die Welt regiert!

Gewiß, es gibt Heilige, die alles hingeben, ohne Dank zu erwarten. Sie durchbrechen das System, gehen den schmalen, einsamen Weg und sind prophetische Zeugen einer anderen Welt, eines anderen Reichs, wie jener Mann, der so jung am Kreuz starb, an das ihn die geschlagen hatten, für die er alles hingegeben hatte, und wie so viele andere, die sein Schicksal teilten.

Und dann sind noch wir da, die anderen, die Masse, die riesigen anonymen Herden. Und was hat uns die Natur zu sagen in diesem großen Chaos einer Welt, die der Ungewißheit entgegengeht und alle Brücken hinter sich abbricht?

Sie läßt nicht ab von ihren Versuchen und Initiativen zur Erforschung jedes nur denkbaren Weges. Mit einem grenzenlosen Einfallsreichtum und verwirrender Phantasie erfindet sie unermüdlich neue Prototypen und Prozesse. Von Krise zu Krise macht sie ihre Fortschritte, übersteht Katastrophen und lebt an anderer Stelle wieder auf. Sie geht niemals geradlinig vor, sie verwischt ihre Spuren und mischt das Schlimmste mit dem Besten in einem sprudelnden Strudel ohnegleichen. Sie zeigt uns, daß sie alles das auch kann, was wir können, und daß sie es schon lange vor uns gekonnt hat ... noch ehe sie uns erschaffen hat. Sie ist unser Modell. Alles vereint uns mit ihr, denn wir sind ihre Geschöpfe.

Die Natur zeigt uns unser eigenes Leben, unsere eigene Geschichte in Glück und Unglück und mit allen Krisen, die uns antreiben und zwingen, weiterzuschreiten oder zugrunde zu gehen. Sie ist der Ursprung, der Fels, auf dem die gesamte Geschichte und menschliche Wissenschaft wurzelt; ohne diesen wesentlichen Bezug kann es keine echte Wissenschaft geben, nur hohle Abhandlungen und seichtes Wortgeplänkel. Und was sonst will die Natur uns lehren?

Zuallererst ein wenig Bescheidenheit. Edgar Morin hatte recht, als er sagte:

> Der Mensch tut nichts anderes, als stückweise eine Intelligenz zu reaktivieren, die schon immer Lebewesen organisiert und erschaffen hat, ihn selbst eingeschlossen. Mit seiner Intelligenz entdeckt er Erfindungen, Prozesse und Techniken wieder neu, die bereits vor zwei Milliarden Jahren die Zellstruktur gebildet haben. Die Intelligenz des Menschen scheint aus einem Leck in den Leitungen der unbewußten Intelligenz zu entspringen.
>
> (Morin: *Journal de California*, Paris 1970)

Was ist das für eine Intelligenz, und woher kommt sie? Zufall oder Notwendigkeit? Gott oder Nichts? Das ist die ewige, alte Frage. Worte sind längst abgenutzt und mit ihnen die Ideen. Lassen wir also den Streit, und bewundern wir lieber die Entfaltung dessen, was man mit Fug und Recht ein grandioses Projekt nennen kann, das zum Träumen anregt.

Jedes Lebewesen, jeder von uns entwickelt sich aus der Eizelle. Die befruchtete Eizelle enthält im Keim ein einmaliges genetisches Programm, das sich durch Natur und Kultur, biologisches Wachstum und Erziehung entfaltet, um ein reifes Wesen, ein erwachsener Mensch zu werden. Dieses Programm ist anpassungsfähig und flexibel, da es ständig durch Schicksalsschläge umgestaltet und in Frage gestellt wird. Es führt zur Bildung eines persönlichen Gewissens, das an die Stelle des biologischen Wachstums tritt, und zur Verantwortung für die Gestaltung der eigenen Existenz. Man könnte dieses Modell auf das Leben schlechthin übertragen, an dem wir alle teilhaben. Und wenn nun das Leben selbst die sichtbare Entfaltung irgendeines Programms ist, das bereits von Anfang an in der Materie enthalten war, aus der heraus es sich nach einem unabwendbaren Zwang entfaltet, um in den extravagantesten und perfektesten Formen zu enden, die an der Spitze der Reiche stehen? Wenn nun die Orchidee oder auch wir selbst nichts anderes wären als das Ergebnis eines Plans, den wir nicht verstehen, dessen Wesen unser stammelnder Geist nicht erfassen kann und dessen Formen wir gerade erst zu ahnen beginnen?

Wir finden keine Antwort auf das »Warum«, wir können nur das »Wie« erahnen. Und kaum gestärkt mit diesen ersten Kenntnissen glauben wir uns schon in der Lage, die Natur so zu formen, wie wir sie gerne haben möchten, und sie mit unseren eigenen

Mitteln zu meistern und zu zähmen. Aber entspricht unser Programm überhaupt dem ursprünglichen Plan? Wird es ihn vollenden oder verraten?

Unsere Mitwirkung am Schöpfungsplan bedeutet eine schwere Verantwortung, die hohe moralische Werte voraussetzt. Doch wo sind die? Woher soll man sie nehmen? Wo sind die gemeinsamen Werte, um die sich die große menschliche Familie scharen sollte?

Wenn die Natur uns auch ihre Modelle anbietet und uns unseren eigenen Weg erhellt, liefert sie uns keineswegs unfehlbare Verhaltensregeln. Es verrät eine gewisse Naivität, aus der Natur eine Philosophie ableiten zu wollen, denn die Natur übertrifft all unsere Philosophien. Und es ist ebenso naiv zu versuchen, eine Moral aus der Natur zu ziehen, denn die Natur übersteigt all unsere Moralvorstellungen. Sie stellt unsere Gewißheiten in Frage, widerlegt unsere Hypothesen und verkehrt unsere Logik ins Gegenteil. Wie das Leben, so verbirgt auch die Natur uns ihr Geheimnis.

Ihr Wesen, das man nur göttlich nennen kann, übertrifft uns unendlich weit. Wer sie demütig betrachten kann, überdenkt ihre Lehren, er fühlt sich zwingend aufgefordert, das seit der Entstehung der Welt begonnene Werk mit der Weisheit des Herzens weiterzuführen und die uralte Allianz des Menschen mit dem Leben, der Natur, dem Universum, zu erneuern. Einigkeit und Frieden zurückzugewinnen, das bedeutet: die Erde mit Liebe zu bestellen wie zu Zeiten des Paradieses. Denn das Paradies könnte morgen schon sein.

Diese Einigkeit wird bedroht von einer Vielzahl tödlicher Waffen und von einer tödlichen Illusion, an der die Industriegesellschaften kranken: Sie glauben, durch die Ansammlung von materiellen Gütern und die Erhöhung des Lebensstandards Glück zu garantieren, und doch haben sie, in weniger als einem Jahrhundert, das Gleichgewicht der Erde zerstört und viele Kulturen vernichtet.

Nur eine ungeheuere Anstrengung und eine gewaltige Kraft des Geistes können den Menschen vor dem drohenden Schicksal bewahren. Heidegger hat uns als Testament die prophetischen Worte hinterlassen: »Nur ein Gott kann uns noch retten.« Er hat recht. Zu diesem Zeitpunkt, an dem die Menschheit ängstlich die Zukunft erforscht, liest man wieder gern die bewundernswerten

Worte, mit denen Kazantzakis unsere Geschichte und unsere Zukunft beschreibt:

Es rauscht im Himmel und auf der Erde, in unserem Herzen und im Herzen eines jeden ein mächtiger Atem, den wir Gott nennen, ein großer Schrei, eine Stimme. Die Pflanze wollte bewegungslos am Rande der stehenden Gewässer schlafen, doch der Schrei rüttelte und riß an ihren Wurzeln: »Geh, wirf die Erde ab, geh!« Über Abertausende von Jahren ließ der Schrei seine Klage erschallen, bis endlich die bewegungslose Pflanze, in Kampf und Verlangen, das Leben losließ: das Leben war frei. Und wieder ertönte der unbarmherzige Schrei aus seinen innersten Gründen: »Laß den Morast hinter dir, stell dich auf die Beine, wachse über dich selbst hinaus!« Es dauerte wieder Tausende von Jahren und Jahrhunderten, bis endlich auf schwachen Beinen der Mensch erschien und sich nach weiteren Jahrtausenden dem Tier entriß, wie man ein Schwert der Scheide entreißt. »Wohin soll ich gehen?« ruft der Mensch verzweifelt. »Ich bin auf dem Höhepunkt angelangt, von hier aus geht es nur noch ins Chaos, ich fürchte mich!« »Erhebe dich«, tönt die Stimme, »geh! Jenseits des Chaos bin ich!«

# Literaturverzeichnis

Im folgenden finden Sie einige Angaben, die bei der weiteren Einarbeitung in den angesprochenen Themenkreis hilfreich sein können. Die Liste ist weder vollständig noch repräsentativ für die vom Autor benutzte Literatur.

*Allan, M.:* Darwins Leben für die Pflanzen, Econ, Düsseldorf 1980

*Bastian, H. (Hrsg.):* Ullsteins Lexikon der Pflanzenwelt, Frankfurt 1973

*Baumeister, W. u. a. (Hrsg.):* Das große illustrierte Pflanzenbuch, Bertelsmann, Gütersloh 1966

*Bristow, A.:* Wie die Pflanzen lieben, Heyne, München 1982

*Corner, E. J. H.:* The Life of Plants, New English Library, London 1969

*Faegri, K. / Van der Pijl, L.:* The Principles of Pollination Ecology, Pergamon Press, Oxford, 2. Aufl. 1971

*Frisch, K. v.:* Tanzsprache und Orientierung der Bienen, Springer, Berlin 1965

*Goethe, J. W. v.:* Die Metamorphose der Pflanzen, 1798, u. a. in: Verlag Freies Geistesleben, Stuttgart, 4. Aufl. 1980

*Huxley, A.:* Das phantastische Leben der Pflanzen, Hoffmann u. Campe, Hamburg 1977

*Jaeger, P.:* La Vie étrange des Fleurs, Horizons de France, Paris 1959

*Langaney, J.:* Le Sexe et l'Innovation, Seuil, Paris 1979

*Paturi, F. R.:* Geniale Ingenieure der Natur, Econ, Düsseldorf 1974

*Pelt, J. M.:* Evolution et Sexualité des Plantes, Horizons de France, Paris 1970

*Tompkins, F. / Bird, C.:* Das geheime Leben der Pflanzen, Scherz, München 1973

*Tronchet, A.:* La Sensibilité des Plantes, Masson, Paris 1977

*De Wih, H.:* Les Plantes du Monde: Plantes à fleurs, 2 Bd., Hachette, Paris 1963 u. 65

# Register

Dieses Register enthält die deutschen und lateinischen Namen der im vorliegenden Buch behandelten Pflanzen und Tiere sowie Personennamen und botanische Fachausdrücke. Sehr häufig vorkommende Begriffe wie Eizelle, Fruchtknoten, Narbe, Samenanlage, Staubgefäße, Stempel usw. wurden nicht in das Register aufgenommen, bei einigen anderen wie z. B. Bestäubung, Pollen usw. sind nur die wichtigsten Seitenzahlen angegeben.

Mea Allan

*Darwins Leben für die Pflanzen*

Der Schlüssel zur »Entstehung der Arten«. 504 Seiten, 82 Abbildungen, davon 20 in Farbe, 36 Zeichnungen, gebunden.

Diese Forscher-Biographie zeichnet ein vollständiges und zugleich menschliches Bild von dem Mann, der »kein Gänseblümchen von einem Löwenzahn unterscheiden konnte« und dann zum Lehrer und Botaniker wurde. Mea Allan, führende Autorin auf dem Gebiet der Pflanzenkunde, verbindet ausgezeichnet das Leben und Werk des Naturforschers Charles Darwin. Sie vermittelt dem Leser die wissenschaftliche Forschungsarbeit und gleichzeitig in chronologischem Ablauf Darwins Leben. Mea Allan konnte erstmals auf zahlreiche, bisher unveröffentlichte Briefe zurückgreifen, die Darwin mit bekannten Wissenschaftlern seiner Zeit gewechselt hatte.